JN437383

바람으로
별빛으로
또
가슴으로

바람으로 별빛으로 또 가슴으로

이대동창문인회 엮음

| 책머리에 |

언제나 늘 그 자리에서……

올 한해는 사회적으로 슬픈 일, 안타까운 일들이 참 많았습니다. 그런데 이런 사회적인 사건들은 시간이 흐르면 희석되고 잊혀지지만, 우리들 가슴에 커다란 상처를 남기고 사라집니다. 그리고 우리들 영혼에 흠집을 내었던 그 상처들은 시간이 흘러도 아물지 않습니다.

그런데 내가 상처를 준 너를 미워하고, 너는 상처를 준 나를 할퀴면서, 이에는 이, 눈에는 눈의 원리를 적용한다면 세상이 과연 어떻게 될까요? 상처를 상처로 갚는다면 아마도 이 세상은 유혈이 낭자한 살벌한 전장터가 되겠지요.

인간이 동물과 다른 점은 상처를 준 상대를 용서할 수 있다는 점이 아닐까요? 인간이 동물과 또 하나 다른 점은 용서에 그치지 않고, 이해하고 화합 할 수 있다는 점이 아닐까요?

이 가을, 스물 아홉 번 째 책을 엮으면서 '화합'이란 명제를 떠올려 봅니다.

비록 이대 문인회란 자그마한 사회 안 이라 할지라도 너와 내가 화합하여 손잡고 서로의 따스한 온기를 나눌 수 있기를…….

자주 보지는 못할지라도 언제나 늘 그 자리에서 익숙하고 따뜻한 서로의 미소를 만날 수 있기를…….

그리하여 조금은 모자라고 가끔은 아쉬울 때도 있지만 늘 그리 멀지 않은 곳에서 푸근한 서로의 마음을 느낄 수 있기를 기도 합니다.

계속되는 우리들의 이야기를 이어 가기 위해 영롱한 보석들을 내어주신 이대 문인 회원들께 고개 숙여 감사드리고, 이 보석들을 한 알 한 알 줄에 꿰어 우리들 목에 걸어주신 개미 출판사의 정성에도 깊은 감사드립니다.

2015년 가을

이대동창문인회 회장 주연아

| 차례 |

3부

전자파에 갇히다

4부

전자파에 갇히다

5부

이보다 더 기쁜 날 다가오도록

6부
사랑스러운 거짓말

1부

사랑한다고 차마 말할 수 없으므로

정
연
희

덧없어도, 인생은 아름다워!

정연희

[국문 58, 소설]

한여름에는 새들도 더위를 타는지 아침나절 지저귀다 한낮에는 자취를 감춘다. 그 옛날, 벼가 영글 무렵에는 "새 보아라!" 논에 달려드는 새를 쫓으라는 어른의 호령이 삼엄했다. 요즘은 그렇게 극성스러운 참새들도 드물고 사철 드나들던 조롱이, 황조롱이, 후투티는 꿈속의 새가 되었다. 더러 까마귀며 까치가 무엇에 화가 나서 나무라듯 쉬어터진 소리로 헤살놓듯 맴돌다 가는 일이, 그나마 요즘 새 구경 한 몫이다.

이웃집 할머니는 수수밭으로 달려드는 까치들 등쌀에 골머리를 앓다가 허수아비를 세워놓더니 엊그제는 그 허수아비 목에 까치 한 마리를 매달아 놓았다. 수수이삭에다 일일이 양파 망을 씌웠어도 양파 망쯤 간단히 찢어내고 수수이삭을 작살내는 까치를 어떻게 잡았는지, 처참하게 잡힌 까치가 허수아비 목에 목을 매달고 있었다. 너무 섬뜩하여 발이 얼어붙었다. 까치가 스스로 목을 맸을 리는 만무하고……. 참다참다 화가 치민 할머니가, 봄부터 콩밭을 헤집어 못쓰게 만든 까치 떼에게 본때를 보여줄 심산이었던 가 본데, 차마 눈뜨고 두 번을 볼 수 없는 광경이었다.

드디어 인간이 그 손으로 자연을 효수梟首한 장면이었다. 그렇게 매달린 까치를 하늘도 땅도 별일 없었던 듯 무심하게 넘어가지만, 만물의 영장이 자연을 목 졸라 죽인 현장이었다.

사람들은 까치를 익조益鳥라고 일러왔다. 그러나 근래 까치는 밭작물을 가차 없이 헤집는 극성맞은 새가 되었다. 다른 새들이 흉내 낼 수 없는 영리하고 심술궂은 새가 되었다. 콩밭을 용케 알고 땅을 일기집어 씨앗으로 심은 콩을 파먹었다. 땅콩, 강낭콩, 메주콩 등 싹이 나서 한 뼘쯤 자랄 때까지는 까치하고의 실랑이가 보통 일이 아니었다. 그들은 치밀하고 조직적이고 일사불란한 명령체계를 갖추고 있는지, 거느리는 놈에 망보는 놈에, 역할 수행을 철저하게 하여 한번 습격을 당하면 콩밭은 잠깐 만에 엉망이 되었다. 수수밭 임자가 봄부터 얼마나 시달렸으면 그런 짓까지 했을까 그 심정을 알만도 했지만, 그 밭머리 쪽으로는 눈뜨고 다닐 수가 없었다.

까치의 입장에서 보면 인간들의 소행머리도 결코 용서하고 싶지 않았을 것이다. 농약, 화학비료, 그 끔찍한 제초제,……인간들이 땀을 흘리지 않겠다고 온갖 꾀를 다 부리는 통에 산이고 들이고 그 흔하던 벌레가 씨를 말렸으니 그들의 입장에서 보면 인간이야말로 흉측하기 이를 데 없는 포식자요 약탈자 아니었을까. 논을 새까맣게 수놓던 개구리알이며 개구리도 이제는 신기한 생물이 되었으니 까치들의 입장에서는 인간이 원수 같을 수도 있었겠다.

이제는 꽃이지는 모습도, 옛날 분분 날리며 서럽게 지던 꽃이 아니다. 꽃잎이 하나 둘 바람에 날리며 지는 것이 아니라, 비 한 번에 데쳐

놓은 것처럼 뭉그러지고 마는 것이 요즘 꽃들의 종말이다. 인간은…… 저렇게 까치의 목을 달아매듯 나날이 자연의 목을 달아매고 있다.

농촌의 한낮이 기울면 밭머리도 생기를 잃고 사람도 느른해진다. 점심 자위가 뜰 무렵, 무심결 앉아있는데 갑자기 총탄 터지는 소리가 진동했다. 무슨 일인가 놀란 가슴을 여미고 둘러보니 우리집 대형 유리창이 박살이 났다. 폭약 터지듯 엄청난 소리로 박살난 유리창의 유리조각들이 낭자했다. 기겁하여 얼어붙어 일어설 기운도 없었다. 한동안 뜸을 들이고, 혹시 누구 못된 인간이 유리창에 팔매질을 한 것이 아닌가하여 식구들이 달려 나갔다. 그런데 사위가 조용했다. 숲도 논밭도 그 소리에 놀란 듯 숨을 죽이고 있을 뿐, 아무것도 보이지 않았다. 사람 기척이라고는 없었다. 상대가 누구든 단단히 혼을 내리라 벼르던 분심이 무색했다. 하릴없이, 참담하게 깨어진 유리조각이라도 치우려고 창문 앞으로 다가가다가 깜짝 놀랐다. 까투리 한 마리가 새까만 눈을 올롱하게 뜨고 숨을 헐떡이고 있었다. 그 녀석이 대형 유리창을 향해 투신投身, 아니, 전신을 투척投擲했던 것이다. 세상에! 이게 대체 무슨 일이란 말이냐? 사람을 보고도 움직이질 못하는 것을 보니 어디가 부러져도 단단히 다친 것 같았다. 아니! 그 몸집으로 그렇게 큰 유리창을 박살을 내고도 아직 숨이 붙어있는 것이 기이했다. 두 손으로 안아 일으켰으나 날개 한번 움쩍하지 못했다. 피가 흐르는 가 살폈으나 피 흐른 흔적은 없었다. "왜 그랬니? 왜 그랬어?" 안타깝게 물었으나 눈만 말똥하게 뜨고 있을 뿐이어서 오히려 내가 안절부절못하다가 길 건너 숲으로 데리고 가서 나무 밑에 앉혀주었다. 사람 기척만 나면 기겁을 하던 꿩이 도무지 움직이지 않고 가만히 엎드려 있는 것이 못미더워 할 수 없이 다시 데리고 집으로 돌아왔다. 마루 한 구석에 앉혀놓고 쌀알을 대주어도 입도 대지 않았다. 봄에 알을 품어 여남은 마리의 꺼병이(새끼)를 거느렸을 텐데, 새끼들을 어떻게 하고 유리창 저쪽 하늘을 향해 달려들었을까.

스스로 일어날 수 있겠는지 한걱정을 하는 한편 유리가게에 연락해 유리창부터 갈아 끼웠다. 어이없는 손재수損財數였지만 까투리의 생환이 한근심이었다. 사람들이 집안으로 들락거리는 것을 꺼려할 것 같아 까투리를 다시 데리고 마당 한옆에 자리를 잡아주었다. 혹여 나름대로 힘을 얻어 사람 눈치 등지고 제 힘으로 날아가기를 빌면서— 하지만 이튿날 아침, 우리의 근심도 소용없이, 대문 없는 우리집을 무시로 드나들던 이웃집 개한테 까투리는 물려 죽었다. 죽어서 눈을 감은 까투리의 시신이 섬뜩했다. ……그는 왜 유리창을 들이받았을까. 유리창 저쪽 하늘에 무엇을 찾아가려 했을까. 혹시 수꿩인 장끼를 잃은 것일까. 아니면 화려무비의 깃털을 자랑하던 장끼에게 배신을 당한 것일까. 어떻던 까투리는 어떤 절박함에 몰려 유리창 저쪽 하늘을 향해 돌진하다가 생을 마감했다.

몸을 던져 죽은 까투리의 주검 앞에서 문득, 요즘의 가당찮은 세태가 떠올랐다. 황혼이혼, 폰섹스(Phone sex), 노래방 도우미 중년여성들, 묻지 마 관광, 지방자치 각 면面단위로 떠나는 산행山行 버스…… 등 이제는 구문舊聞이 된 기사記事가 떠올랐다. 서울 지방 할 것 없이 벌건 대낮 같은 아침에 관광버스가 십여 대씩 늘어서 있고, 속속 모여드는 것은 너무도 천연스러운, 그러나 생면부지의 중년 남녀들이라는 것. 절대다수의 정숙한 주부들을 두고 이런 내용을 기사화하는 일조차 용서할 수 없는 일이겠지만, 원조교제, 늘어나는 성폭행, 아슬아슬하게 허벅지를 드러낸 젊은 여성들의 옷인지 천 조각인지 모를 옷차림. 극성스러운 오피스 성매매……더 말해 무엇 하리! 최근에 전 세계적으로 알려진, '인생은 짧으니까. 불륜을 맺어라!' 모토를 내세운 〈애슐리 매디슨〉 사이트 가입자 3천 7백만 명이란다, 적잖은 가입비를 지불하고 가입한 우리나라 가입자 19만 명, 가입 시, 사이트에 자신의 성적性的취향까지 세세하게 올린다니 세상이 어디까지 가려는지— 서울 고급호텔이며 이름난 고급음식점 점심자리를 가득 메운 여성들이 걸친 명품들과 보석치장에다 안하무인으로 떠들어대는 그들에게서는 어머니의 그윽함도 아내의 향기도 없어 보였다. 아내…… 아내……그 그윽한 향기…….

어려서 보던 밤하늘에는 별과 달 말고도 은하수와 북두칠성 모두가 전설이었다. 초승달의 애련함과 그믐달의 괴괴한 슬픔이 품속에 있었다. 이제는 대도시뿐 아니라. 후미진 시골 논길에도 가로등이 밝혀져 밤하늘의 별들이 빛을 숨어버린 지 오래다.

초복이 지나 칠석이 가까워지면 북두칠성이 머리맡에서 빛났고, 은하수도 손에 잡힐 듯했다. 그러면 쑥불을 지펴놓고 멍석에 누어서 견우성과 직녀성을 더듬어 찾았다. 사랑하는 부부가 단 하루, 오작교에서 만난다는 칠석七夕. 그리고 이별……그리고 눈물. 칠석날은 만나는 기쁨보다 슬픔에 젖는 날이었다.

하지만 30대 중반에 만난 책 한 권, 『부생육기浮生六記』에서 나는 새로운 칠석을 발견했다. 청淸나라 건륭乾隆, 가경嘉慶 연간에 살았던 말단관직 관리였던 심복沈復이 아내 운芸(향초 이름 운)과 함께 보낸 칠석날의 저녁이 거기 있었다. 지상에서 가장 아름다운 아내로 일컬어 과장이 아닌, 한 아내의 아름다운 모습이 거기에 있었다. 부생육기는 먼저 떠난 아내를 기리는 남편의 지극한 사랑의 기록이다. 꾸밈도 과장도 없는, 그러나 남편을 지극하고 멋스럽게 사랑했던 아내와의 사별死別이 낳은 더 할 수 없이 절절한 기록이다. 임어당林語堂은 운芸이를 '중국문학을 통틀어 가장 사랑스러운 여인'이라고 그의 수필집 『생활의 발견』에서 소개했다. 부생浮生. 덧없는 인생살이. 사랑도 인연因緣도, 그 인연의 아름다움도 한낮을 살다가 떠나는 풀꽃 같은 덧없음. 저자인 심복은 아내와 23년을 함께 하다가 마흔한 살에 세상을 떠난 아내를 그리면서 이 글을 남겼다.

'여름에 연꽃이 처음 필 때에는 저녁이면 꽃들이 오므라들고 아침이면 피어난다. 운이는 작은 비단 주머니에 엽차를 조금 싸서 꽃이 오므라드는 저녁에 화심花心에 얹어 두었다가, 다음날 아침 꽃잎이 열릴 때에 그것을 꺼내어 맑은 샘물을 길어다가 차를 끓였다. 그 차의 향기는 유난히 향기로웠다. 운이는 그 해 칠석에 아취헌我取軒(부부가 살던 집)에다 향초, 과일, 오이를 한 상 차려놓고 나를 이끌어 직녀織女에게 배례拜禮를 올렸다. 나는 '영원세세토록 부부 되어 지이다願生生爲夫婦'라고 새긴 도장 두 개를 만들었다. 나는 양각陽刻을 가졌고, 운에게는 음각陰刻을 주었다. 그리고 서로 왕래하는 서신書信에 찍기로 정했다. 이 날은 초생달빛이 고왔다. 물을 내려다보니 물결은 흰 깁과 같았다. 우리는 얇은 비단옷을 입고 조그마한 부채를 들고서 물가를 향한 창 앞에 나란히 앉아 하늘을 가로 질러 가는 변화 많은 구름장을 바라보았다.'

『부생육기』에 남긴 심복의 기록, 칠석 저녁의 추억이었다.

한 지아비를 섬기지 못하고 삼십대 중반을 홀로 지내던 나는, 후미진 절간 요사체에 누워 그 책을 읽으며 눈물을 흘렸다. 내가 오매에도 못 잊었던 것은 사내가 아니고 지아비였다. 지극함으로 섬기고 그 지극함을 알아줄 지아비였다. 그러한 아내가 부생육기 속에 있었고 그러한 남편이 거기 있었다. 하지만 나는 덜떨어진 여자로 그 갈망渴望만을 키웠기에, 갈망으로 눈멀어 지아비가 보이지 않았고 아내로서의 자기실현이 불가능했다. 남녀의 관계는 꿈만 가지고는 맺어지지 않는다. 갈망만으로는 어림도 없다. 자아自我라는 집착에서 벗어나 홀연 자유를 얻어, 자신에게도 묶이지 않을 때 상대를 섬길 수 있는 능력을 얻는 것이다.

운이는 남편의 사랑을 갈망하지 않았다. 남편의 사랑을 기다리지 않았다. 바라지도 않았다. 주어진 아내의 삶, 아내가 남편을 위하여 할 수 있는 삶을 스스로 가득 차게 살았을 뿐이다. 하늘과 땅과 그 사이에 있는 모든 것을 아름답게 여겨 감사하는 마음으로 누려가며 즐거움을 만들었다. 아내의 역할役割이라 여기지 않고 삶을 가득 차게 사는 것으로 자기실현自己實現이 이루어졌다. 그네는 하늘과 땅 사이 자연의 품속에서 보석처럼 빛나던 여성이었다. 지상地上의 자연은 어느 곳에서나 운芸을 반겼고, 운이는 자연이 지닌 아름다움을 마음껏 추출해 내어 남편과 누렸다. 그는 남편 심복의 영혼 속에 살아 숨 쉬며 구원久遠의 아내로 지금도 살고 있다. 단 한 번의 삶에서, 즐거움과 품위를 자연스럽게, 한없이 추출해내던 운랑芸娘의 창의력은 자신을 소중하게 여긴 자기애自己愛이기도 했다.

부생육기는 중국문학의 고전이 아니라 두고 두고 내 삶을 비추어 보는 거울이었지만, 불시에 남편을 떠나보내고 홀로 남은 나에게 남은 것은, 나날이 영절스럽게 솟아나는 불찰과 부끄러움 뿐, 나는 아내 노릇에 실패한 영원한 실패자로 남았다.

까투리는 왜 통유리에 몸을 던져 목숨을 버렸을까. 아내로 실패한 회한을 못 이겼을까, 부생육기를 읽은 뒤에 심복과 같은 남편을 찾아가려 했을까.

죽기 전에 해야 할 일

이문자
[국문 63, 수필]

이문자

내게도 떠오르는 해 같은 시절이 있었고 피가 펄펄 끓던 대낮 같은 시절도 있었건만 어느새 지는 해 같은 황혼에 와 있다. 젊었을 때에는 아침나절과 계절이 새로 시작되는 봄이 좋더니만 이제는 늘 황혼이 깃든 저녁나절과 낙엽이 떨어지는 가을만 좋아하게 된다. 젊음이 가면 늙음이 오고 한 세대가 가면 다음 세대가 온다. 아……. 내 인생 얼마나 남았을까? 이제라도 나는 어떻게 무엇을 해야 잘 살아 보았다고 할수 있을까? 젊어서는 하고 싶은 것이, 가고 싶은 곳이 그리도 많았는데 어느 것 하나 이룬 것 없이 덧없는 세월만 탓하게 됐다. 공자가 말하기를 40세에 불혹이고 50세에 지천명이라 했는데 하늘이 부르신 뜻을 알아야할 나이를 지나 70도 넘은 내 맘 속은 아직도 쌈닭 같은 구석도 남아 있어 남이 잘해주면 나도 그를 무척 사랑할 수 있을 것 같다가도 남이 야속하게 굴면 그 사람의 됨됨이부터 시작해서 무게를 달아보고 가로 세로 재보고는 나혼자 실망하고 원망하고 미워하곤 한다. 이 나이에 이래서는 안되는데…… 고은 선생의 시에 '내려 갈 때 보았네. 올라 올 때 보지 못한 꽃' 처럼 비록 지금까지는 잘못 살아왔지만 이제부터라도 착한 향기가 나는 삶을 살아봐야겠는데…… 맘뿐이다. 길가에 홈리스를 보면 1달러짜리 하나 주는 데도 산을 쌓았다 헐었다 한다. 그래 그까짓 거 작은 것 한 장 주자. 아니야 이거 줘봤자 마약 사먹고 술 사먹고 해롱대는데 무엇 때문에 그런데다 돈을 낭비하냐? 아니다 하고 못 본 척한다. 그렇지만 떠나고 나서 계속 양심이 편치를 않는데도 무엇하나 희생 못한다. 뒤뜰에서 기른 상추를 뜯어와 씻다보니 달팽이들이 꽤 나온다. 불쌍한 마음이 들어 살라고 풀밭에 던져준다. 그런데 어쩌다 보니 집안에 개미들이 줄이어 들락거리고 있다. 불쌍이고 뭐고 개미약을 쫙 뿌려 다 죽여 버리고 만다. 일관성이 없다. 어떤 생명은 하나 살리고 어떤 생명은 떼로 몰살시킨다. 닉슨 미 대통령이 소련을 방문할 때 선물로 받은 늑대 털 파카를 입고 늑대탈을 쓴 양이라고 하던 조크가 생각난다. 이렇게 안과 밖이 다른 이중인격자가 아니라 겉과 속이 같은, 다시 말해 이론과 실천이 일관성 있게 같은 삶, 즉 모든 생명을 똑같이 긍휼히 여기는 자가 되야 하지 않을까 고민이 된다. 돈 있는 자도 없는 자도, 힘 있는 자도 없는 자도 사랑의 모양만 흉내내지 말고 진정으로 사랑하며 살아야 되겠는데…… 기분이 좋을 때나 나쁠 때나 이익이 있을 때나 손해를 볼 때나 한결같이 사랑해야 되는데…… 천사의 말을 할지라도 사랑이 없으면 소리나는 구리와 울리는 꽹과리가 되고 내가 내게 있는 모든 것으로 구제하고 또 내 몸을 불사르게 내어 줄지라도 사랑이 없으면 아무것도 아니라 했다. 마더 테레사는 많은 사람을 사랑한게 아니고 죽음 앞에 있는 한 사람을 돌보고 그 영혼을 사랑했다지 않던가? 이제는 나도 내 욕심 나 사랑 그만 내려놓고 한 사람이라도 깊이 이해하고 동정하고 위로하고 갈 나이가 되었다. 나에게 손 내미는 지극히 목마른 자에게 위로의 물 한 모금 주고, 상대빈곤에 지치어 마음 상한 한 사람을 손잡아주는 삶, 조금은 시간도 희생해야 하고 겸손하게 내 머리를 낮추어야 하는, 내 생각과 모든 이론을 내려놓고 어린아이같이 단순하게 그냥 내 앞에 보내진 그 한 사람을 아무도 모르게 묵묵히 어루만져주는 삶, 외로운 사람의 친구가 되어주는 삶이 내가 죽기 전에 해야 할 남은 일이 아닐까 뜻을 세워본다.

허숭실

나의 13월

허숭실
[불문 64, 수필]

'나의 13월'은 내 삶의 편집 노트입니다.

시간과 공간과 의식을 편집하여 새로운 삶을 만들어가고 있습니다. 13월의 삶은 모든 은퇴 후에 시작되었습니다. 직장에서 퇴직하고, 집안 어른들을 모시던 의무에서 풀려나고, 아이들의 뒷바라지에서 해방됐습니다. 명품에 대한 안목이 시들해지고, 부동산 시세에도 무관심해져, 물질에 대한 욕망으로부터 곤충이 허물을 벗듯 탈피했습니다. 자칫 위선의 탈을 쓰기 쉬운 교회 안의 직분과 타인의 시선에서 벗어나, 신과 나만의 교감으로 신앙의 참 자유도 얻었습니다. 무엇보다도 내가 얻은 가장 큰 자유는 자신을 증명해 보여야 한다는 강박관념에서 벗어난 것입니다. 흥분과 아픔과 요란한 상황이 가라앉은 13월은 글을 쓰면서 채워지기 시작했습니다.

그동안의 발자취를 돌아보았습니다. 짜여진 생활의 틀이 무너지지 않도록 이어나가야 하는 하나의 도구에 불과한 자신을 발견했습니다.

주어진 의무와 책임의 쳇바퀴를 따라 돌고 또 돌아야 하는 부품이었습니다. 자신을 들여다볼 여유를 가져보지 못하고 진자 운동에 따라 가정과 직장을 오가며 지낸 시간이었지요. 어깨를 겨루고 경쟁 사회에서 달리고 달리던 시간은 내 시간이 아니었습니다. 그것은 정해놓은 목표를 향해 직선으로 이어진 시간들, 크로노스였지요. 내 인생을 음미할 시간과 나만의 공간을 만들고 싶은 생각이 간절했던 날들이었습니다.

인간은 호모사피엔스 사피엔스로부터 편집의 재능을 발휘했다지요.

2000년으로 넘어오던 해, 일산의 정발산이 바라다보이는 터에 3층 집을 지어 삼 남매가 함께 새천년을 맞이했습니다. 세 가족이 한 지붕 밑에서, 같은 마당을 밟으며 살아가는 공간은 어머니의 품 안에서 살던 시간으로 돌아갈 수 있게 하였습니다. 우리의 둥지에 세 가장들의 이름을 합쳐 '동인재東仁齋'라는 당호를 새겨 넣었지요. 동인재는 '에피쿠로스의 정원'이 되었습니다. 온갖 풍파에 부대끼면서 헤쳐 나온 시간과 공간의 모든 염려를 내려놓았습니다. 바쁨에 허덕이던 항해를 마치고 항구에 정박한 배처럼 동인재에서 느긋함과 안락함을 누리고 있습니다.

손바닥만 한 동인재의 뜰에서 광활한 우주를 발견합니다. 뜰을 가득 채운 밤하늘엔 하현달이 걸려 있습니다. 먼저 떠난 사랑하는 이들은 별이 되어 깜박깜박 눈인사를 보내오네요. 가을이 깊어진 뜨락에선 씨앗이 흩날리는 소리와 나뭇잎 지는 소리가 두런두런 들립니다. "추울 거야, 덮어줄게." 나무들은 단풍든 잎을 떨어뜨려 각종 씨들을 덮습니다. 새들이 날아들어 떨어진 씨들을 쪼아 먹고 즐거움의 노래를 저마다의 음색으로 재재거리지요. 굶을지언정 종자는 먹지 않는 농부의 마음을 아는 듯, 새들도 씨를 모조리 쪼아 먹지는 않습니다. 낙엽에 묻혀 눈비를 맞으며 겨울을 난 씨앗들은 봄 햇살을 받으며 사랑의 보답으로 기쁨의 새순을 틔웁니다. 꽃샘바람에 잠시 오므렸던 매화가 꽃눈을 엽니다. 암향이 울타리를 넘어 행인들의 발길을 잠시 붙잡네요. 바람에 꽃잎은 흩날리고 비를 맞으며 열매가 익어갑니다. 매실청을 담가 동인재에 드나드는 손님에게 따끈한 매실차를 한 잔씩 대접도 하지요. 우리 음식에 없어서는 안 되는 간장, 된장도 한 알의 콩에서 시작된 길고 긴 기다림이 만들어 주는 생명의 선물입니다. 지극한 모성과 종種을 초월한 배려와 기다림의 은총을 자연에서 배웁니다. 경험과 생각도 숙성할 시간을 충분히 가져야 생명을 품은 언어를 빚어내듯, 느림에는 특별한 가치가 있음을 또한 깨닫게 됩니다. 넉넉지 않아도 자족의 포만감을 누리면 풍성함이 넘쳐납니다. 나눌수록 더 풍요로워지지요. 자연의 이치에서 감사하는 비결을 발견하고 인간의 본성을 돌아봅니다.

그리스의 철학자 에피쿠로스는 『바티칸 어록』에서 '운이 좋은 사람은 젊은이가 아니라 일생을 잘 살아온 늙은이다. 혈기가 왕성한 젊은이는 신념에 따라 마음이 흔들리고 운수에 끌려 방황하지만 늙은이는 항구에 정박한 배처럼 느긋하게 행복을 즐긴다.'라는 글을 남겼습니다. 기원전 300년경에 남긴 어록이 21세기에 회자되는 '100세 장수시대'에 의미 있는 닻줄을 던져줍니다. "에피쿠로스의 정원에서 풍요롭고 편안하게 노년을 즐길 수 있는 삶은, 군색한 중에도 소소한 일상사를 풍성한 행복으로 누릴 줄 아는 아타락시아의 마음으로 사는 것."이라고 말해 주네요. 타오르던 열정을 차분하게 가라앉혀 보세요. 무심의 평화와 무한한 자유가 찾아옵니다. 그러면서 한 순간을 영원처럼 누릴 수도 있지요. 즉 편집된 행복입니다.

'준비 안 된 100세 장수시대'라는 주제는 새로운 담론이 되었습니다. 장수라는 어휘는 삶에 기대를 주기도 하지만 두려움을 부풀리기도 합니다. '준비 안 된'이라는 말은 경제적 문제만이 아니라 시간을 어떻게 활용할 것인가를 묻고 있습니다. 지금까지 잘 살아왔지만 앞으로 이어질 삶은 어떨까? 노쇠와 병고로 존귀함을 잃은 잉여인간의 모습은 장수가 축복이 아니라 저주가 될 수 있습니다. 즐겁게 살지 못하면 바르게도 살 수 없게 됩니다. 시간은 무엇이고, 생명은 무엇이며, 인간 의식은 무엇인가. 아둔한 두뇌로 풀어보려고 파고들수록 미궁으로 빠져들기만 하네요.

실제로 13월을 사용한 나라가 있었습니다. 고대 에티오피아에서는 '바하르하삽'이라는 고유의 달력을 사용했다고 하네요. 1월부터 12월까지는 30일로, 나머지 5일은 13월을 만들어 해마다 0.25일씩 남는 시간을 모아서, 4년에 한번씩 13월에 하루를 보태 6일을 채웠답니다. 바하르하삽은 에티오피아 고대 언어로 '바다를 계산하다.' 라는 뜻이라 합니다. 바다는 시간의 흐름을 의미한다지만 누가 바다를 계산할 수 있을까요? 시간이란 인간의 능력으로는 헤아릴 수 없음을 상징하는 어휘였군요. ―모 일간지에 실린 13월에 대한 기사를 참고한 것입니다.

천체의 운행에 따른 시간으로 보면 세월은 누구에게나 일정하게 흐릅니다. 그러나 세월을 다차원적으로 누릴 수 있는 길이 있습니다. 의식을 확대하여 이미 정설로 알려진 지식을 자기방식으로 편집해 보는 것이지요. 고정관념과 편견을 과감히 버려야만 새로운 창조의 길로 갈 수 있습니다. 의식을 편집함으로써 시간도 공간도 재창조할 수 있지요. 변화난측變化難測한 삶을 편집하여 만고수萬古愁를 털어버리면 에피쿠로스학파의 행복론인 아타락시아의 평정심과 소박한 행복을 누릴 수 있습니다. 편집은 아직 쓸모 있는 것들을 추려서 나누고, 버리고, 비우는 작업입니다. 더 가볍게, 더 넓게, 빈 공간을 만들면 시간도 다차원적으로 자유로워집니다. 나의 13월은 이렇게 엉뚱 발랄한 착상으로 설정된 것입니다. 인터넷 클라우드에 정보를 저장해 놓듯, 나의 13월을 은

하수에 띄워놓고 편집된 내 삶을 수시로 저장합니다.

내 삶의 편집 노트에는 내몽골에서 태어나던 날의 옛이야기와 마지막 기도인 평온한 임종 이야기도 담길 것입니다.

홍경자

껄껄껄 하지 않기를

홍경자
[약학 64, 시]

'우리가 인생에서 가장 많이 후회하는 것은 살면서 한 일들이 아니라, 하지 않은 일들'이라는 메시지를 던져 주어 많은 사람들에게 감동을 준 영화가 2007년 미국에서 처음으로 상영되었다. 바로 롭 라이너 감독, 저스틴 잭햄 극본, 잭 니콜슨과 모건 프리먼 주연의 〈버킷리스트(The Bucket List)〉이다. 이 영화는 가난한 흑인 자동차 정비사와 병원계의 큰손인 백인 억만장자가 암 선고를 받고 한 병실에서 시한부 인생을 살아가게 되자 환경이 너무나 다른 서로에게 적응하는 시간이 지나고 동병상련同病相憐의 우정이 싹튼다. 이들은 자신들에게 남은 시간 동안 해보고 싶은 것의 목록을 만들고, 병실을 뛰쳐나가 함께 이를 하나씩 실행해 가는 이야기를 코믹하게 그려내었다. 이승에서의 마지막 기회라는 절박한 상황에서 깨닫게 되는 삶의 의미, 인생의 기쁨과 즐거움이 관람자들의 공감을 얻어내었고 '버킷리스트'는 세계적인 유행어가 되었다.

'버킷리스트'의 의미는 중세시대의 교수형絞首刑 방식에서 찾아볼 수 있다고 한다. 제목도 기억 못하는 오래전에 보았던 영화의 한 장면이 떠오른다. 검은색 두건을 쓴 죄수를 엎어놓은 양동이(버킷)위에 올려 세운 후 목에 고리밧줄이 매여지고, 죄수의 마지막 유언과 일정한 종교의식이 진행된 후 그 양동이를 치우니 죄수는 죽음에 이르게 되었다. 이렇게 양동이가 치워지기 전에, 즉 죽기 전에 꼭 하고 싶었지만 여러 가지 이유로 해보지 못한 일이 한두 가지가 아니므로 이를 후회 없이 해보고자 목록(리스트)으로 만들어진 것을 말한다고 한다.

'버킷리스트'를 세계적 유행어로 만든 영화를 보고, 불치병으로 이승을 하직할 날을 기다리는 아이들의 소원을 '키다리 아저씨'가 들어주었다는 가슴 뭉클한 사연들을 매스컴을 통하여 접하였다. 그리고 우리 회사 직원의 이야기를 들으며 무엇을 위한, 누구에 의한, 누구를 위한 '버킷리스트'인가를 생각해보게 되었다. 그는 몇 년 전에 사랑하는 짝을 하느님께로 돌려보냈다. 나이 사십에 초등학생 남매를 남겨놓고 떠나야 하는 엄마의 마음이 어떠했을까. 암으로 인한 통증과 항암치료제의 부작용으로 삶의 질이 엉망이 되는 상황에서도 그녀는 오로지 남편과 어린 남매만을 생각하였다고 한다. 아이들이 좋아하는 요리를 매일 만들어주고, 아이들과 좋은 추억이 담긴 사진들을 모아 정리하고 해설을 붙여 책으로 묶어놓았다. 그리고 드디어 납골당의 한 자리가 예약되니 엄마는 아이들을 데리고 가 자기의 자리를 보여주었다. '여기가 엄마가 있을 곳이니 엄마보고 싶으면 아빠랑 같이 오라'며…… 10여 권의 사진첩 속에 담겨진 즐거운 추억들은 아이들이 살아가며 힘들 때에 영화 '인사이드 아웃'의 주인공 라일리처럼 힘을 얻을 것이며, 납골당의 엄마는 항상 그들과 함께 있을 것이다. 이렇게 엄마는 늘 그들의 기억 속에 남아 잊혀지지 않을 것이다, 그녀가 바라던 대로…… 이제 그는 아내의 요리를 떠 올리며 요리학원에 다니고, 아이들과 함께 성묘를 다니며 아내와 함께 가보고 싶었던 곳으로 휴가를 간다. 아내를 그리워 하며…….

'버킷리스트'에는 안 하거나 못하여서 후회되는 일을 남겨두고 이 세상을 하직하고 싶지 않다는 마음이 깔려있다. 늦었지만 지금이라도 해 봄으로써 후회나 미련을 없애려는 긍정적이고 적극적인 마음에서 작성하는 것이다. 그러므로 시한부 인생을 선고받은 자만이 작성하는 것은 결코 아닌 것이다. 인간의 평균수명이 연장되어 싫던 좋던 우리는 경제활동과 종족보존의 활동시기가 지난 30~40년이라는 제2, 제3의 인생을 살아내야만 한다. 매일 죽음을 기다리며 지루하게 보낼 수는 없으니 무언가를 하여야 하지만 무엇을, 어떻게 하여야 하는가가 문제이다.

15여 년 전 은퇴하면 무엇을 할 것이냐는 물음에 영화에서 피아노를 치면서 노래하는 흑인 째즈 음악가가 무척이나 부러웠던 나는 째즈를 배우고 음악회도 열겠노라고 말하곤 하였다. 말하자면 나의 첫 번째 버킷리스트인 셈이다. 종로에 있는 째즈 학원에 등록은 했지만 한 달 후 "바이엘을 먼저 떼고 오라"는 말과 함께 퇴학(?)당하였다. 바이엘을 배우기 시작하였으나 제2의 직장에 다니게 되면서 레슨을 받다 말다 하여 겨우 2년 만에 떼곤 그만이다. 그러나 은퇴직전에 글 모음집을 처음 낸 후 가벼운 마음으로 꾸준히 글쓰기를 즐기고(?) 있다. 첫 번째 버킷리스트는 시간을 따로 낼 수 없는 것이어서 실패(?)하였으나 두 번째의 '글쓰기'는 별도의 시간을 요구하지 않아 정중동靜中動, 망중한忙中閑 할 수 있기 때문에 지속되고 있는 것이다.

이런 경험을 통하여 나름대로 터득한 버킷리스트는 후회할 것을 없애기 위한 것일 뿐만 아니라 그날이 올 때까지, 자신의 삶을 더 풍요롭게 유지하며 의미 있는 삶을 살아가기 위해서 작성하여야 한다는 것이다. 또한 현재 자신이 할 수 있는 능력의 범위에서 해볼 수 있는 것을 찾아내야 성공(?)한다는 것이다. 여기서 성공이란 그것을 하는 동안 즐거움을 느끼고 행복할 수 있으며 지속될 수 있음을 의미한다. 나이 드니 "가진 것이라곤 시간밖에 없다."는 동창의 말처럼 넘쳐나는 오늘의 시간을 내 자신과 누군가를 위하여 사용할 수 있다면 매일이 축복의 시간이 될 것 같다. 그리하면 아쉬움이 덜 남을 것이며 따라서 죽음도 두려워하지 않게 될 것 같다. 누군가가 말했듯이 죽을 때에 많이 즐길 껄, 많이 베풀 껄, 많이 용서할 껄 하며 "껄껄껄" 하지 않게 될 터이다.

소중한 열매

이정자
[기독교 66, 시조]

이정자

그렇게 그리워하고 바랐던 전원으로의 꿈이 금년 봄에 다가왔다. 꿈은 이루어진다고 했던가. 나에게 새롭게 다가온 전원으로의 생활은 꿈을 꾸어 왔다기보다 언제나 그리움의 대상으로 남아있었다. 그것은 어린 시절로 이어지는 회귀이기도 하였다.

일생을 살아가면서 누구에게나 어느 한 시절이 가장 행복한 날로 기억되거나 다가 올 때가 있을 것이다. 그 시기가 나에겐 꿈으로 자주 나타나는 고향의 어린 시절이다. 원래 부모님께서는 대구에서 살다가 대동아전쟁 말기 소까이疎開する로 발령이 나서 대구에서 칠곡군에 소재한 고향 마을로 이사를 하셨다. 그런데 이사를 가고 그 이튿날 해방이 되었단다. 아버지께서는 대구에 그대로 계시기도 했다. 대구집도 정리 안 된 상태에서 고향으로 갔기 때문이다. 어머니께서는 고향에서 어린 우리들과 함께 하셨다. 그 후 아버지께서는 왜관으로 옮기셔서 한의원을 하셨다. 아버지와 어머니는 서로 간에 양쪽 집을 오가며 두 살림을

하신 것이다. 우리도 두 집을 오가며 학교에 다녔다.

나는 어린 시절 우리집이 참 좋게 느껴지고 그런 집에서 살고 싶은 것이 꿈이기도 하다. 전형적인 한옥 기와집이다. 그 시절에는 봄이면 동냥하러 오는 사람들이 참 많았다. 시주를 받으러 오는 스님들도 많았다. 그들은 '대궐 같은 집'이라고 우리집을 칭했다. 어머니께서는 나를 시켜 그들에게 시주를 하게 하셨다. 나는 기꺼이 내 손이 닿는 대로 곡식을 그릇에 담아서 갖다 주곤 했다. 그들은 고맙다는 인사와 함께 '복 많이 받을 거요'라는 덕담을 해 주었다. 그것이 또 좋아서 으레 내가 그들에게 곡식을 갖다 주곤 했다. 그것이 지금 생각하면 내가 베풀 수만 있다면 베풀어 주고 싶은 마음을 가진 것인 것 같다. 물질이든 봉사든 마음이든 베풀어 주는 기쁨인 것 같다. 봉사도 봉사해 본 사람만이 봉사의 기쁨을 안다고 한다. 동창회 일도 봉사하는 마음으로 했고, 단체 일을 볼 때도 봉사하는 마음으로 했다. 내 한 사람 수고로 여러 사람이 이로움을 받고 단체가 잘된다면 그것으로 만족했고 보람된 일이라고 생각한다.

전원을 가꾸면서 이것저것 모종을 사서 심은 것이 이제 겨우 두어 달 된다. 그동안 상추, 호박, 들깻잎, 블로커리, 케일, 고추 등 이웃과 지인들과 나누어 먹은 집이 20여 집은 된다. 이곳 객지에서 생활한 지가 18년이 되었지만 그간 학교만 나갔고 문학 활동도 서울 중심으로 하여 이웃도 모르고 이 지역민하곤 거리가 있었다. 그런데 전원을 가꾸면서 풍성하게 야채를 수확하면서 나누는 기쁨으로 이웃을 알게 되었다. 곧 이웃과 소통의 길을 수확의 기쁨으로 연 것이다. 그간 서로가 잘 모르는 상태에서 어쩌다 만나면 어색한 인사였는데 이번에 야채를 나누어 먹으면서 친근한 인사로 바뀌었다. 손수 가꾼 야채 덕분이다.

방학이 되어 큰아들 식구들도 다녀갔다. 아이들도 좋아하고 아들 며느리도 좋아했다. 밭에서 자라는 야채를 보고는 신기해하기도 했다. 그리고 방학 때 한 번 더 온다고 했다. 고추, 호박, 들깻잎, 가지, 블로커리, 케일, 고구마 줄기, 파, 호박잎, 지천으로 깔린 게 먹을거리이다. 오늘은 '대학옥수수'도 땄다. 밭이 있으니 이렇게 풍성하다. 이웃과 지인들과 아들 딸에게 나누어 줄 수 있으니 얼마나 좋은 일인가.

추수 때는 콩, 땅콩, 고구마, 붉은 고추, 들깨를 풍성하게 거둘 것이다. 아들 · 딸 집에 나누어 주고, 겨우내 맛있게 간식거리도 만들어 먹을 것이다. 어린 시절 옆에서 바라만 보고, 동냥이나 시주로 베풀어 주었던 그 기쁨을 이제 이렇게 풍성하게 손수 가꾸어 이웃과 지인들에게 나누어 줄 수 있는 기쁨이 있어 나에게 밭이 생겼다는 게 행복하다.

밭은 집에서 차로 10분 거리에 있다. 거의 매일 남편과 함께 밭에 가서 2시간 정도 풀을 뽑고 김도 매고 농작물을 보살핀다. 그러고 나면 땀에 흠뻑 젖는다. 집에 와서 샤워를 하고 한 잠 자면 개운하다. 밥맛도 좋다. 건강도 좋아지는 것을 느낀다. 남편은 땀을 흘리니 몸무게가 줄어들어 좋아한다. 반대로 나는 일을 하고 밥을 잘 먹으니 몸무게가 늘어나서 더욱 건강하니 좋은 현상이다. 자녀들도 어머니는 몸무게가 줄면 안 된다고 하니 몸무게가 늘었으니 다행이다.

노후에 땀을 흘리면서 일할 수 있는 곳이 생겨서 좋다. 비싼 돈을 주고 운동을 하며 땀을 흘리면서 살을 빼는데 생산적인 일을 하며 땀을 흘리고 살이 빠졌으니 남편은 더욱 좋아한다. 나는 뭣보다 일을 하며 땀을 흘리니 냉수를 먹어도 탈이 없고 밥맛이 있어 밥을 잘 먹으니 건강에도 좋다. 여름에도 땀 흘릴 일이 없었고 여름에드 더운밥과 더운 물을 마셨는데 밭일을 하고부터는 냉수도 아무 탈 없이 잘 먹는다. 그리고 금년 여름엔 집에서도 땀을 흘렸다. 아마 체질이 변한 모양이다. 출근하듯 날마다 갈 수 있는 곳이 있어 더욱 좋다.

꿈은 이루어지고 꾸준히 바라던 것은 어느 시기 가까이 다가와 손에 잡힌다는 것을 살아가면서 느낀다. 그렇게 바라고 꿈꾸어 왔던 대학 시절의 꿈, 유학으로의 길을 건강상 이유로 이루지 못하고 결혼을 했다. 늘 그 꿈은 내 맘속에 도사리고 있었다. 삼 남매를 기른 후 불혹의 나이에 큰 병을 앓았고, 불혹을 훌쩍 넘긴 나이에 국문학으로 전과하여 다시 학문의 길을 가서 박사학위를 땄다. 꼭 20년간 건국대와 충주대(현 교통대)에서 원 없이 강의를 했다. 전공 관련 서적도 17권 썼다. 『문학의 이해』는 2012년도 문광부 우수학술도서에 선정되기도 했다. 이제 강의를 다 놓고 나니 전원으로의 꿈이 다가왔다. 날마다 출근하듯 나가 일할 수 있는 곳이 있어 좋고, 저녁나절이 되면 맑은 정신으로 책상 앞에 앉아 아무 부담 없이 책과 함께 해서 좋다. 시조 영역으로의 길을 시조작가로서의 길과 함께 갈 수 있어 더욱 좋다.

금년은 국제 펜대회가 한국에서 열리는 해이다. 국제PEN한국본부에서는 한글문학 큰잔치인 세계한글작가대회를 9월 15일부터 18일까지 천년고도인 경주에서 개최한다. 세계한글작가대회는 한글의 우수성과 함께 한국문학을 전 세계에 알리는 좋은 계기이다. 특히 우리 고유의 정형시인 시조를 2012년도에 이어 전 세계에 알리는 좋은 기회가 될 것으로 기대한다. 그래서 이 시기에 맞추어 '시조번역회' 이름으로 이정자의 영역시조(1)도 출간한다. 가장 한국적인 것이 세계적이라는 말을 새겨보면서…….

학생들에게 버킷리스트(bucket list)로 프레젠테이션을 한 적이 있다. 이제 나는 나의 묘비명을 프레젠테이션한다.

'도전, 그리고 꿈을 이루다. 범사에 감사한다.

하나님께 감사하고

부모님愛汕 李相厚, 張謂璇께 감사한다.

그리고 나를 이해하고 도와 준 남편 李永錫과

사랑하는 3남매 恩玖,,恩珍,,恩助에게도…….

이재연

두려움 속의 먼동

이재연

[독문 67, 소설]

아침에 일어나 거울을 보니 얼굴이 짝짝이었다. 아! 비명소리가 터져 나왔다. 입은 비틀어져 있었고, 혀는 자꾸 왼쪽으로 쏠렸다. 작아진 왼쪽 눈은 감기지 않았고, 물을 마시면 흘러내렸다. 밤에 죽음이 가슴문으로 잠시 들어왔다 나갔나 보다.

"죽음은 우리와 함께 걸어간다."(스콧 사이먼스)

한의원에 가니 안면마비라고 했다. 늦은 봄비가 내리는 엊저녁 식구들과 함께 동네 시민회관에 뷔페에 가서 식사한 뒤 냉커피와 아이스크림을 먹었다. 오랜만에 금지된 찬 것을 먹어서 그런지 달콤했다. 그날 저녁엔 잠이 안와 새벽 세 시까지 몽그작거리다가 간신히 잠이 들었다.

이탈한 달콤한 대가가 안면마비이다. 내 병에 대해 사람들은 한마디씩 덧붙였다. '에어컨 쐬다가, 찬 바닥에서 자다가, 찬 벽을 보고 자다가, 불면증에 시달리다가' 이 병에 걸린 사람들이 많다고 했다.

나는 매일 오후면 동네 한의원으로 침을 맞으러 다녔다. 길 건너 낡은 오층 아파트 뜰이 있는 외진 길, 고요한 길, 떠돌이 고양이들이 재빨리 사람을 피해 다니는 길로 걸어가면 이상하게 지금까지와는 다른 어떤 삶의 길로 들어서고 있다는 생각이 들었다. 길가 꽃밭엔 키가 크고 잎이 튼튼하게 잘 뻗은 용설란이 여기저기 당당하게 자리 잡고 있다. 잡초더미 속의 붉은 장미꽃은 흐드러지게 피어 있고, 흰 찔레꽃은 걸음을 멈추게 한다. 나는 꽃나무들을 보며 갈망의 말을 읊조리며 걸어간다. 느릿한 걸음으로 걸어가면 누군가 함께 하고 있는 듯하다. 떠돌이 고양이 두 마리가 사람 눈을 피해 재빨리 도주하는 모습도 보인다. 그들이 걸음을 멈추고 두려운 눈길로 주위를 살피는 모습은 어딘지 이 시대의 암울한 공기를 연상시킨다. 날이 춥고 음산하거나 비바람이 불 때는 고양이들이 야옹거리며 사랑해 줘, 하는 듯이 울부짖는다.

주택가에서 나와 이 시의 중심가인 공원 쪽으로 길을 건너면 메르스(중동호흡기증후군) 때문에 마스크를 쓴 사람들이 눈에 띈다. 불안한 공기가 이 도시에 드리워져 있다. 아니 먼 곳, 이 나라 군데군데까지 중동의 낙타 때문에 사람들은 두려운 그림자를 달고 걸어다닌다. 2년 전엔 박쥐가 전염시키는 에볼라 때문에 부산시민들은 두려움에 떨었다. 수년 전에 우크라이나 수도 키예프에 갔을 때였다. 원전 사고가 난 체르노빌과는 100킬로미터 떨어져 있는데, 그 근처의 강에서 나는 민물고기는 먹을 수 없고, 곡창지대지만 방사능에 오염된 곡식도 수출할 수가 없다고 했다.

거리엔 공포의 그늘이 깔려 있고, 사람들은 얼굴을 약간 숙이고 말없이 뚜벅뚜벅 걸어가고 있다. 배낭을 메고 큰 운동화를 신은 젊은이들이 지하철 입구 쪽으로 성큼성큼 빨리 걸어가고, 큰 가방을 든 아줌마들이 한낮의 그림자를 달고 뭔가 궁리하고 있는 듯한 허기진 얼굴로 걸어가고 있다. 어디서, 무엇이 터질지 모르는 불안의 그늘이 따라다닌다. 중동에 다녀온 1번 환자가 슈퍼 전파자인 14와 16을, 14가 76을 감염시켰다고 한다. 1은 30명, 14는 80여 명에게 병을 옮겼다. 16은 23명, 76은 11명을…… 그리고…… 또…….

어느 순간 어둠 속에서 비뜰어져버린 얼굴의 변형처럼 언제 어디서 검은 병마가 다가올지 두렵다. 얼굴의 왼쪽과 오른쪽의 불균형, 남쪽과 북쪽의 너무 오랜 세월 동안의 긴장감, 강대국인 섬나라와 대륙의 큰 나라가 어느 순간 무엇을 틀어버릴지 몰라 편안한 날이 없다.

세월호 때는 이 나라 산야가 슬픈 한의 그늘로 싸여 있었다. 그때는 눈물처럼 비가 자주 왔다. 지금은 내일을 알 수 없는 불확실한 두려움의 그늘을 달고 다닌다. 문득 손과 다리가 기다랗고 빼짝 마른 스위스의 조각가 자코메티의 조상彫像들이 거리를 두리번거리며 걸어다니는 듯하다. 그의 조각 형상들이 메마른 아스팔트길 위를 큰 발로 성큼성큼 걸으며 쉴만한 물가를 찾기 위해 배회하고 있는 듯하다. 나는 허공의 수상한 공기가 두렵다. 길을 가다가 문득 삶의 생기를 마시고 싶을 땐 정부청사 뒤쪽의 관악산 봉우리들을 올려다본다. 오전과 오후의 햇빛에 따라 겹겹이 싸인 봉우리들은 색깔과 모양이 달리 보인다. 하늘이 높고 맑을 때는 정기를 사방으로 뿜어대고 있는 듯하다. 비온 끝의 안개 속에선 봉우리들은 꿈을 꾸듯 몽롱한 자태로 이 자그마한 시市를 품어주고 있다. 먼동 틀 때의 봉우리들은 뿌연 대기 속에서 사람들의 꿈이 어린 굳건한 형상처럼 보인다. 저 아래 사람들의 희망의 말에 응답하듯 하나씩 자신의 빛의 얼굴을 내보인다.

어느 스산한 가을 저녁 지하철 안이었다. 주위를 둘러보니 사람들은 어디 단체로 초상집을 갔다오는 것처럼 거의가 어두운 검은 옷을 입고 피곤한 얼굴로 자신의 우주 같은 작은 손기계에 열중하고 있었다. 혼자서 뭐라고 중얼거리는 사람, 빙긋이 웃는 사람, 이어폰을 꽂고 고개를 까닥이는 사람…… 순간 기계와 친구처럼 지내고 있는 인간이 낯선 외계인처럼 느껴졌다. 노르웨이의 화가 뭉크의 '절규'의 비명소리가 퍼져나가는 듯했다. 그의 '절규'는 어느 순간 엄습한 삶의 공포감을 그린 그림이다. 얼굴이 해골처럼 마른 인간이 핏빛으로 물드는 석양녘을 걸어가다가 피로감에 난간에 기대서 두려움에 떨고 있는데, 갑자기 어디선가 비명소리가 들려온다. 아! 무서워! 무서워! 어두워가는 주위를 향해 지르는 소리는 아마도 사는 것이 무서워, 하는 절규의 비명일 것이다. 몇 번이나 의사의 입에서 아찔한 절망의 말을 들었던 난 불안과 두려움이 세포 속으로 들어와 어느새 피와 살이 되어 몸 안을 돌고 있는 듯하다. 내일 무슨 일이 일어날지, 사는 것이 떨려…… 떨려…… 떨려…….

달이 바뀌고 시간이 흘러가자 굳어진 근육이 풀어지고 비틀어진 입이 제자리를 찾고 감겨지지 않은 눈은 크고 활짝 떠졌다. 처음 보는 세상처럼 호기심어린 눈으로 사물을 본다. 무슨 말을 하려고 할 때는 입안에서 혀가 올라갔다 내려갔다, 뭔가 향기로운 말을 하기 위해 춤을 춘다.

마지막 날 한의원에 가자, 무뚝뚝한 의사가 침을 놓기 전에 말했다.

"처음에는 걱정했는데, 생각보다 빨리 정상으로 돌아왔어요."

집으로 돌아오는 길의 발걸음은 가볍다. 이 걸음 이대로 비밀의 화원 같은 꽃밭으로 가 장미꽃을 꺾으리라. 한 송이는 일층 아줌마에게 고추를 따서 함께 줘야겠다. 고추는 이상하게 따면 딸수록 많이 열리는 것 같다. 아주머니는 주인인 나처럼 꽃밭을 좋아한다. 두 사람만 꽃밭의 변화를 알고 꽃의 향기에 행복해한다.

아침 일찍 이층 베란다 통유리 문을 열면 청계산이 눈에 확 들어온다. 산 뒤쪽에서 붉은 태양이 서서히 떠올라 어느새 하늘을 물들인다.

어느 순간 환하고 둥근 것의 생기와 하나가 된 듯한 순간, 아! 환희의 소리가 터져나온다. 이제 두려움도 안녕! 메르스도 안녕! 새로워진 정신과 몸으로 새로운 땅으로 들어간다.

나를 찾아 떠나보기

박명희
[국문 71, 소설]

박명희

'버킷리스트'라는 용어를 처음 들은 것은 영화를 통해서였다. 헐리우드의 롭 라이너 감독은 이 영화를 죽음이라는 무거운 주제를 다소 코믹하게 다스려 가벼운 유머로 풀어나갔다.

폐암 말기 암을 선고 받은 에드워드(잭 니콜슨)와 카터(모건 프리먼)는 병원에서 조우한다. 거대 사업가인 에드워드와 흑인 자동차 수리공인 카터의 만남은 죽음을 앞둔 병실이 아니면 현실적으로 불가능했을 것이다.

평생 성실하게 일했으나 가난에서 벗어나지 못했던 카터는 여생이 얼마 남지 않음을 알고, 대학시절 그려보았던 버킷리스트를 써본다. 결코 이룰 수 없던 잃어버린 꿈의 쓸쓸한 추억들은 그가 '죽기 전에 해야 할 일' '버킷리스트'가 아니라 '하고 싶은 일', 즉 '위시리스트'였을 것이다. 돈을 쓰는 일보다 버는 일에만 관심 있었던 에드워드는 카터와 함께 의사의 만류를 뿌리치고 병원을 나와 카터의 버킷리스트를 실행에 옮긴다. 그들은 '폼 나게 즐기다 가자'며 생의 마지막 모험을 시작한다. 두 사람 다 가족들로부터 상처받은 외로운 영혼들이었다.

둘은 유쾌한 세계여행을 시작한다, 무스탕을 운전하며 카레이싱도 하고, 행글라이더를 타고 하늘 위를 나르며 대자연의 장엄함을 즐긴다. 로마와 홍콩을 가고 이집트 쿠푸왕의 피라미드들 사이를 오가며 생에서 중요했던 가족과 친구를 생각한다. 죽은 왕비를 위해 지은 타지마할에서는 자기들의 사랑에 대한 회한을 품기도 하고 아프리카 세렝게티에서 사파리를 타고 호랑이도 몰아본다. 만리장성 위를 오토바이를 타고 신나게 달리기도 하고 사소한 일로 '눈물 날 때까지 웃어보기' 등을 실현해 가면서 버킷리스트를 하나씩 지워가던 그들은 마지막으로 '낯선 사람 도와주기'를 한다.

그들은 그렇게 여행을 통해 각자의 쫓기는 생에서 잊고 살았던 자기 자신을 찾아간다.

— 지금부터 내가 하고 싶은 일, 해야 할 일은 무엇인가?

모처럼 하늘이 맑은 물에 헹군 듯 맑게 개어 맑은 마음으로 나를 돌아다본다.

비록 이루고자 하는 바를 다 이루고 성공적인 삶을 다 이룬 사람도 누구나 그가 '가 보지 않은 길'에 대한 아쉬움이 있을 것이다.

내가 숨 가쁘게 지나쳐온 숲보다 가 보지 못한 숲의 새들이 더 다정하게 속삭이고 스쳐 지나치는 광경이 더 새롭고 더 아름다울 수도 있었을 것 같은, 그래서 삶에서 중요한 것을 놓쳐버리지는 않았는지 하는 의구심이 살짝 든다. 후회 없는 삶을 살았다고 말할 수는 결코 없다. 켜켜이 쌓인 세월 저편에 좀 더 열심히 살지 못했던 회한이 쌓여 있고, 한편으로 욕심으로 안달하고 걱정을 쌓아가며 살아온 것 같기도 하다. 그래서 다음 생이 내 앞에 주어진다면 진실로 시간을 아끼고 좀 더 긍정적으로 살 것 같다.

— 지금부터 내가 하고 싶은 일은 즐겁게 살기이다.

다행히 내가 살면서 하고 싶은 일을 크게 못해 본 일은 크게 없는 것 같다. 나는 고맙게 좋은 부모와 의좋은 형제와 함께 편안하게 살았고 운 좋게 다정한 가족들을 만나 굴곡 없이 살았다.

그러나 돌이켜 보면 '아, 그때가 좋았어' 하는 시간들은 찰나였고, 그것들은 손에 잡히는 순간 추억 속에 묻혔다. 그렇다고 나는 과거에 묻혀 살고 싶지는 않다. 붙잡는다고 잡혀지지 않고 흘러가 버리는 것이 시간이다. 그래서 남아 있는 날들 중 '지금'을 알차게 보내고 싶다. 젊은시절 나를 옥조이던 열정이나 도전보다는 세월에 순응하면서 살아야겠다. 좋은 사람들 만나 좋은 음식 먹고 좋은 대화를 나누며 훈풍 같은 정을 품고 싶다. 사람에 대한 집착도 내려놓고 욕심내지 않는 자유로움을 누리고 싶다.

영화 버킷리스트에서 가장 공감했던 장면은 그 대단했던 여행이나 모험이 아니고 소박한 것이었다. '눈물 날 때까지 웃어 보기'

사소한 재미나 번뜩이는 유머 한 마디에도 서로 공명되어 배꼽 빠지도록 웃는 일, 나는 앞으로 되도록 내 생활 중 그런 시간이 많아지기 바란다. 가족들과 형제들, 친구들과 내 인연 닫는 이들과 좀 더 자주 만나 웃는 시간을 가져보고 싶다. 남은 시간 역시 처음 맞을 새로운 여행이다. 주어지는 시간은 영원히 단 한번이고 시행착오란 있을 수 없다. 갈대처럼 자연스럽게 바람에 나를 기꺼이 맡기고 편안하게 나이 먹어 가고 싶다

흰 눈雪쓰고 서 있는
은빛 갈대들에게 배웠네.

이 세상 바람이 살랑살랑 불면
살랑살랑 바람에 흔들리며
흔들리며
늙어갈 수밖에 없다는 것을
— 송하선, 「늙어가는 법」

— 지금부터 꼭 해야 할 일은 시간 아껴 쓰기이다.

건강할 때는 죽음을 실감하지 못한다. 여름 땡볕 아래서 눈보라 치는 겨울을 체감 못하듯 죽음은 개념으로만 온다. 그래서 어영부영하다가 시간을 놓아버린다. 죽음이 끝이 아니라면 오늘을 더 잘 살아야 한다. 나는 업보나 윤회를 꼭 믿지는 않지만 우리의 마음 안에는 양심의 소리가 있다. 그 소리를 따라서 부지런히 일하고, 몸도 마음도 약한 나에게는 좀 외람된 일이지만 이웃을 도우며 살고 싶다. 나는 아직도 더 많이 책을 읽고 많이 알고 싶다. 그리고 써야 할 소설도 있다. 그것은 영원한 미지의 세계이고 그쪽에는 항상 새로운 세상이 있다. 나는 그 길을 참되게 그리고 오래 걷고 싶다.

문학, 내 영혼의 그리움이여!

카르페 디엠!

아름다운 마무리

이자숙
[식품 72, 수필]

이자숙

장마다운 비 한번 없이 더위가 기승을 부린다. 기다리던 비는 열기를 품은 대지 표면을 찔끔찔끔 적시다 흔적을 지운다. 이른 봄부터 단비를 애타게 기다리는 농부의 심정은 아니지만 메마른 마음 밭을 촉촉이 적셔 줄 빗줄기를 기다리게 된다. 그래도 여름은 대지의 목마름은 아랑곳하지 않은 채 대지의 열기를 품고 가까이 다가오고 있다. 길지도 짧지도 않는 한바탕 향연을 위해 한 치의 양보도 없이 절정의 8월을 향하고 있다. 해마다 이렇게 맞는 여름이었지만, 이 지점에 문득 서서 위치를 확인해본다. 지나온 시간과 남은 시간을 헤아려보게 된다. 여름이 나에게 남겨준 짧은 시간이 지나면 서서히 익어가는 결실의 가을을 풍요롭게 맞이하고 싶다.

올해로 96세가 되신 원로 수필가 김형석 명예교수는 한 방송 인터뷰에서 다시 돌아가고 싶다면 60대라고 했다. 무엇이 진정으로 소중한가를 느끼는 시기는 60대 중반에서 70대 중반이라고 했다. 그리고 다른 사람들에게 도움을 줄 수 있을 때까지 살기를 원한다고 했다. 내 자신이 50대이었을 때 이런 질문을 받았다면 대학시절로 되돌아가고 싶다고 했을 것 같다. 이제 60대 중반을 넘어서면서 노교수님의 말씀에 깊은 공감을 느끼게 된다. 주변에서 100세 시대를 맞이했다고 하지만 이제야 피부에 와 닿음을 느낀다. '앞으로 이 무르익은 시간들을 어떻게 보낼 것인가?' 생각하게 된다. 터무니없이 높은 것만 바라보았던 몰지각함과 겸손을 가장한 자기비하의 어리석음에서 벗어나 본연의 나를 아끼고 성숙시켜야 할 시점에 와 있음을 알게 되었다.

삶의 근본문제의 해답을 찾지 못해 허망함과 고독감이 밀려 올 때 '쉼'으로서 해답을 얻어야 함을 깨달은 것도 60대의 일이다. 예수님은 온갖 일로 피곤했던 제자들에게 "자 이제 외딴 곳으로 가서 좀 쉬자." 고 말씀 하셨다.(막6장31절) 사람 속에서 벗어나 자신을 돌아보며 쉼의 시간을 가지려고 몇 년 전부터 그림 그리기를 시작했다. 편안한 마음으로 그리다 보니 미술을 감상하는 안목이 생기고 작가에 대한 이해와 관심의 폭이 넓어짐을 느끼게 되었다. 다음 월요일에는 올림픽 공원 내 소마미술관에 전시 중인 멕시코가 낳은 위대한 화가 〈프리다 칼로〉전을 관람할 계획을 세웠다. 세상은 그녀를 절망에서 피어난 천재화가라고 일컫는다고 한다. 며칠 전 신문에 소개된 그녀의 프로필과 미술세계를 읽으며 고통스러운 생애를 마흔일곱이라는 나이로 마감했음을 알았다. 그녀에게 미술도 절대적 안식처는 아니었나보다. 절대자가 주시는 평안이 삶의 최고의 가치임을 잊지 말아야겠다.

쉼의 시간을 통하여 깊고 맑은 샘물 같은 시를 쓰고 싶다. 2년 전 이맘때쯤 꿈속에서 깊은 늪에 빠져서 허우적대는 나를 강한 두 팔과 크고 부드러운 두 손으로 번쩍 들어 단번에 건져 올려주신 그분의 힘차고 따뜻한 손길을 부르실 때가지 잊을 수가 없을 것 같다. 인간이 내밀어준

가늘고 긴 팔로는 도저히 건져 올림을 받지 못함을 깨달았다. 늪에서 나와 보니 하얀 조약돌들이 물밑에 가지런히 깔려 있고 맑은 물이 찰랑대고 있었다. 샘물가에 앉아서 쉴만한 평퍼짐한 돌들이 가지런히 놓여 있었다. 저 돌에 앉아서 물속에 발을 담그면 시원하고 좋겠구나 하는 생각을 하다가 잠에서 깨었다. 꿈에서 깨어나서도 기분이 상쾌하였다. 아직까지의 분주했던 삶에서 이제 쉼을 통하여 맑은 영혼으로 살기를 소망해본다.

머지않아 분주한 일상에서 벗어나면 아름답게 살았던 분들의 흔적을 돌아보고 싶다. 아직까지 성지순례를 미루고 못 가보았다. 10여 년 전 기회 있을 때 못 간 것을 잠시 아쉬워하기도 했지만 앞으로 이삼 년 뒤에 가기로 한 것이 적절한 결정인 것 같다. 믿음의 분량이 어느 정도 채워진 다음에 가볼 수 있게 된 것이 감사하다.

다음으로 가보고 싶은 곳은 러시아의 바이칼호 근처에 아름다운 영혼 "투르페치코"가 부인과 함께 살았던 작은집이 아직까지 남아있다고 하는데 그 작은집에 가서 그곳에 걸려 있다는 부부의 사진을 바라보고 싶다. 그는 귀족출신 청년장교로 화려하고 앞날이 보장된 삶을 버리고 농노제의 폐지를 주장하는 혁명을 모의하다가 실패하게 되었다. 그 후 시베리아로 추방되었다. 그의 아내도 그곳으로 합류했다. 강제노역을 마친 후에도 그곳에 남아 자신들의 소유를 가난한 이웃과 나누며 일생을 그들과 함께 생활했다고 한다. 그들은 이르쿠츠크를 '시베리아의 파리'로 변화시켰다고 한다.

러셀경은 "재미의 세계가 넓으면 넓을수록 행복의 기회가 많아지며, 운명의 지배를 덜 당하게 된다."고 했다. 나에게 재미의 세계란 50대부터 시작한 문학수업과 60대에 시작한 상담공부와 그림 그리기일 것 같다. 재미의 세계란 서로 연관성이 있는 것 같다. 어느 한곳에 집중 못하는 나의 산만함의 영향도 있음을 알고 있다. 이근후 이화여대 명예교수님의 저서 『나는 죽을 때까지 재미있게 살고 싶다』라는 제목의 책 내용 가운데 그는 결혼한 자녀 세 부부와 네 명의 손자 손녀까지 열세 명 삼대가 한 지붕에 산다고 했다. 1980년대에 출간된 엘빈 토플러의 『제3의 물결』에서 미래사회는 한 지붕 아래 산다고 예측했다. 상호 불간섭주의와 독립성보장 등 철저한 개인생활이 보장될 때 가능한 일인 것 같다.

올봄에 결혼한 아들은 부모와 함께 사는 것이 여러 가지 여건상 힘듦을 알고 있다. 고등학교 시절부터 기숙사 생활을 했고 미국생활도 현재 10여 년 넘게 하고 있으니 예측할 수 없다. 더구나 독립심이 유난히 강하다.

딸은 아직 미혼인데 나이를 먹을수록 친구 같은 느낌이 든다. 일이 년 후에는 거취가 결정되겠지만 계속 같이 살던지 근처에라도 살았으면 하는 바람이다. 서로가 필요로 할 것 같다. 몇 년 내로 집 근처에 가지고 있는 땅에 딸과 함께 살 수 있는 건물을 짓고 싶다. 한 층씩 쓸 수 있게 독립된 공간을 마련하고 한 층에는 두 공간으로 나누어 한 칸은 상담실로 꾸미고 조용한 시간에는 글도 쓰고 책도 읽고 큐티도 나누고 다른 한 칸은 음악도 감상하고 그림도 그리는 공간을 마련하고 싶다. 아들 내외도 합류한다면 더없이 행복하겠다.

인생의 살아온 날보다 살아갈 날이 적음을 확실하게 알게 된 시점에 서 있다. 여유를 한껏 부려 100세를 산다고 해도 삼분의 이를 살았다. 나머지 삼분의 일 안에는 삶의 경험자의 말처럼 성숙함의 황금기인 65세부터 75세의 기간이 아직은 초반부를 지나고 있다. 이 황금기를 어떻게 보낼 것인가? 자신에게 묻는다. 먼저 가까운 사람에게 잘 해주어야겠다는 생각이 든다. 나의 부족함으로 인하여 상처받았을 가족들. 남편과 두 자녀에게 좀 더 지혜롭고 따뜻하게 대해주어야겠다. 최근 3년 동안 상담공부를 하면서 나 자신의 내적 치유뿐 아니라 두 남매에게 얼마나 많은 상처를 주었는지 깨닫게 되었다. '지금 알게 된 것을 그때 알았더라면' 하고 뉘우친 적이 한두 번이 아니었다. 이 땅에 사는 날까지 배움의 줄을 놓아서는 안되겠다고 생각한다.

인생의 풍요로운 결실을 맺기 위하여 세상에서 가장 어려운 일 세 가지를 실천해야 함을 알게 되었다. 첫째는 증오를 사랑으로 갚는 일. 둘째로는 버려진 자를 받아들이는 일. 셋째는 자신의 잘못을 시인하는 것이라고 한다. 죽는 날까지 이 학습은 계속되어야 할 것 같다. 부르실 때 홀가분한 마음으로 절대자 앞에 설 수 있기를 소망한다. "우리가 알거니와 하나님을 사랑하는 자 그의 뜻대로 부르심을 입은 자들에게는 모든 것이 합력하여 선을 이루느니라."(롬8:28) 이 구절을 늘 묵상하며 감사함으로 살리라.

김현숙

사랑한다고 차마 말할 수 없으므로

김현숙
[영어교육 73, 소설]

사랑하는 사람들에게조차 사랑한다는 표현을 제대로 할 줄 모르는 여자. 한심하게도 나는 그런 부류의 여자다. 내가 가진 가장 큰 핸디캡 중 하나가 사랑의 표현을 제대로 잘못하는 것이라면 남들은 아마 웃을지 모르겠으나, 그러나 정작 본인에겐 그것이 참으로 쉽지 않은 심각한 문제임이 사실이다. 그것도 소위 글을 쓰는 작가이고 보면 남들은 더욱 쉽게 이해가 되지 않으리라 생각한다.

드라마나 영화, 소설을 보면 사랑의 표현이 얼마나 진하고 다채로우며 현란한지 숨이 막힐 지경이나, 정작 나의 작품 속 사랑, 그것조차 글쓴이의 실재와 마찬가지로 그리 강렬한 외적 표현이란 없이 되도록이면 겉으로 드러내려 하지 않고 안으로, 안으로만 응축되어 쌓여가는 그런 사랑을 지향하는 편이니, 글은 곧 그 사람이다, 란 말은 그리 틀린 말이 아닌 것 같다.

그런 까닭에 가끔씩은 혼자 작심하곤 하는 계획이 있다. 죽기 전에 꼭 하고 싶은 나의 버킷리스트. 그 첫 번째가 사랑하는 사람들에게 나의 사랑을 전하고 알게 하는 것, 그것이 가장 먼저 떠오르는 목록임을 깨닫는다. 나의 버킷리스트를 작성해 가노라니 놀랍게도 두서없는 여러 허황된 소망들이 떠올랐다간 사라진다. 그러나 여기선 우선 흔들림 없고 심중에 또렷이 자리하는 오직 세 가지 내용만을 추려 얘기할까 한다.

첫째, 그간 살아오며 내가 감사와 사랑을 느낀 사람들에게 정성껏 손편지를 쓰는 일이다. 그들이 내 삶에 얼마나 큰 의미와 기쁨을 주었는지, 그들로 인해 내 삶이 얼마나 무한한 힘을 얻고 기쁨을 느끼며 살아갈 수 있었는지, 비로소 그것을 고백하며 과감없고 정직한 내 사랑을 전하고 싶다. 죽음을 앞두고 그들에게 편지를 쓰는 순간 차오르는 아픔과 회한에 간간이 쓰는 일을 멈추고 혼자 흐느껴 울지도 모르나 그건 어쩔 수 없는 일. 살아생전 그때그때 좀 더 깊이 사랑하고 그 사랑을 전하지 못한 나의 불찰과 태만에 대한 벌이므로 마땅히 겪어야만 할 통과의례려니…….

둘째, 어쨌든 글을 쓰는 작가이니 향후 집필에 관한 계획이 빠질 수는 없는 것. 이제까지 묶어낸 나의 저서란 단편집 2권에 장편 1권, 도합 모두 3권이 전부이다. 등단 25년간의 소산이라기엔 너무도 빈약한 결과물이라 말을 꺼내기도 무색한 형편이나 앞으로도 그리 많은 작품을 생산해낼 거창한 계획 같은 건 없고 보니, 어찌 보면 참으로 한심한 작가에 속한다. 다만 단편집 한 권, 장편 두어 편을 더 써 사후 나를 기억하는 몇몇 사랑하는 이들의 서재에 손때 묻은 그 책들이 끝까지 그저 솎아내어지지 않고 언제까지고 나란히 꽂혀 있길 바랄 뿐이다.

미시마 유키오의 저서 『사랑과 죽음의 미학』을 읽다 보면 가슴을 때려오는 구절이 있다.

'작가란 작품이 잘 안될 때 정서가 심히 불안정해져 공연히 주위를 괴롭히는 종족들이다. 그렇다고 무슨 심오한 사상적 번민이 있는가 하고 생각되지만, 겨우 여자의 발꿈치를 어떻게 묘사해야 보다 색정적일까 하는 따위의 문제로 괴로워하고 있는 것이기에, 소설가는 정말 사회에 해가 있을지언정 이익이 없는 존재라고도 할 수 있는 것이다. 이것이 여자 소설가의 경우라면 겉으로 나타내지 않고 안으로만 곪아서 위벽도 마음의 벽도 험악하게 거칠어져 있을 것이며, 그러기에 나는 여류작가가 아무리 미인이고 아무리 아름답게 차리고 있더라도 소설을 쓴다는 일로 그녀의 내면이 얼마나 거칠고 황폐해져 있을까를 생각하면 무서워서 쉬이 접근할 수가 없으나, 세상이란 묘해서 대략 90%의 여류작가는 그렇게 내면이 황폐하지 않도록 몸을 아끼며 일을 하고 있는 것 같아 다행인 것이다.'

일면 상당히 냉소적이고 반어적인 그의 말에 전적으로 동의하는 것은 아니나, 어느 만큼은 무릎을 칠 정도로 공감이 가 실소를 금치 못한다. 스스로를 돌아보면 내면이 그토록 거칠고 황폐해지리 만큼 글을 쓸 능력도, 자신도 없겠으나 실은 그렇게까지 쓰고 싶다는 의욕과 의지도 없음이 사실이다. 그저 앞으로 남은 생, 남은 시간을 사랑하는 이들과 나누고 즐기며 그들의 삶에 뭔가 보탬이 되고 기쁨과 힘을 줄 수 있는 그런 존재로 살아가고 싶을 뿐이다.

셋째, 가장 가깝고 편안한 이들과 신나는 여행을 하고 싶다. 여행은 어디를 가건 제아무리 천국과도 같은 좋은 곳을 간다 해도, 함께 가는 이가 누구인가에 따라 그 내용과 질이 완연히 달라짐을 절감하곤 한다. 동행인이 맘에 든다면 굳이 어디이건 크게 상관할 바 없으나 꼭 가고 싶은 곳을 들자면, 저 그리스 에게해의 푸른 섬 산토리니를 꼽고 싶다. 눈이 부시게 푸르른 청정바다, 가파른 언덕 위 그림 같은 하얀 집들, 예쁜 성당과 카페…….

다정한 이들과 그곳 카페, 바다가 내려다보이는 드넓은 창가에 둘러앉아 독하고 맛있는 럼주에 취해 밤새 웃고 떠들고 춤추며 노래하고 싶다. 추구해오던 모든 걸 잃고도 끝내 낙담치 않고 크레타 해변에서 흐느적거리며 춤을 추던 희랍인 조르바를 떠올리며 사랑하는 이들과 어깨를 걸고 조르바 댄스, 경쾌한 흐름에 맞춰 꿈결처럼 흔연히 춤을 추고 싶다.

그러다간 별빛 찬연히 쏟아지는 밤하늘, 그 광활하고 까마아득한 우주를 향해 스러지듯 훌훌히 날아가 버릴 수만 있담…….

신필주

나무가 서 있는 곳

신필주
[국문 73, 시]

나는 지금 나무가 서 있는 곳으로 가고 있다. 나무를 좋아하지 않는 사람은 거의 없을 것이다. 나무는 사람이 사는 곳이면 어디나 함께 있어 쉬이 가까이 다가설 수 있다.

나는 유난히 나무를 좋아한다. 시의 소재가 되기에 넉넉한 생명체이기도 하지만 나무의 모습과 생태는 사람의 모습과 아주 비슷하기 때문에 친근감이 간다.

나무는 변화무쌍하지만 늘 아름다운 자태를 지닌다. 계절의 변화에 민감한 반응을 보이면서 때때로 나무는 슬픔과 기쁨을 안다. 절기에 따라 무성하기도 헐벗기도 하며 마치 우여곡절 많은 인생과 같은 성격을 가졌다. 나이테를 더하여 수령을 나타내니, 사람의 속마음도 세월이 갈수록 깊어지는 것이다.

젊은 나무는 초록의 잎새를 쉼없이 나부끼고, 늙은 나무는 가만히 서서 세상을 관조한다. 자연의 아름다움을 가까이 느끼기 위해 사람들은 자기 집 뜰에 꽃나무를 심어서 감상하고 바라볼 때마다 우주의 아름다움을 감상하며 내면의 감동에 만족한다.

나무는 그저 그윽하게 바라보는 것으로 족하다. 나무 자신도 사람이 늘 고매한 눈으로 바라보고 정성으로 보살펴주기를 바란다.

나무 한 그루 한 그루가 모여 숲을 이루고 숲은 준엄한 산을 이룬다. 아름다운 산이 많은 우리나라는 어진 국민이 등산을 즐기고 산을 소중히 보존한다. 오랜 노력으로 민둥산이 없는 푸른 산을 만들고 녹음 우거진 푸른 산들은 '삼천리 금수강산'이라는 이름을 얻기에 충분하다.

우리나라에는 총 4,000여 종의 나무가 있다. 그중 600여 종의 나무가 큰 숲을 이룬다. 다른 나라에 비해 유난히 나무가 많은 이유는 기후가 알맞고 비가 많이 내려 나무가 살기에 적당한 국토이기 때문이다. 그래서 우리 조상들은 예로부터 숲의 혜택을 많이 받아서 땔감이나 식용식물 혹은 생활용품까지 혜택을 받고 살아왔다. 사계절 내내 햇빛과 바람을 고르게 마시며 자라온 나무는 다른 자연보다 인체에 유익해서 사람의 건강을 도우니 요즘 산림욕이라는 것도 그래서 연유한 것이고 숲속에 서면 우선 정신과 육신이 맑아져서 날아갈 듯한 상쾌한 기분이 드니 등산객과 산책인의 즐거움을 충분히 이해할 수 있겠다.

'나무'라는 말을 그대로 해석해 보자. '나'는 '나'다. '무'는 '없음'이다. 나는 없는 것이다. 이 뜻은 '나'의 존재를 비우고 '욕심없이 살라'는 뜻이며 또한 '나(인간)'는 나중에 아무것도 남지 않고 사라진다는 뜻이다. 존재의 허무를 말한다.

지난겨울은 무척 춥고 길었다. 객지에서 고향으로 돌아왔지만 고향은 너무 많이 변해있었다. 강가에는 없던 집들이 하늘에 닿을 듯 높게 솟아있었고 친구들의 근황도 큰 변화를 겪어, 내가 돌아오고 싶었던 고향이 무척 낯설게 느껴졌다. 살던 곳으로 다시 돌아갈까 하고 마음을 먹기도 했지만 지우들의 따뜻한 우정이 나를 붙잡고 함께 살자고 했다.

강가에 작은 거처를 정하고 몇 날 안 되는 짐을 정리하고 청소를 해주는 중년 여인의 모습을 바라보며 생활력 강한 이 땅의 여인이구나, 속으로 생각했다.

쇠종이 몇 번 울리는 유리문을 돌고 나가 마을을 한 바퀴 돌았다. 거대한 서구식 아파트 곁에 작은 편의점이 있고 그 앞에 상록수 두 그루가 서로 손을 잡고 서 있었다. 한겨울인데 초록의 잎새들이 찬 이성적인 빛깔로 팔랑거리는 두 그루의 나무는 아주 키가 크고 둥치도 커서 내 눈에는 아득히 올려다보이는 거목이었다.

나무 아래 가만히 앉아보았다. 잎새 일렁이는 소리가 강물 흐르는 소리에 어울려 고운 화음으로 들려왔다.

아, 나는 드디어 고향으로 돌아온 것이다. 한 그루의 나무가 아니라 두 그루의 나무가 나를 지켜주니, 다시 살아보아야 하겠다. 나에게 새 희망을 안겨준 그 상록수는 이름도 모르지만 긴 시간 동안 아직도 나를 날마다 찾아와주기를 기다리는 벗이다. 그 나무로 하여 나의 겨울은 춥고 또한 따뜻했으며 그다지 외롭지 않았다.

내 기억 속의 나무는 꿈속에서도 나타나는 그리운 나무다. 여러 여행지 중에 특히 섬에서 자라는 나무는 그 섬만큼이나 깨끗하고 고적하여 즐거운 기억으로 남아있다. 울릉도의 붉은 소나무, 홍도의 후박나무, 보길도의 동백나무, 제주도의 협죽도, 거제도의 종려나무는 참으로 먼 그리움 속의 나무다. 해양성 기후의 바닷가에는 그토록 푸르른 상록수들이 아름아름 모여 산다.

그 숲에 다시 가고 싶다. 큰 나무 아래 빈 의자에 앉아 맑은 새소리를 들으며 명상에 잠기도 싶다. 나무 사이로 언뜻언뜻 보이는 파란 하늘을 보며 새가 날아가는 곳으로 나도 한번쯤 퍼득여 보고 싶다.

기다리던 봄이 왔다. 전보다는 드물어진 서울여행을 떠났다. 친구도 만나고 전람회도 보고 좋은 일도 좀하고 겸사겸사 떠났다. 주일을 맞아 단짝지기와 함께 대학교회에서 예배를 보고 둘은 천천히 학교 마당을 한참 걸어서 기숙사 앞으로 갔다.

우리는 그 나무 아래 나란히 앉았다. 아! 나는 너무나 놀랐다. 그 나무는 바로 40년 전 내가 살았던 신관기숙사 옆에 단 한 그루 서 있던 느티나무였다. 눈물이 날 만큼 반가웠다. 나무는 그때도 지금처럼 거목이었고 한국적인 아름다움을 늘 품고 있어서 학생들도 좋아했다. 내가 이 나무에게 특히 감동이 닿는 데는 특별한 이유가 있다.

그날 나는 4학년 졸업반이 되어 도서관을 오가며 공부에 열중했는데, 여가 시간에 두꺼운 문학책 한 권을 완독했으니 그 책은 바로 미국의 여류작가 마거릿 미첼이 쓴 『바람과 함께 사라지다』였다. 마지막 책장을 덮고 밀려오는 감동을 어찌할 수가 없어 이 느티나무 아래 달려와서 엉엉 울었던 기억이 난다. 내 행복했던 기숙사 시절의 추억이 서린 그 나무 아래에 다시와 앉아보니 참으로 감개무량하였다. 나를 그곳으로 데려가 준 친구에게 감사했다. 우리는 오랜만에 쌓인 이야기를 많이 나누었다. 그녀는 얼마 전에 다녀온 이국의 바다 이야기를, 나는 이곳에서 지냈던 학창시절의 이야기를 서로에게 들려주며 봄이 오는 듯한 따스한 햇살을 우정의 선물로 받아 그 오랜 세월 동안 사라지지 않고 그 자리에 그대로 서 있는 숭고한 기다림에 감사했다.

내 우거에도 봄이 찾아왔다. 날씨가 하도 쾌청하여 자리를 털고 일어나 봄맞이 하루 여행을 떠났다. 차를 기다리는 중간 지역의 공원에는 햇살에 반짝이는 상록수와 낙엽송들이 이제 봄이 왔다고 기지개를 켜며 팔을 뻗어 묵은 잎을 털어내는가 하면 상록수 가지는 길게 팔을 뻗어 비목에까지 잎새를 피우기를 넌지시 일깨우고 있었다.

나의 행선지는 간절곶! 우리나라에서 새해에 해가 맨 먼저 뜨는 동해 울산의 명소다. 너무 늦은 세월에 처음 가보는 간절곶은 내 소망 그대로 광활하며 아름다운 바다였다. 그림엽서도 쓰고 혼자서 이곳저곳 걷다가 문득 박제상 부인의 석상 옆에 서게 되었다. 두 딸의 손을 잡고 오래도록 돌아오지 않는 지아비를 마냥 기다리며 다리를 향해 서 있는 부인상 앞에서 나도 저렇게 오래오래 기다릴 수 있을까 스스로에게 자문해 보았다. 언덕의 키 작은 해송들이 그러라고 나를 향해 고갯짓했다.

넓은 바다와 파도소리를 뒤로 하고 잔디밭을 지나 집으로 돌아오는 차를 타려고 길목에 섰다. 그때 또 하나의 나무가 나의 눈을 사로잡았다. 노인정 옆에 서 있는 수령이 200년인 소나무였다. 큰 고목 소나무를 후박나무가 부드러운 가지를 뻗어 받쳐주고 있었다. 그 무겁고 튼실한 소나무를 어떻게 여린 가지의 후박나무가 받쳐 올려서 두 나무가 아름답고도 의좋게 어울려 살고 있는 모습이 귀하고 소담스러워보였다. 형제 자매 부부처럼 운명적으로 엉킨 생명이 저항도 없이 듣기 좋은 파도소리에 화음을 이루며 주어진 생명을 즐겁게 누리고 있는 모습은 요즘 격이 멀어진 인간관계가 본받아야 할 참으로 교훈이 되는 나무의 모습이었다.

나는 나무가 많은 이 나라에 살고 있는 나 자신이 새삼 축복받은 존재라 생각이 든다. 나무에게 가리라. 나무가 서 있는 곳으로 가서 지금의 절망을 씻고 앞날의 희망을 품으리라. 그리고 훗날 환생한다면 나는 한 그루 나무가 되고 싶다. 푸른 잎새 사이로 새를 날려 보내며 그리운 이가 찾아올 때까지 오래오래 그 자리를 지키며 서 있으리라.

바람으로 별빛으로 또 가슴으로

주연아
[신방 76, 수필]

주연아

역사를 돌이켜 볼 때, 사람이 죽으면 사용되는 여러 가지 장묘제도들이 있었다. 화장과 풍장, 조장과 수장 등 많은 방법들 가운데 우리 민족은 유독 매장을 선호한다. 요즈음은 점차 화장으로 돌아서는 추세이지만 아직은 매장이 우세하다. 그 결과 해마다 여의도 넓이만큼의 묘지가 늘어난다고 한다. 그렇잖아도 좁은 땅덩어리에서, 망자의 유택이 심각한 국토 잠식의 원인이 되는 셈이다.

화장을 하여 그 재만 뿌린다면 토지의 손실을 방지하는 등 여러 이점이 많을 터인데, 왜 우리는 매장의 풍습을 고수하려 할까. 뿐만 아니라 왜 봉분을 만들고 비석을 세워, 사후에도 망자가 이 세상을 살고 간 자취를 기리며 추모하는 것일까. 망자는 말이 없어, 가시적인 흔적을 닦아 달라고 요구하지 않는다. 게다가 묘지가 좁다는 불평은 더욱 않는다. 그런데도 우리는 정성을 드려 산소를 조성하고, 때로는 그것이 지나쳐 호화분묘라는 물의를 빚는 일도 있지 않는가.

가시적인 흔적을 보면서 고인을 추모하는 것, 그것은 산 사람을 위한 것일까, 죽은 사람을 위한 것일까. 어쩌면 무덤은 망자를 위한 것이 아니라 생자를 위한 것이 아닐까. 삶을 살아내는 우리는 때로 인생의 고비를 넘을 때가 있다. 문득 고인이 그리울 때가 있다. 그럴 적에 우리는 그의 영혼과 대화를 갈망하게 된다. 그를 찾아가 하소연을 하고 위로도 받고 싶어질 것이다. 따라서 영혼과 만날 수 있는 어떤 만남의 장소, 그것은 반드시 필요할 것이다. 그런데 그곳이 꼭 눈에 보이는 곳이어야만 하며, 영혼과의 만남은 꼭 그곳에서만 이루어지는 것일까.

사람이 죽으면 육신은 속 알맹이가 빠져나간 빈 껍질일 뿐, 그 영혼은 지상에서 영원으로 사라져 버린다. 아득한 하늘, 까마득히 높은 곳엔 어쩌면 영혼들이 모여 사는 마을이 있지 않을까. 맑은 날 밤 고개를 들어 하늘을 바라보면 어둠 속에서 반짝이는 무수한 별들이 있다. 별은 영혼의 마을 집에 달린 맑은 유리창, 그래서 우리는 그 별창으로부터 새어 나오는 희미한 불빛을 볼 수 있지 않는가.

우리가 진정 만나고저 하는 것은 고인의 영혼이지 흙 속의 육신은 아닌 것, 그런데 왜 지정된 장소가 필요한 것일까. 화장을 하여 재가 된 껍데기는 바람이 불면 만나고, 붙잡을 수 없는 영혼은 별빛으로 바라보고, 그리고도 지울 수 없는 모습은 가슴속에 묻으면 어떨까. 그러면 우리는 언제 어디서건 그를 만날 수 있지 않을까. 교통체증도 벌초 걱정도 없이, 하루에도 몇 번씩 그를 만날 수 있지 않을까.

살았던 흔적을 거대하게 남긴 자와 전혀 남기지 않은 자, 역사 속의 두 거인을 만나볼 기회가 있었다. 언젠가 중국의 고도인 시안을 찾았을 때 여산 남쪽 기슭에 있는 진시황릉에 갔었다. 훼손됨을 우려해 아직 발굴하진 않고 있지만, 그 지하엔 거대한 지하 궁전이 있고 수은으로 이루어진 강이 흐르며, 도굴범이 접근하면 자동으로 발사되는 화살도

장치되어 있다고 했다. 능원 동문 밖의 거대한 병마총에는 죽은 황제를 사후에도 지키기 위해 수천 개의 인형으로 이루어진 친위군단도 버티고 서 있었다.

나는 우선 강력한 위용을 과시하는 그 장대한 스케일에 압도되었다. 그러나 그것은 일시적인 감정이었고, 돌아오는 길에 남은 것은 전혀 다른 감정이었다. 전국시대를 마감하고 최초로 중국을 통일한 진시황은 영원히 살고 싶어 불로초를 구했다. 또 죽어서도 살기 위해 생전에 전대미문의 이 거대한 흔적을 만들었다. 죽어서도 절대적인 삶의 자리가 필요했던 그, 하지만 그곳은 불가능을 탐했던 한 황제의 어리석음에 대한 연민과 평범하지만 살아 있는 내 존재에 대한 감사가 강렬하게 교차되는, 역설의 현장이었을 따름이었다.

그 후 몽골을 갔을 때 응당 있으리라 기대했던 징기스칸의 무덤이 보이지 않았다. 세계를 내 집같이, 유라시아 대륙을 종횡무진 질주하던 황색의 유목영웅…… 내 자손들이 비단 옷을 입고 따듯한 흙집에서 사는 날, 나의 제국은 멸망하리라고 외치며 안주하기를 거부했던 그는 평생을 겔이란 이동 천막집에서 살았다.

사후엔 무덤도 비석도 없이, 오직 한 그루의 나무만을 묘지의 표식으로 하라고 지정했던 그는 지금은 흔적도 없이 사라졌지만, 잊히지 않는 몽골인들의 영웅이 아닌가. 초원의 바람 속에 자취 없이 묻혀 버렸지만, 그는 민족의 가슴속에 영원히 남아 있을게다. 실체 없는 민족의 성산聖山인 부르칸에 영원히 살아 있을게다. 나는 비록 그가 살다간 흔적은 볼 수 없었지만 그의 존재를 곳곳에서 강하게 느낄 수 있었다.

정말 중요한 것은 육안이 아니라 심안으로 보는 것. 진실로 소중한 것은 머리가 아니라 마음으로 기억하는 것, 그리고 진정으로 아끼는 것은 흙 속이 아니라 가슴속에 묻는 것이 아닐까.

어느 날 문득 그리운 이들이 생각날 땐 언덕 위로 부는 바람 속에 서 보자. 지평선 너머 바람이 머무는 곳, 그 어딘가에 쉬고 있을 영들을 소리쳐 부르면 수만 개의 다리를 가진 바람을 타고 그들은 달려오리라. 그리고는 우리들 얼굴 위에 목덜미에 빰을 부비며, 그들이 왔음을 알려 주리라. 그래도 보고 싶을 땐 눈을 들어 캄캄한 밤하늘의 별들을 바라 보자. 그리운 사람들의 모습이 수많은 별창에 어려 있지 않는가. 그리고도 또 그리울 땐 조용히 귀 기울여 보자. 저 가슴 밑바닥으로부터 소리는 들려오리라. 우리를 찾아온 영들의 내밀한 기척 소리가…….

나 죽기 전에

김영두
[물리 77, 소설]

김영두

여의도 벚꽃 축제가 열리고 있던 지난 4월 어느 날, 메일 한 통을 받았다.

"우연히 검색을 하다 그대의 사진을 접하고 이 메일 주소가 있기에 연락해 봅니다. 세월이 많이 흘렀지요? 잘 지내고 있는지요?"

발신인의 이름을 읽는 순간 가슴이 심쿵심쿵 뛰었다. 찬물을 한 컵 들이켜 심장의 고동을 가라앉히고 방안을 한참 오락가락 서성였다. 창 밖으로 연분홍의 벚꽃비가 내리고 있었다.

"정말 오랜만이네요. 반갑습니다. 저의 버킷리스트에는 '그대를 만나서……' 라는 목록이 있답니다. 제 전화번호를 알려드립니다. 잠깐, 카톡 프로필 사진 속의 아이는 딸의 아들이에요. 아이가 탄생하고 친할 아버지가 아이의 사주에 맞추어서 이름을 몇 개 지어 보내셨지요. 그중에는 그대의 이름도 있었어요. 저는 딸 내외가 어떤 선택을 하는지 무심한 척 지켜보았지요. 아니 제가 쓰윽 그대의 이름자를 젖혀놓았지요.

죽는 날까지 매일 그대 이름을 부르며 살고 싶지는 않았어요. 나머지 이야기는…… 카톡 대화방으로 오세요."

전날 밤에 쓴, 서명까지도 다 써넣은 몇 자 안 되는 이 메일을 아침이 밝은 후에 다시 점검하고 보냈다.

그는 달려왔고, 13년 만에 또 재회했다.

'버킷리스트(bucket list)'란 죽기 전에 꼭 해보고 싶은 일을 적은 목록이라 한다. 높은 곳에 밧줄을 매단 뒤 양동이 위에 올라가 목에 밧줄을 걸고 나서 양동이를 걷어차는 식으로 시도된 자살 방법을 일컫는 'kick the bucket'에서 유래한 말이다.

누구에게나 '죽기 전에 해보고 싶은 일'은 이룰 수 없는 막연한 꿈이 아니라 이루고자 노력하면 이룰 수 있는 현실적인 꿈이다. 죽음이 자신과는 너무 멀리 떨어져 있다고 철썩같이 믿고 방심하는 젊은이들의 하고 싶은 짓이 아니라, 막연하고 모호하나마 아니 거의 확실하게 죽음이 자신의 근처에서 어정거린다고 믿는 노인네들의 하고 싶은 짓이다.

나는 언제부터인가 죽기 전에 해보고 싶은 짓을 일기장 맨 뒷장에 써 놓고는 했다. 미디어에 출연해 보기, 포켓볼을 배워보기, 에이지 슛 해보기 등등의 목록을 만들어 놓기도 했고, 죽기 전에 꼭 만나서 원은을 풀어야 할 사람들의 명단을 작성해 놓기도 했다. 내가 평소에 아끼던 물건을 누구에게 준다든지 하는 일종의 유언도 포함시켰다.

미디어에 한 번 출연해 보겠다는 기상천외한 발상은 내 작품을 읽은 영화감독으로부터 미팅 신청을 받은 직후였다. 내 작품이 영화화된다면, 이라는 상상이 날개를 달고 날아다니다가, '영화판 구경하기'에 머물렀다. 동료 소설가의 아들이 막 등단하는 영화감독이었는데, 대사 한 마디가 있는 단역으로 출연했다. 영화는 흥행에 성공하지 못했지만, 영화세상 엿보기는 죽기 전에 해볼 만한 경험이었다. 소원 하나 풀었다.

당구배우기는 아직 시작도 못하고 있다. 아직도 당구장을 백수나 건달들이 담배를 질겅이며 시간을 죽이는 장소쯤으로 아는지 내가 당구를 좀 배우고 싶다는 뜻을 내비쳤을 때 가족들이 미간에 세로주름을 만들며 혀를 찼다. 요즈음은 당구장에서 당구 선수의 꿈을 가지고 연습을 하는 중학생들도 많이 있다던데…… 뜻이 있으니 길이 열리리라 믿는다.

골프에서 '에이지 슛'이란 자기 나이보다 적은 타수로 18홀 라운드를 마치는 것이다. 부단히 연습하고 실력을 갈고 닦으면 아마도 75에서 80세 사이의 나이에 75에서 80타 사이의 기록을 낼 수도 있을 것 같다.

내게 견진 성사를 주셨던 연로하신 신부님을, 내가 치매에 걸리기 전이 아니라 그 신부님이 날 알아볼 수 있을 때 찾아뵙기 등도 목록에 있다.

해마다 버킷리스트로 목표를 세우고 목표에 도달한 목록은 지우고 지금 내가 무엇을 하고 싶은지 심사숙고하여 적어나간다. 연말이면 수첩을 꺼내놓고 내가 이룬 것들을 목록에서 하나씩 지워간다.

13년째 일기장의 맨 뒷장에 적었던 계획이 있었다. 그것이 'P를 만나서……'였다.

"나를 만나서…… 그다음 말을 듣고 싶어서 왔어요."

여의도 한강 둔치에서 종잇잔에 든 커피를 건네며 그가 말했다. 아, 이심전심이라고 믿고 싶다.

우리는 시골의 작은 도시에 살았기 때문에 10대에는 소문으로 서로를 듣고 서로를 알았다. 20대 초반에 "말씀 많이 들었어요."를 첫 인사로 서툰 풋사랑에 빠졌다. 헤엄칠 줄도 모르면서 연애의 급류에 휘말린 청춘은, 인연의 엇갈림만 반복하다가 사랑을 격랑에 휩쓸려 보냈다. 치기어린 자존심 싸움이나 수줍었던 망설임이 평생 가슴을 치는 통한으로 남는다는 사실은 그 사랑이 과거완료형으로 지나가 버린 다음에야 알았다.

그와 나뉘고, 강산이 변한다는 시간이 흐르고, 세상일에 미혹되지 않는다는 불혹을 넘겼을 때, 그가 다시 왔다. 공자님에게는 사십이 불혹인지 몰라도 우리에게는 미혹이었다. 그는 지어미의 지아비였고, 나 역시 지아비의 지어미였다. 배우자가 있는 남녀의 연애를 불륜이라고 한다. 그와 예전처럼 연인이 되고 싶었지만, 불륜 따위는 아니고 싶었다. 그러나 서로 이성으로만 바라봤던 남녀는 결코 친구도 될 수 없었다. 연인도 잃었고 친구도 잃었다. 관계를 정립하려다가 관계가 정리되었다.

깨진 애정을 우정으로 유지시키는 사람들이 더러 있다. 나뉜 연인이 좋은 친구가 되어 곁을 지켜주는 경우도 더러는 보았다. 하지만 그는 엑스(EX) 연인이 되어 떠나갔다.

여울에서 급히 흐르던 강물도 오래 유유히 흐르면 부유물은 떠내려가고 앙금은 가라앉는다. 세월에 산화하여 맑아진다. 그도 인생의 풍화작용에 시달렸으리라. 그도 세월만큼 변했지만, 세월따라 변하지는 않은 것 같았다.

"아뇨, 적어도 죽기 전에, 머리가 흐려져 내게서 그대에 대한 기억이 지워지기 전에…… 내가 그대에게 사과할 몫도 있고, 그대로부터 사과받을 몫도 있다고 생각했어요. 그대는 나와 같은 생각 안했어요?"

우리는 서로 늙어 빛을 잃은 눈, 희끗한 자분치, 주름져 늘어진 아늠살을 바라보았다. 내 말에 그가 긍정의 미소를 보냈다.

"와이프가 그대의 존재를 알아요. 자기 이전의 여자였고, 이후의 여자이기도 했다는 걸. 그대의 친필 서명이 들어있는 책이 내 서가에 있지요. 와이프는 내가 그대 소설 속의 등장인물이라고 짐작하나 봐."

"등장인물임은 맞지만……."

내가 작성한 버킷리스트 중에는, 내가 죽기 전에 아니 '나 죽어서라도' 내가 쓴 소설을 100만부쯤 팔아 '베스트셀러 작가'가 되는 것도 있다. 그래서 해마다 정초에는 장편소설 한 편, 중편소설 두 편, 단편소설 세 편을 쓰리라는 양적으로는 풍성한 계획을 세운다. 그러기 위해서는 적어도 일주일에 20시간을 집필에 몰두하기, 하루에 원고지 10장, 한 달에 원고지 200장을 채우자는 욕심 사나운 세부적인 계획도 세웠다. 계획한 분량만큼의 작품은 생산하지 못했지만, 질적 성숙을 작업분량 완수미달의 옹색한 핑계로 삼았다.

그런 과정에서 신문이나 잡지에 햇수로는 20년 이상, 편수로는 200편 이상 칼럼을 썼고 책으로도 3권을 묶어냈다. 바쁘게는 한 달에 5편도 쓰고, 한때는 원고청탁이 무서워서 피해 다니기도 했었다. 소설집도 7권 냈다. 인터넷에서 내 이름을 검색하면 신간 저서와 연재 중인 칼럼의 지문이 뜬다. 물론 저자의 근영도.

"할리우드 영화 〈버킷리스트〉는 암에 걸려 6개월 시한부 생명이라는 선고를 받은 두 노인이 병원 중환자실에서 만나 각자의 '버킷리스트'를 실행에 옮기는 내용을 담고 있지요. 우리도 죽기 전에 같이 해보고 싶은 일을 하죠. 서로 사과할 부분은 퉁치고……."

그 말을 듣자 갑자기 가슴속 등잔의 심지에 불이 붙듯 가슴이 따뜻하고 환해졌다. 13년 세월이 툭 잘려나가며 먼 과거와 현재가 철커덕 맞물렸다.

내가 그를 먼저 찾지 못했던 까닭은 딱히 없다. 단지 내가 먼저 물러나 버렸으므로 다가가기 위한 핑곗거리를 찾아내려는 침묵의 작업이 길어지다 보니 발화가 난항을 겪고 있을 뿐이었다. 영화에서처럼 암이라도 걸려 시한부 인생 판정을 받으면 그 핑계로라도 화해를 시도해보았을까.

"우리 하나씩 해봐요. 우선 옛날얘기하며 낮술마시기. 다음엔 눈이 짓무르도록 눈물이 솟는 순정 영화보고 같이 엉엉 울기, 가까운 산으로 등산도 갑시다."

"해마다 이맘때 여의도 벚나무 아래에서 꽃비를 같이 맞으면서 걷기……."

그의 제안에 내가 맞장구를 쳤다.

소원대로 낄낄거리며 낮술도 마셨다. 등산을 가기로 한날 "평생을 혼자 산 누님이 말기 암으로 투병 중이신데 오늘 병원에 모시고 가야 해서……." 라며, 그가 약속을 미뤘다. 그러한 비상사태를 예견하고 있었기에, 조여 매던 등산화의 들메끈을 풀고, "수고하시고요." 라는 메시지만 남겼다. 예감이 좋지 않았다.

그리고 그는 돌연 사라졌다. 전화를 걸어도 번번이 "전화를 받을 수 없사오니……."라는 메시지만 들렸다. 내 전화번호를 수신거부했음이 분명했다. 날아가던 화살이 둔탁한 벽에 부딪쳐 툭 꺾어지는 느낌이었다. 기대는 빗나가고 우려는 적중한다든가.

메일을 띄웠다. 며칠이 지나도 답장이 없었다.

그를 힐난하려고 카톡 대화창을 열었다. 그의 프로필 사진이 아내와 딸의 사진으로 바뀌어 있었다. 가족의 화목을 보여주는 사진이었다. 어떤 상황이 벌어지고 있는지 추리가 가능했다. 내가 띄운 이 메일의 수신자는 그의 아내였을까. 그가 인터넷을 통해 가끔씩 내 근황을 파악했다면, 그의 아내는 더 촉각을 세워 나의 동태를 살폈던가.

"전화도, 이 메일도 연결이 되지 않는군요. 이 스마트한 세상에서 인터넷과 SNS상에서 자취를 감추기가 쉽지 않은데, 그 증발의 이유가 짐작은 가지만 확인은 되지 않아 답답하고 안타깝고 몹시 슬픕니다. 이번 생에서 우리의 인연은 여기가 종착인 것 같습니다. 다음 생에서 다시 만나 악연을 잇고 싶군요. 남은 생 부디 행복하시고요. 그대가 언젠가 내게 보냈던 글귀, 돌려드립니다. You will forever remain in my Heart."

내가 띄운 짧은 글이 누군가에게 수신되는 것을 지켜보며 그의 메일 주소와 전화번호를 삭제했다. 그리고 일기장 맨 뒷장에 쓰인 '죽기 전에 꼭 해보고 싶은 일'들의 목록을 지우개로 박박 문질러 지우고 '죽기 전에 죽어도 해서는 안 되는 일'들의 목록을 작성한다.

2부

가끔은 노래가 되어

나영균

용평에서

나영균
[영문 49, 번역]

날씨가 더워도 너무 더웠다. 올여름이 다른 해보다 더 더운건지 내가 나이를 먹어 참을성이 없어진 탓인지 알 수가 없다. 어쨌든 둘째 딸 수용이와 우리 내외는 짐 보따리를 싸들고 용평리조트로 무서운 더위를 피해갔다.

용평도 낮에 밖에 나가면 뜨거운 기가 얼굴에 훅 끼칠 만큼 더웠다. 그래도 아침저녁으로는 숨 돌리게 시원했다. 주변을 둘러싼 산에서 내려오는 서늘한 공기가 상쾌하게 살에 와 닿았다.

우리는 강원도 일대를 관광하러 나섰다. 우선 찾아간 곳은 이효석 문학관이었다. 그의 생가라는 곳은 본 집을 본따 지은 것이고 자리도 원 집 자리에서 800미터쯤 떨어져 있다고 했다. 일자형의 아담한 초가집은 대청에 앉아있는 어린 이효석의 모습을 떠올리기에 충분한 정취가 있었다. 그의 문학관은 널찍한 정원 속에 세워진 하얀 건물이었고 자료가 유난히 풍부하여 그 기관을 만든 사람들의 정성과 열성이 느껴졌다.

20세기 초의 서울 사진을 비롯하여 그가 다닌 학교 사진들 가운데 전시된 대학시절의 그의 사진은 인상적이었다. 아미眉目 수려秀麗한 그의 얼굴은 총기와 재기를 발산하고 있는 듯했다.

나는 거의 충동적으로 그의 단편집 『메밀꽃 필 무렵』을 샀다. 먼 옛날에 읽었던 단편이지만 문학관 덕에 갑자기 그가 가깝게 느껴졌기 때문이다. 다시 읽어본 그의 작품은 단편 하나하나가 지적이고 빈틈없는 문장으로 엮어진 드라마이고 귀결은 예외 없이 어떤 페이소스를 불러일으켰다. 한마디로 주옥같은 걸작들이었다.

다음으로 우리는 정선, 태백, 영월방면으로 가보았다. 정선은 전씨全氏인 남편의 선조들의 근거지이기도 하다. 이성계에게 쫓긴 고려왕가의 일파가 도망쳐 피신한 이곳은 지금도 첩첩산중에 파묻혀 숨을 죽이고 있는 듯이 고요한 마을이었다. 왕씨王氏들은 신분을 감추기 위해 왕王자 위에 갓을 씌운 전全자를 성姓으로 삼았다.

가난한 광부들이 모여 살던 태백은 사방을 병풍처럼 둘러싼 산들 가운데 자리하고 있었다. 그러나 거리를 다니는 젊은 여인들의 외양에서는 그 옛날 탄광에서 눈만 번뜩이게 얼굴에 새까만 탄가루를 뒤집어쓴 광부들을 상기시키는 것은 아무것도 없었다. 그리고 거리에는 파리바게트니 버거킹이니 커피팔라니 하는 글씨들을 굵직하게 쓴 간판들이 나붙어 있었다. 지금도 탄광은 있겠지만 세상은 이렇게 달라졌구나 하는 느낌을 가질 수밖에 없었다.

영월의 청령포에는 10여 년 전에 가본 일이 있었다. 강 너머 저편에 바라보이는 단종의 유배지는 나무들만 무성한 외로운 곳이었다. 그러던 것이 이제는 나룻배가 관광객들을 실어 나르며 종일토록 벅적대고 이쪽 기슭에는 콘크리트로 다진 널찍한 광장이 만들어져 매점, 다방, 식당들이 즐비했다. 단종의 슬픔과 외로움과 두려움과 아픔과는 너무나 어울리지 않는 풍경이었다.

용평으로 돌아오는 길은 국도를 이용했다. 지나가는 마을 이름들이 귀에 선 것들이 많았다. 고한, 골절, 예미, 입탄, 개수, 신리, 마차—이런 이름들이 연달아 눈에 들어왔다. 재미있다고 느끼면서 한편으로 어떤 한자를 쓰는 것일까 궁금하기도 했다.

원수나 진 것처럼 한자를 싹 없애버릴 필요가 어디 있었을까 하는 생각이 들었다. 한자의 숙어 없이 우리는 말할 수도 문장을 쓸 수도 없는 처지에 글자만 없애면 어떻게 하겠다는 것일까. 부당한 정책이 어이가 없기도 하고 화가 나기도 하면서 연달아 나오는 마을 이름들을 종이쪽지에 적어나갔다.

강원도는 산자수명山紫水明의 명승지가 가득한 아름다운 곳이다. 지금도 인적이 드문 곳이 많아 인파에 쌓인 서울과 대조적이다. 동해안을 점철하는 유서 깊은 정자들, 끝없이 기암절벽을 펼쳐 보이는 산과 산, 금수강산이라는 문자가 결코 과장이 아님을 보여주는 곳이 강원도였다.

세월은 50년, 마음만은 그대로

구자숙
[국문 60, 수필]

구자숙

정동 모교를 떠난 지 벌써 50년이란 세월이 흘렀다. '진 · 선 · 미'라는 교훈을 품고 경기인으로 살아온 친구들. 교정을 떠났어도 그림자처럼 따라다니는 중고 시절의 추억들은 평생 동안 잊을 수 없다

오늘, 우리는 그 추억의 한 장을 또 채운다. 우리들의 칠순을 자축하기 위해서 국내외에서 모인 170여 명의 동기동창들이 4월 13일 제주도 여행을 성황리에 마치고 모교 방문 환영식에 이어 지리산 여행을 가는 날이다. 희망자 전원이 낙오자 없이 떠나야 할 터인데…… 17일 출발 30분 전, 이른 새벽바람이 차고 스산하다. 캐나다에서, LA에서, 뉴욕에서, 파리에서, 아니 지구촌 곳곳에서 온 친구들이 한 명 두 명 올 때마다 기쁘고 반갑다. 낯선 서울 길을 찾아온 것이 고맙다. 그동안 여행을 하면서 정이 든 탓일까. 우리는 뜨거운 포옹으로 반갑게 맞이했다. 잠시 후 80여 명이 두 대의 버스에 타고 소백산먹 남쪽에 위치한 지리산으로 향했다.

내 좌석은 마침 졸업 이후 사십여 년간 보고 싶고 궁금하였던 J와 L이 양편에 앉게 되어 설레고 흥분되었다. 짙은 안개가 걷히면서 차창에 비친 밝은 햇살이 마음을 안정시킨다. 갑자기 누가 웃기는 얘기를 했는지, 킥킥거리며 여기저기서 웃어댄다. 마치 여고시절 교실 내에서 웃고 떠들던 분위기와 흡사했다. 해탈한 나이가 되었음인지, 그동안 살아온 좋은 이야기는 물론 아픈 얘기들도 웃으면서 대화를 나눈다.

어느새 남원에 내려 오색 봄나물과 추어탕으로 차린 밥상에 앉으니, 고향 친정에 온 것 같다며 불현듯 어머니가 그리운 눈치들이다. 서둘러 춘향이와 이도령을 만나 작별하고, 〈토지〉 무대인 평사리 최참판댁에 들어가 서희의 사연을 들어 본 후, 계속 지리산을 향해갔다. 구례로 접어들어 차츰 지리산이 다가오니, '여수 순천사건'이 생각나서 마음이 우울해진다. 친구들이 중학교에 입학하여 20일이 되었을 때 6 · 25전쟁을 겪었던 악몽까지 떠오른다. 전쟁의 참상 속에서도 각 지방에 흩어져 연합 중학교와 부산 천막교실에서 공부를 하였는데, 벌써 칠순을 기념하고 있다. 생각해보면 우리나라의 근현대사를 직접 몸으로 겪은 우리들이 아닌가.

나는 최근 읽었던 이웅재의 『지리산의 유혹』이란 책 내용이 생각난다. 지리산의 모습을 마치 '여인이 길게 누워있는 나체'로 비유하여 세 번씩이나 유혹을 받았다는 글이다. 빨치산의 소굴로 무섭게만 기억되었던 나의 생각은 아름답고 청순미까지 느끼는 그의 미적 경지를 힘겹게 생각했다. 지리산은 이제 그 시대시대에 방문자들의 발길에 따라 다양하게 표현되고 있지 않은가. 아직도 학창시절의 이야기꽃은 끝이 없이 이어지고, 우리를 닮은 노을빛이 지리산 자락과 맑은 물줄기를 곱게 물들이고 있었다. 잠시 후 최경희 회장의 따뜻하고 낮은 음성이 들렸다. "차창 밖을 보시라요, 한 폭의 동양화를! 섬진강의 물빛이 곱지요."

그리고는 더덕구이, 곰취나물, 참두릅에 버섯전골을 맛있게 읊으니, 시장기와 더불어 군침이 고였다. 화엄사에서 15분 거리에 있는 한화콘도에 도착하자, 상큼한 밤공기가 우리들의 피로를 확 풀어 주었다. 그날 밤 흘러간 노래와 손박자에 맞추어 전원이 '라인 댄스'를 흥겹게 배웠던 이벤트는 정말 신나고 흥겨웠다. 그럼에도 다음날 아침 일찍 눈이 떠졌다. 벌써 예불을 하고 온 친구들이 모여 노고단과 뱀사골, 천왕봉 쪽을 바라본다. 산봉우리들은 마치 검은 이불을 덮은 것 같고, 산허리에서는 회색 연기가 피어오른다. 웅장한 모습을 바라보는 것만으로도 몸이 작아지는 느낌이다.

조급해지는 마음으로 재첩국에 밥을 뚝딱 먹고 촉촉이 내리는 보슬비를 맞으며 급히 화엄사에 올랐다. 조선 인조 때 건립된 사찰로 임진왜란 때 소실되었으나, 1636년 벽암대사가 다시 세운 절이다. 통일신라 때로 추정되는 돌사자 위에 세운 석탑이 국보여서 관심있게 보게 되었다. 칠불암에는 방바닥이 십자의 길로 네 모퉁이에 벽을 향하여 좌선하게 되어있고, 한번 불을 지피면 50일간 보존된다는 아亞자 모양의 구들이 특이했다. 지리산 문턱 앞에서, 산행을 할 수 없는 안타까운 마음을 묻고, 보성 녹차 밭으로 옮겼다. 밭이라기보다 잘 다듬어진 차나무 야산이 끝이 보이지 않았다. 보성군이 여러 문헌에 차의 자생지로 기록된 것이 이해가 되었다. 민속마을인 낙양읍성에 들러서 엿과 무화과 열매를 나누어 먹고, 소박한 옛마을을 뒤로 하고 걸었다. 이날, 이 지역에서 먹은 녹차 불고기 맛은 일품이었고, 지리산 야외 온천탕에서 친구들은 날개 벗은 선녀가 되었다. 화장기 없는 얼굴들이 더욱 정겹게 느껴진다. 우리는 그렇게 다시 밤을 보냈다.

다음날 아침이 밝았다. 지리산에 검은 안개도 걷혔다. 지리산의 유혹을 따라 산행하는 젊은이들이 보인다. 유난히 부럽다는 생각에 따라가

고픈 욕심까지 생긴다. 헤어지는 날이다. 언제 또 만날 수 있을까, 가슴이 찡해지기도 하고 눈가에 슬픔이 어린다.

사찰 박물관과 15명의 국사가 배출된 송광사를 관람하면서 하루 몇 번을 만나도 우리는 서로 안아보며 이별인사를 했다. 쌍계사에 들러 최치원이 진감선사의 업적과 일대기를 읊은 대공탑비를 자세히 보고, K 동문은 헤어지는 친구와 나물파티를 하기 위해 화계장터에서 봄나물을 산다. 십 리 벚꽃터널에 이미 꽃이 떨어진 가지들 사이로 듬성듬성 파란 하늘이 보인다. 빈대떡과 전주비빔밥을 기대하며 석별의 만찬장으로 갔다.

그동안 세계 각지에 흩어져 보람있게 살아온 동문들에게 이번 여행이 얼마나 큰 축복이며 행복인가. 이번 칠순 대행사를 위해서 최경희 회장, 남경화 총무 그리고 임원진들의 숨은 희생과 노력을 잊을 수 없다.

서로의 가정에 건강과 행복을 기원하며 내년 모임에 다시 만날 것을 희망해 본다.

빙하의 대륙, 남극 가는 길

이순희
[불문 60, 수필]

'여행은 가장 훌륭한 학교.' 라고 사르트르가 했던 말을 나는 늘 확신하며 살았다.

1961년 처음으로 KNA 비행기를 타고 홍콩에 도착하여 당시 동남아를 운항하는 프랑스 여객선(2000명 탑승) 라오스호를 타고 7개의 항구와 인도양을 거쳐 한 달 만에 마르세이유항에 도착한 것이 나의 유학생활의 첫 발걸음이었고 첫 항해였다.

이것을 시작으로 그 후 반세기가 훌쩍 넘게 세계 많은 곳을 여행했다.

시간과 돈이 늘 부족하기 마련인 젊은 날에는 '세계를 걸어서' 하는 식으로 땀을 흘리고 다리가 아프고 지치도록 헉헉하면서도 '나의 행복한 체험'에 열을 올렸다.

나는 지금도 세계 최고의 난 코스 Vinson 산을 스키, 등산 등의 극기 훈련으로 다져진 체력과 정신력으로 도전하는 사람들, 남위 89~90도 근방까지 스키를 타고 가는 탐험꾼들이 몹시도 부럽고 그들의 용기를 존경한다.

하지만 나는 이제 별 수 없이 노구를 이끌고 3000명이 정원인 선박 Celebrity에 올라탔다. 출발지인 부에노스아이레스에 사는 친구와 연락이 되어 관광도 할 겸 며칠 일찍 현지에 도착했다.

100년간의 추락 이전, 부에노스아이레스는 독일, 프랑스, 미국보다 높은 경제 성장을 했던 아르헨티나의 수도 '남미의 파리'라고 불렀던 도시이다. 지하자원이 풍부했기에 유럽인들은 아르헨티나를 '약속의 땅'이라고도 불렀다. 특히 라틴계 이민자들에게는 더욱 그랬다.

그러나 막상 부에노스아이레스에 도착해보니 그때 그 영화는 어디로 갔는지 어려운 경제사정을 여기저기서 쉽게 느낄 수 있었다. 그래도 수도 전반에 걸친 쭉 뻗은 도로와 고풍스런 건축양식은 유럽으로 착각할 만했다. 나는 역사가 말하는 5월 광장, 산 마르티 광장, 유서 깊은 콜론 극장 등 셀 수도 없이 많은 명소를 바쁘게 둘러보았다. 좀 멀리 떨어진 탱고의 발상지 La Boca와 카우보이 축제마을로 유명한 San Antonio de Areco까지 돌아볼 수 있었던 것은 그날의 행운이었다. 부에노스아이레스는 특히 관광 인프라가 돋보였다.

라보까에서는 식당이나 거리 어디에서도 탱고를 추는 남녀가 눈에 띈다. 탱고는 가장 라틴적인 분위기가 풍기는 춤이다. 밤에는 부에노스아이레스 시내 디너를 포함한 탱고 쇼를 하는 극장으로 친구 N이 데려가 주었다. 탱고가 근사한 춤인 줄 또 한번 실감했다. 몇 년 전에 한 번 왔다간 곳이라 여러 가지 친숙해진 기분이 들어 편안하게 감상했다.

다음날 항구에서 배를 탔다. 선상에서는 전원 여권을 맡기라고 한다. 방을 배정받았다. 다행이 방은 선실의 밀폐감을 풀어줄 수 있는 발코니가 달린 바다 쪽이었다. 놀라운 것은 승객 2인에 종업원 1인 비율의 선상 서비스였다.

우선 짐을 대충 정리하고 갑판으로 올라가 보았다. 벌써 많은 사람들이 거닐고 있었다. 스페인어, 불어, 영어 다국적 언어의 공간이다. 곧 한국어도 들렸으면 좋겠다.

12월에서 2월까지, 남반구의 여름철에만 가능한 남극여행이다. 서서히 배가 방향을 잡고 있었다. 낙조가 드리운 바다에서 한순간 고적한 슬픔 같은 것이 밀려왔다. 드디어 배는 길게 고동을 뿜으며 부두를 미련없이 뒤로 남긴다. 항구는 기쁨보다 슬픔, 만남보다 이별이라 했던가. 첫 저녁식사 시간이다. 모두 우아하게 차려입고 식탁에서 처음 만나는 얼굴들과 화기애애한 분위기 속에서 거한 상차림을 받았다. 행복의 출발은 밥상에서부터라고 했지. 식사가 끝난 다음 나는 내 발코니에 혼자 나가 보았다. 사방은 칠흑처럼 캄캄하지만 철썩거리는 파도소리는 바다가 만만치 않은 곳임을 경고하는 것 같았다. 철저한 제한 공간 속의 무한자유인 선상에서는 시간의 의미가 상실되고 있었다. 꼭 해야 할 일 가야 할 곳을 떨쳐두고 왔기 때문일까. 밀린 피로와 긴장감이 한꺼번에 쏟아져 밤을 어떻게 지냈는지 모르겠다. 눈을 뜨니 새벽이 창가에서 기다린다. 태양은 어느새 바다와 한 몸이 되어 뒹굴고 있다. 길이 3,700km나 되는 나라에서 우리가 어느 위치에 있는지 궁금하던 차에 누군가 포클랜드제도를 배회하고 있는 중이고 악천후 관계로 섬에 정박할 계획을 선장이 포기했다고 전했다. 참으로 서운했다. 1982년 아르헨티나와 영유권문제로 시작된 전투에 영국 여왕의 아들 엔드루가 직접 전투기를 몰고 참전하여 대처 수상의 지위를 확고하게 한 영국의 승전을 2달 만에 안겨주었던 그 유명한 섬이 아닌가. 그뿐 아니라 영·불·스·독 유럽 강국들은 17세기 말부터 뺏고 뺏기기를 거듭해왔던 상흔의 땅이기에 그냥 지나치기에 몹시 아쉬웠다.

다음 정박지는 남파타고니아 지방 푸에고섬에 있는 '세상의 끝'인 불모의 땅, 6만 명의 인구를 가진 우수아이아(남위 55도)였다. 마젤란해협과 비글수로를 지나며 배는 서서히 속도를 줄이며 작은 항구에 들어섰고 승객들은 관광지를 선택하고 일단 시내로 올라간다. 내 시선을 제일 먼저 끈 곳은 아르헨티나의 시골 빈민층 사생아 출신인, 지금도 추앙받는 젊은 퍼스트레이디였던 에비타 에바 페론의 작은 공원과 그녀의 흉상이었다. 나는 잠시 노동자와 서민을 위해서 이룩해놓은 그녀의 엄청난 귀한 업적을 되새겼고 뮤지컬 영화 〈에비타〉에서 들었던 노래 'Don't cry for me Argentina'를 떠올리며 나도 모르게 숙연해져서 옷깃을 여몄다. 한나절 시내를 기웃거리면서 돌아다녔다. 도시를 보호하듯 건장한 사내 같은 웅장한 산, 그리고 호수 같은 비글, 그 청정한 자연을 보고 있노라니 탄성이 절로 나왔다. 1906년에 시작했다는 유명한 박물관을 겸한 빵 가게인 Ramos Generales에 들러 내부를 구경하고 빵을 사고 점심 식사는 식당에 들러 이곳의 특산물인 메뉴아사도(양고기구이)를 꼭 맛보라는 권유를 따랐다.

이 도시 성장의 역사에 빼놓을 수 없는 곳인 죄수 유형지인 '교도소 박물관'을 보러갔다(1948년까지 운영). 샌프란시스코의 앨커트래즈섬, 남아공의 로벤섬과 함께 이곳 교도소에는 악명 높은 범죄자들만 600여 명을 380개의 감방에 수용했다고 한다. 한 건물은 원형을 그대로 잘 보존하고 있었다. 2차 대전 때 유대인 포로들처럼 노랑, 파랑 줄무늬 복장을 한 죄수 사진들과 실제로 사용했던 그들의 도구와 소품들은 시간을 멈추고 있었다.

그 혹독한 땅에서 철로를 깔았고 잠잘 감옥을 그들 손으로 지었고 벌목하여 땔감을 준비하며 탈출도 시도했다는 수많은 눈물겨운 일화를 들으면서 가슴이 먹먹해진 채 다음 일정을 위해 버스에 올랐다. 다행히 교외로 나가 자연 속에 걷기경관체험으로 정신이 좀 맑아졌다.

뿔뿔이 흩어졌던 승객 모두 선상에 다시 돌아오고 승객들의 일상은 재개되었다. 12시 정각에 혼 곶(Cape Horn)을 경유하는 기념행사가 갑판에서 벌어져다. 이미 많은 사람들이 샴페인 잔을 나누고 있었고 선장의 간단한 스피치와 더불어 'The Cape Horn and Antarctica Certificate' 라고 쓴 기념증명서 한 장을 주었다. 파나마운하(1914)가 개통되기 전까지는 탐험꾼들과 무역선들은 모두 변덕스런 날씨와 난폭한 파도를 무릅쓰고 이곳 혼 곶 '죽음바다'를 꼭 거쳐야 했을 것이다.

이제 Celebrity호는 태고의 비밀을 안고 시간이 퇴적암으로 머무는 비경의 공간으로 가고 있다. 거친 물결만큼이나 내 정신은 송두리째 긴장되어 가슴이 두근거렸다. 털모자 장갑 옷들을 모두 끼어 입고 해풍을 머금은 갑판으로 하루에도 몇 번이고 나가 배 양끝을 오가며 벌써 지구촌 이웃이 된 사람들과 함께 자연스럽게 대화를 나누며 매일 선상 산책을 즐겼다. 그러나 문득문득 육지의 사소한 일상과 가족들이 그리웠으나 좋은 통찰의 시간이 되기도 했다.

인간을 거부하는 설원의 대지 여기에는 밤과 낮의 경계가 없고 빙산, 빙봉, 빙하, 유빙, 빙원이란 이름으로 차별화되는 설국일 뿐이다. 2주간동안 배에 갇힌(?) 승객들이 지루하지 않도록 배에서는 매일매일 이벤트가 다양하다. 밤마다 극장의 화려한 쇼 선상 댄스파티, 음악, 독서, 골프스윙연습, 카지노, 마사지 등등이다.

내가 가장 많이 이용했던 프로그램은 아침 명상, 요가 클래스였다. 낮에는 탁구대가 있어서 탁구를 좋아하는 사람들과 땀을 흘리면서 즐겼다. 내가 소녀시절에 반에서 탁구선수였다는 사실을 모르는 그들은 한국 여성들은 공을 다 잘 치는 것 같아요 라며 칭찬을 했다. 그들의 머릿속에는 박세리와 후진들의 활약이 강하게 각인되었나보다. 특히 자연생태학 은퇴교수 초청 강좌는 아주 알차고 유용했다. 아문센의 성공적인 큰 족적과 스콧과 섀클턴의 남극점을 찍지 못한 억울한 사연, 그들의 죽음과 생존자들의 눈물겨운 귀환 같은 것을 그때 상기하기도 했다. 해안을 돌면서 몇 번 상륙하여 자연생태를 관찰할 기회를 주었다. 둥둥 떠다니는 빙산들이 가까이 지날 때는 혹시 부딪치지는 않을까 당황하고 두렵기도 했다. 전 세계 얼음의 86%, 한국의 60배 되는 면적, 연평균 마이너스 34도, 바이러스도 끼어들 수 없는 청정함, 천연석유가스를 비롯한 자원에 대한 지식을 익히며 초등학생처럼 신기하게 유심히 재미있게 관찰하고 다녔다. 다행히 가지고 온 원거리 쌍안경을 써먹을 일들이 많았다. 비록 장보고와 세종기지가 있고 12개국에서 경쟁적으로 남극 연구기관이 설치되어 있지만 원주민이 없다하여 여기서는 인간이 주인이 아니다. 여기의 모든 생명체, 다양한 펭귄, 바다표범, 고래, 바닷새, 활공하는 알바트로스, 대형 오징어, 큰 고래 한 마리가 단번에 4톤을 먹어치운다는 새우크릴 등 수백 종의 생물들의 생태계는 인정사정없는 약육강식, 적자생존의 자연법칙에 의해 가장 강인한 자만 살아남을 뿐이다. 신비스러운 순백의 대지의 매서운 눈보라까지도 미적 감동으로만 바라보던 나의 감상적인 생각은 그 치열하고 강인한 생명력을 가까이에서 들여다본 후 남극에 대한 시각이 달라졌다.

이번 여행에서 가장 인상적인 것은 먹을 것을 사냥하러 간 어미를 기다리며 2달 동안이나 새끼를 품고 사는 황제펭귄의 부성애와 혹등숫고래의 긴 구애의 노랫소리를 멀리하고 새끼에게 젖을 먹이고 품어 기르는 일에만 열중한다는 암고래의 특별한 모성애였다.

또 프랑스 문학을 공부한 나에게는 보들레르의 알바트로스를 한번 생각해보지 않을 수 없었다. 50일 동안 쉬지 않고 창공을 날 수 있고 자면서도 난다는 새, 4미터나 되는 날개를 달고 사람처럼 90살까지 살 수 있고 새우크릴을 주 먹이로 삼고 10년에 알 한 개를 낳는다는 이 새는 갖은 힘을 다해 천적으로부터 새끼와 둥지를 보호한다고 한다. 이 알바트로스는 지상에서는 꼭 바보처럼 보인다. 꿈을 먹고 사는 현실성 없는 천재시인은 진정 알바트로스의 형제인가.

김영교

돌려보낸 돌

김영교
[영문 63, 시]

여러 해 전 가족이 함께 떠난 샌프란시스코 여행을 회상할 때마다 입가에 잔잔한 웃음을 자아내게 하는 꼬리표 추억 하나가 떠오른다.

바다를 끼고 펼쳐져 있는 캘리포니아 해안 고속도로 1번을 따라 목적지까지 가노라면 여기저기 볼 곳이 많다. 아름다운 몬트레이시市와 해마다 US오픈 골프대회가 열리는 페블비치며 이리저리 기분 좋게 휘며 오르락내리락하는 17마일즈며 국도를 달리는 길 또한 캘리포니아에서 손꼽히는 관광코스이다.

우리는 점심을 먹은 후 페블비치에 잠깐 차를 세웠다. 푸른 하늘을 마시는 물새들의 자유를 바라보며 해변을 거닐었다. 마치 고향 바닷가에 온 것처럼 동심에 젖어 조개껍질을 줍기도 하며 맑고 차디찬 바닷물에 발을 담그기도 했다. 일상에 쫓기고 지친 마음을 꺼내 깨끗하게 씻어 햇볕에 펴 널어 말린 듯 상쾌해지기 시작했다.

얼마만큼 걸어 나갔을까, 이제 그만 가자는 남편의 부르는 소리에 발길을 돌리는데 까맣고 탐스럽게 윤기 나는 동글납작한 돌들이 눈에 띄었다. 나는 얼른 흠이 없고 고운 돌로 서너 개를 골라 겉옷 주머니에 넣었다.

아무 말 없이 잔잔한 파도만 밀어내고 있는 바다를 등지는 것이 무척 아쉬웠다. 우리는 다시 목적지를 향해 차를 달렸다. 한참을 지나 나는 포켓의 무게를 의식하고 돌들을 꺼내어 발밑에 내려놓았다.

"당신 생각엔 당신 혼자 같지만 해변에 오는 사람다다 돌멩이 한 개씩만 집어 가면 몇 년 후에는 몇 개나 남겠어?"

기분 좋게 음악을 들으며 운전을 하던 남편의 고함에 모두 깜짝 놀랐다. 변명할 틈도 없이 남편은 오던 길 쪽으로 벌써 방향을 돌리고 있었다.

"오이지 담글 때 필요해서……."

그러나 남편은 끝내 나와 공모자가 되기를 거절했다. 조금 전에 들렀던 페블비치의 해변으로 다시 돌아가 남편은 차를 세우고 돌멩이를 제자리에 갖다 놓으라고 했다. 나는 그때처럼 남편이 야속하고 꽉 막힌 사람으로 보인 적이 없었다. 이런 남자와 계속 살아야 한다니…… 탁 트인 넓은 바다는 코앞에 있는데 나의 가슴은 답답하기만 했다.

남편은 다시 차를 몰며 목소리를 높이기 시작했다. 한국사람들은 규격미달의 작은 전복이라야 맛이 더 좋다며 당국의 감시를 피해 즉석 초고추장으로 전복 대학살(Abalone Cove, 전복해변)을 감행한다고 한다. 또 봄만 되면 레인저들이 산에 깔려 한국사람들이 고사리를 뜯어 가는지 감시한다고 했다. 한국사람들이 그렇게 욕을 먹는 것은 자기밖에 모르는 바로 당신 같은 사람들 때문이라며 신랄하게 지적을 했다. 얼마 전까지만 해도 콧노래가 저절로 나오던 나의 행복은 곤두박질을 쳐 밑으로 가라앉고 있었다.

"지천으로 깔린 돌멩이 하나 주워왔기로…… 애비는 좀 심한 거 아니니?"
라며 뒷좌석에 계시던 시어머님의 말씀에 나는 그만 눈물을 왈칵 쏟고 말았다. 눈물을 닦기 위해 휴지를 찾으려고 겉옷 포켓을 뒤지던 손에 아까 미처 내려놓지 못했던 돌멩이 하나가 잡혔다. 반갑기도 하고 남편이 알게 되면 더 야단맞을 생각이 들어 갈등하는 사이 차는 목적지를 향해 질주하고 있었다. 나는 끝내 자수하지 않은 채 그 돌멩이를 집에까지 가지고 왔다. 남편이 볼까 봐 돌을 숨기고 났더니 오히려 호랑이 남편을 골탕이라도 먹인 것 같은 통쾌감까지 들었다.

그 후 나는 오이지를 담글 때마다 그 돌을 사용하면서 그 돌멩이가 남편에게 앙갚음하는 힘이라도 되는 것처럼 생각되어 졌다. 그 돌은 나의 소중한 아군, 나의 공범자가 되어주었다. 더구나 밥상에 올린 오이지를 즐기는 남편을 볼 때면 숨겨둔 돌멩이 쪽을 돌아보며 은밀한 웃음을 건네곤 했다.

세월이 흘렀다. 이젠 아이들도 모두 떠나고 슈퍼마켓의 오이지가 더 맛있어져 오이지 행사를 중단했다. 그 돌멩이는 이제 출동대기의 아군의 신분이 아니라 싱크대 밑에 방치된 제대병이 되었다. 오다가다 눈에 띄어도 별로 감흥을 일으키지도 못해 관심 밖의 돌이 되어갔다. 그렇다고 화단이나 뜰에 아무렇게나 내다버릴 수는 없는 일이었다.

시간이 갈수록 그 돌멩이는 내 마음 한쪽에 들어와 짓누름으로 자리를 잡고 그때 그 페블비치에서 고함을 지르던 남편의 모습을 떠올려 주었다. 한참을 지내도 해결책은 생각나지 않고 그 조그마한 돌멩이는 집채 무게로 눌러대는 통에 가슴이 답답해졌다. 어느 날 나는 그 돌멩이를 꺼내놓고 어떻게 할까 고심하고 있는데 등 뒤에서 인기척이 났다. 남편이었다.

"인제 그 돌 어떻게 할 거야?"

깜짝 놀라는 나를 내려다보며 웃고 서 있었다. 남편은 벌써부터 나의 하는 짓을 알고 있었던 것일까. 얄밉고 야속하기까지 했던 남편이었는데 나의 어리석음에 미안하기도 했고 속는 척 나의 하는 양을 보고만 있어준 남편의 아량에 눈물이 났다. 속은 사람은 남편이 아니라 나 자신이었던 것이다. 그제야 나의 접혔던 깨달음의 우산이 펴지는 것이었다. 곧기만 해서 딱딱하다고만 생각되던 남편의 이미지가 한순간에 모두 좋게 보였다. 그리고 내가 깨달음에 이를 때까지 인내로 기다려준 그의 속마음이 고맙게 느껴졌다.

그 후 나는 페블비치로 골프여행을 가는 친구 '숙'에게 강권적으로 부탁하여 이래저래 정이 들고 사연이 붙은 그 돌멩이를 페블비치로 보내주었다. 그곳에 다녀온 친구는 임무는 수행했지만 겉보기와는 달리 겁쟁이라고 나를 놀렸다. 그러나 나는 그날 밤 제 고향으로 돌아간 돌멩이를 생각하며 오랜만에 홀가분하게 잠자리에 들 수 있었다.

나의 유익을 위해 나는 자연의 한 귀퉁이를 납치하여 집안에 가두었었던 것이다. 하늘을 보고 또 별을 보고 물새들과 대화를 나누며 바닷바람에 닦이며 방생하는 돌의 자유를 훔쳤던 것이다.

이제 제자리로 돌아간 그 돌멩이는 창조주가 내게 양심이라는 텃밭을 주어 사랑을 심고 가꾸고 나누는 경험을 하도록 훈련시키기 위해 보내준 메신저가 아닐까 하는 생각까지 들었다.

페블비치의 그 돌멩이 추억은 의미 있는 파도가 되어 내 가슴의 모난 곳을 갈아 둥글게 둥글게 만들어주고 있다.

박영자

그날은 바람이 불지 않았다

박영자
[국문 63, 수필]

76달러였던 우리나라의 GNP가 단기간에 2만 달러의 기적을 낳았다. 어느 한 곳 잘 살아 보자며 곡예를 하듯 최선을 다하지 않은 직업이 없겠으나 뭐니뭐니해도 일등공신은 통신이 아닌가 한다.

중학교 시절 80여 명의 학생 중 전화기가 집에 있는 친구는 한두 명 정도였다. 반장 댁으로 급한 전화가 오면 자존심 강한 어머니는 허리를 굽히고 전화를 받았다. 그 모습이 그리 멀지 않은 시절이었는데 손가락 하나만 누르면 모든 일을 해결해 내는 세태에 이르렀다.

우리는 인간이 소비할 수 있는 가장 가치 있는 시간을 활용해낸 것이다. 무선 전화기가 나오고 삐삐가 등장하더니 얼마 가지 않아 인터넷이 자리를 잡고 카톡으로 마음을 전한다. 극장을 가지 않아도 클래식 음악을 MP3만 들고 다니며 들을 수 있는 세태가 되었다.

20년 전만 해도 글을 쓰는 사람들 대부분은 육필로 작품을 썼다. 정보가 빠른 젊은이들 몇은 A4용지에 기계로 찍은 작품을 내면 그렇게 부러울 수가 없었다. 악필인 나를 딱하게 여겼던지 박연구 선생이 "컴퓨터를 배우세요." 하였다. 내가 머뭇거리며 "이 나이에……." 숨을 돌리고 용기를 내어 "그냥 이대로 하겠습니다." 하였더니 나를 한심하다는 듯이 바라보며 지금 유행하는 말대로 "그 나이가 어때서요?" 반문하는 것이 아닌가. 요즘 유행하는 '이 나이가 어때서'라는 노랫말은 박연구 선생님이 먼저 쓰신 말이다.

부부동반을 했을 때였다. 자부심을 갖고 K남편이 말했다. "우리 마누라는 카톡을 딸과 주고받으며 지내는데 당신 부인도 할 줄 아느냐." 고 물었다. 형제처럼 지내는 사이라 사심없이 하는 말이 부끄럽게 여겨지지는 않았어도 배워야겠다는 생각은 들지 않았다. 돈적이 있으면 생각도 바뀌는 것인가. 미국으로 떠난 손녀와 돈 들이지 않고 카톡을 주고받으며 할미의 마음을 전할 수 있다는 것은 생각만으로도 즐거운 일이었다.

하지만 두려움이 따랐다. 기계치인 내가 기계문명을 접한다는 일이 선뜻 내키지 않는 결정이었다.

복잡한 화면 속에 깔려 있는 각양각색의 모양들은 나와는 무관하게 보였다. 망설이는 나를 보고 아들은 "어머니, 지금은 힘들지만, 배우고 나면 이보다 편리한 것이 없어요. 손 안에서 세계가 움직입니다." 하는 것이다. 하지만, 내가 쓰고 있는 이 단말기 전화기가 더없이 고맙고 편리하다. 뚜껑을 열고 통화를 끝내고 나면 탈칵 닫을 때의 청량감은 무엇과도 바꿀 수 없는 개운함이 따른다. 돈을 벌기 위해 전화기가 있어야 하는 것도 아니다. 하지만, 태평양을 건너 손녀와 문자를 주고받으며 마음을 전한다는 것은 사기 전부터 짜릿한 전율까지 느끼게 하는 일이었다.

손녀가 키우다 두고 간 예쁜 강아지를 이런저런 모습으로 찍어 보내려고 배운 대로 누른다. 현장에서는 가르쳐주는 것을 보고 할 수 있으리라 여겼는데 집에 돌아와 배운 대로 하려니 언제 배웠느냐는 듯 머리가 하얗다. 깊은 숲 속에서 길을 잃고 헤매는 심정이라고 할까?

할머니는 김치 담는 일을 가르쳐주실 때 더듬거리는 나를 보고 "남의 머릿속에 있는 글도 익히는데 무어이 그리 어렵느냐."며 글 배우는 것을 세상에서 가장 어려운 일이라 생각하셨다. 내게 스마트폰이 그랬다. 인터넷 데이터를 어린 손녀가 눈 깜짝할 사이 자유자제로 움직이며 가르쳐준다. 고개를 숙이고 좌판에 머리를 조아려 듣지만, 납득이 되지 않아 "모르겠다. 옛날 쓰던 전화기로 바꿀란다." 하였더니 "할머니가 못하는 것이 아니에요. 많이 경험하면 돼요." 하며 차분하게 설명을 해준다.

"남의 부모라 할지라도 내 부모 훈계로 받아들이던 미풍양속의 나라였다. 어깨가 부딪쳤다는 이유로 노인을 구타하는 세상이 되어도 말리는 사람이 없는 세태다. 하지만 젊은이들의 머리를 따를 수 없으니 노인을 보는 쪽에서는 얼마나 답답할까. 그들의 잠재의식 속에는 노인은 이 시대가 필요로 하지 않는 존재처럼 보일 것이다. 젊음도 눈 깜짝할 사이 늙는다는 사실을 느끼지 못하도록 컴퓨터는 젊음을 유도한다.

남편이 출근하고 전화기에 빠져있는데 스마트폰이 울렸다. "여보세요?" "여기 검찰청인데요. 카드를 잃으셨지요?" 점잖은 목소리는 의심없이 지체 높은 사람임으로 느껴졌다. 사기를 당하는 것은 자신도 사기꾼과 같은 욕심을 갖고 있기 때문이라고 한다. 카드가 없으면서 왜 카드를 잘 보관해 달라고 하였단 말인가. 남편도 이제는 아내에게 고마움을 느끼고 나를 위해 카드를 만들어 주었는데 모르고 지내면서 흘린 것인가? 하는 생각이 미치자 카드를 빨리 찾아야겠다는 마음에 조급증이 일었다. "잠깐만 기다려 주세요. 확인 후 전화를 걸어 드리지요. 아니

5분 후에 전화를 해 주세요." 회사로 아들에게 전화를 했다. "주민등록을 알려 주었어요?" 하고 묻는다. "아닌데……." "보이스피싱이에요……. 안심해도 됩니다." 전화를 끊었지만 도무지 내가 나쁜 사람과 통화를 하고 있다는 생각이 들지 않았다.

도둑을 맞으려면 짖던 개도 잠잠한다더니 내가 보이스피싱을 당하고 있다는 사실조차도 그때까지 믿어지지 않았다. 콩깍지가 끼어 결혼을 했다는 말은 상대를 보고 하는 일이지만, 목소리를 듣고 의심을 하지 않은 나는 무엇이 내 귀를 막아놓은 것인가. 어김없이 5분 후에 전화가 왔다. "여보세요? 제가 보이스피싱을 당하고 있는 거라는데요?" 얼마나 어처구니없는 대답인가. 사기친 사람에게 내가 사기를 맞고 있데요. 한 것이니 그때까지도 그가 나를 속이고 있다는 사실을 모르고 있었으니 말이다. "이 아주머니가 무슨 말을 하고 있어……." 지금까지 엄숙하던 목소리는 사라지고 거칠게 수화기를 놓았다.

사기당한 친구들의 이야기를 많이 듣기도 했었다. 딸이 감금되어 애절하게 울며 엄마를 부르더라는 것이다. "엄마, 이 사람들이 돈을 가져오지 않으면 나를 죽인데요. 도와주세요." 목소리를 듣는 엄마의 심정은 조급했을 것이다. 하지만 어머니는 침착한 음성으로 "그래, 걱정하지 마라. 그런데 네 이름이 뭐지?" 바로 대답했다. "희야." "그렇다면 집에서 부르는 영어 이름은 뭐라고 부르지?" 울던 아이가 아무 말도 못하더니 전화기를 놓더란다. 당하지를 않았으니 망정이지 이 나이라면 상황판단도 경험에 의해 알만한 나이이고 여러 번 동창들이 당한 이야기도 들어 아는 이야기인데 왜 그날 나는 그 남자의 말을 전적으로 믿었던 것인가. 목소리에 현혹되어서일까? 아니면 누군가와 대화를 하고 싶었던 것일까? 얼굴에 마주치는 바람이 인간을 지혜롭게 만든다고 한다. 그날은 바람이 불지 않았다. 스마트폰에 얼굴을 묻고 스마트폰에 문자를 읽으며 기계에 취해 있었다.

미셸푸코는 말했다. 인간은 기계 속의 한 부분으로 예속되어 컴퓨터에 의한 데이터베이스가 축적되어 모든 사람들이 전면적으로 관리되며 감시를 당하는 세상이 되어 간다는 것이다.

흐르는 세태를 막을 수는 없는 일이고 전자기기 발전에 따라 살아가야만 한다면 나는 자신이 서지 않는다. 하지만 기왕에 발전을 거듭하려면 정직한 마음도 읽을 줄 아는 기계를 착안해 주었으면 하는 기대를 가져본다.

어느 항구에서

이영옥
[사회생활 63, 시]

이영옥

느긋하게 머무는 여행을 하기로 결정하고 소박하고 아늑한 마을에 여장을 풀었다.

정감어린 수채화 같은 항구의 모습, 거리의 풍경이 풍성하다. 숲은 아직 봄빛은 이르지만 앞다투어 물들어가는 봄의 기운이 왁자하다. 붉은 껍질의 씨앗들은 조롱조롱 매달려 한 해의 결실을 보였고 후박나무 가지에는 새들이 모여 하루 피곤했던 날개를 풀고 쉬고 있다. 담쟁이 넝쿨에서는 시멘트 담벽에 붙어 혼자 힘으로 겨울을 지내온 애잔함이 묻어난다. 봄을 맞을 준비에 한창 바쁜 공원에는 초화들이 나름대로 예쁜 모습으로 길손을 반겨주고, 좁은 오솔길이 부드럽게 휘며 돌아간다. 뱃고동 소리가 이곳이 항구임을 알려준다.

길섶에는 역사의 흔적을 품은 녹슨 철로 레일이 몇 가닥 남아 한때 번화한 항구였음을 알려준다. 한때 많은 사람이 이용하던 철길은 주인을 잃은 채 덩그마니 산책길로 변해있고 곳곳에 놓인 벤치에는 오가는 길손의 발을 쉬게 한다.

가로등에 걸려있는 스피커에서는 베를리오즈의 환상교향곡이 바닷바람을 타고 전해온다. 길 따라 강변길을 오르면 탁 트인 태평양을 앞으로 하고 조성된 커다란 공원이 나오고 저 멀리에는 무역선이 오가는 모습이 아련히 보인다. 꽃잔디 위에는 작은 소녀 동상이 가지런히 손을 무릎에 놓고 우수에 찬 모습으로 태평양 건너 수평선 위에 시선을 멈춘 채 앉아있다. 소녀상은 전쟁고아 소녀가 서양인에게 양녀가 되어 이 항구를 떠났다는 슬픈 전설을 전해준다.

공원 근처에는 배 모양을 한 세계적인 규모의 목조 여객 터미널이 드넓은 바다에 자리하고 있다. 축구장만한 잔디밭에는 많은 사람들이 모여들어 이곳이 명소임을 알려준다. 어디서 왔는지 거대한 규모의 여객선이 부두에 닿을 때는 오랜 항해의 피곤한 그들을 위해 환영하는 음악이 울려 나오고 갈매기들도 뱃머리에 분주하다.

크루즈 배에서 내린 사람들은 제각각 목적지로 떠나고 빈 배만이 정박해 있다. 저녁노을에 물든 항구는 아름다운 수채화의 모습으로 남아 있다.

나도 선착장을 뒤로하고 부둣가를 나와 이곳에 오면 즐겨 찾는 찻집으로 향했다. 창가에는 커튼이 드리워져 있고 테이블 위에는 정성스럽게 장식이 되어 있는 정갈하고 아름다운 곳이다. 입구에는 나무로 만들어진 의자가 놓여있고 그 위의 빨간 방석 위에는 고양이가 앉아 그 집에 들어서는 손님을 맞아주는 정감이 넘치는 곳이다. 서로 눈이 맞으면 충분한 교감을 갖고 눈을 지그시 감아주는 모습이 반가움의 표현같이 느껴지고 지나던 발길을 멈추게 한다. 올해도 그 모습을 생각하며 그 찻집을 찾았다. 하지만 의자와 방석은 여전한데 고양이 대신 고양이 사진과 작은 메모가 놓여있었다.

"그동안 우리 고양이를 사랑해주신 분들에게 감사함을 전합니다. 우리에게 좋은 추억을 남겨주고 우리 곁을 떠나 천국에 갔을 것입니다."

오랜 시간 정들었던 동물이 세상을 떠난 뒤에도 그 모습을 잊지 못하고 있는 주인의 아픈 마음이 가득 담겨있었다. 나는 사진 속 고양이 모습을 한참 바라보다 발길을 옮겼다. 세상에 모든 것이 그 자리에 없고 하루가 다르게 변하고 있다는 것을 느끼면서 재행무상諸行無常을 되새겨 보았다.

오늘은 아쉬움과 허전함을 안고 하루의 해를 서산 너머로 보내야 했다. 내일은 어떤 날들이 찾아올까. 피곤함을 느끼며 숙소로 돌아와도 마음 한 켠에 무엇인가 잃어가는 안타까움에 마음이 편치 않다. 오차 한 잔의 따스한 촉감에 마음을 담아 눈을 감아본다. 순간순간 다르게 변해가는 지구상에서 모든 만상에 현기증을 느끼면서.

김예나

가끔은 노래가 되어

김예나
[도서관 64, 소설]

살아오면서 귀가 아프도록 들어온 역마직성이란 지청구를 냉장고에 붙여진 갖가지 스티커 정도로 여기며 국내외를 휘저으며 드나들던 내가 날개를 접고 들어앉은 때가 아마 사오 년 전쯤이지 싶다. 장승 닮은 남편 눈에도 그런 내가 어지간히 적조해 보여서 였을까. 사진이 많이 들어간 여행안내서, 지도, 성지순례 등의 책을 기회 있을 때마다 사들였다. 나는 책을 통해 터키도 샅샅이 돌았고 예루살렘도 원없이(?) 순례했다.

올 여름은 산티아고를 순례하는 일에 푹 빠져서 더위도 그다지 성가시지 않았다.

순례의 첫날 새벽부터 장대비가 억수로 쏟아졌지만 리 호이나키는 개의치 않았다. '산티아고 데 콤포스텔라'(별이 뜨는 들판 혹은 땅끝이라고도 알려진 스페인의 갈리시아 주 맨 끝 도시)까지는 멀고도 먼 길이다. 적어도 한 달 이상은 이 카미노 위를 꾸준한 보폭으로 열심히 걸어야만 도달할 수 있는 거리이다. 몇 번인가 왕래한 경험자들과 어울려 순례의 길을 동행하면 훨씬 쉽기는 했을지 모르겠다. 그러나 그는 자기 명상 속에서 홀로 걷고, 보고, 생각하고, 홀로 먹고 잤다. 비록 65세라는 나이가 장애물이 될 수 있을지도 모르지만 평생 꾸준하게 챙겨온 체력이 든든하지 않은가! 걸을 수 있다는 결기가 리 호이나키의 온몸에서 읽히면서도 속내로는 기력이 소진되지 않게 '길을 헤매지 말고, '힘을 아끼면서'를 다짐하는 일 또한 간과하지 않는 섬세함도 보였다.

문득 빗발이 성겨진다 싶더니 어느 순간 완전히 그쳤다. 말 그대로 빛의 속도로 햇살이 퍼지며 빗물이 뚝뚝 듣는 나무 이파리들이 얼마나 싱싱하고 아름다운지! 조금 전까지 굵은 빗방울이 머리와 어깨를 둔탁하게 때리듯 쏟아지던 일이 꿈이었나! 밝고 해맑은 아침이 갑자기 누리에 가득 펼쳐졌다. 스쳐가는 농촌 마을의 높고 낮은 구릉지들 사이로 드넓은 벌판이 펼쳐지는 듯하다가 다시 산과 숲이 나타나면서 화려한 성당과 수도원을 맞닥뜨리기도 하고 경우에 따라서 그 안에서 오래전 성인들이 남긴 성물들을 찬찬히 살펴볼 기회를 누리기도 했다.

때론 터벅터벅 카미노를 걸으며 전통신앙과 유년의 기억, 부모와 자식에 대한 회고, 자연에 관한 사색, 현대문명의 자연파괴, 로사리오와 성모의 희생, 자신에게 던지는 예수와의 관계가 시사하는 의미를 조심스럽게 들어내 보여준다. 눈에 띄는 모든 사물이 사유의 발판이 되어 끝없이 이어지는 생각, 생각이 깊어지면 사유로, 마침내 도달하게 되는 결론, 흔적도 없이 잊고 살아온 한 시절에서 기억 혹은 역사, 사건의 뭉치를 찾아내는 일은 순례자가 받는 '선물' 중 보람된 선물이다.

내게도 종이가 닳도록 오백여 쪽의 책장을 넘기고 다시 넘겨가며 작자와 함께 보낸 6, 7월 두어 달이 값지고 소중하다. 그가 비를 맞으면

나 또한 비에 젖은 것처럼, 돌부리에 걸려 넘어지면 같이 넘어진 마음으로 여태까지 살아온 나 자신을 객관적으로 떠올려 보았다. 내 기억의 밭에 한 그루의 나무로 뿌리내렸거나 한 소절의 노래로 남은 기억도 더러 찾아낼 수 있었다. 내 의지와는 상관없이 나를 스쳐간 수많은 사람들도 떠올려보다가도 나는 내심 적잖이 놀랐다.

막상 미진하고 심지어 억울하다는 느낌으로 살아온 것 같은 기억의 보자기를 풀어내고 하나하나 끄집어내어 샅샅이 살펴보았더니 어쩜 고마운 이웃이 그렇게 많았고, 행복했던 시절이 원망과 미움으로 헐떡이며 암울하던 때보다 훨씬 더 많다는 사실에 감사함과 더불어 자괴감을 감출 수 없었다.

여기까지 살아오도록 조마조마함 속에 갇혀서 마음 놓고 큰 소리로 웃었던 적이 없었다는 암울한 기억부터 표백해야겠다.

더위가 제법 뜨겁게 여문 그해(1950년) 유월의 마지막 일요일 정오쯤 나는 신작로 한가운데서 아이들과 어울려 신명을 내며 줄넘기를 하고 있었다. 신작로라고는 해도 아이들의 놀이터로 쓰일 만큼 차량통행이 뜸하던 시절이다. 그 기억에 이어 곧바로 계속되는 그림은 길가에 도열한 어른들의 박수를 받으며 흙바람 속으로 황급히 달려가던 트럭들의 행렬이다. 영문도 모른 채 혀를 끌끌 차며 깊은 한숨을 내뱉는 어른들 틈에 끼어 박수를 치던 우리 아이들에게 트럭에 소복하게 들어앉은 오빠들은 '공부 열심히 해야 해' 같은 다짐을 절규하듯 외치면서 유월의 강렬한 빛 속으로 달려가 버리곤 했다.

맨발로 줄넘기를 하고 사방치기를 하면서 해지는 줄 모르고 놀던 신작로는 갑자기 북쪽으로 달려가는 군용 트럭의 둔중한 소요와 설명할 수 없는 긴장감으로 공기가 팽창되었음을 알겠다. 우리들이 그려놓은 사방치기 그림 위로 트럭의 크고 넓적한 바퀴 자국이 난삽하게 찍힌 신작로를 멀리서 바라보며 다시는 이 신작로 위에서 맨발로 뛰어놀지는 못 할 거라는 막연한 체념이 들었다. 그 때문이었는지는 확실하지는 않지만 언제부턴가 나는 눈물을 흘리기 시작했다. 나중에야 안 사실이지만 그 트럭의 행렬은 이미 남침한 북한군들에게 쫓기던 우리 군의 필사적인 저항이었다.

좀 전까지 까르륵거리며 함께 어우러져 놀던 친구들도 보이지 않았다. 무엇이 어떻게 라고 또박또박 설명할 수는 없었지만 숨 쉬는데 필요한 공기의 절대량이 오빠들이 타고 간 트럭을 따라 가버리기라도 한 것처럼 숨이 차고 시야가 어둡고 흙먼지만 난분분했다. 어른들의 경직된 표정도 무섭고 무거웠다. 곧장 엄마가 있는 집을 향해 나는 숨차게 뛰었다. 내 유년의 마지막 기억이다. 일상 안에서 무심히 부딪칠 때마다 세월의 물살에 많이 희석되었다 해도 얼굴을 뒤덮던 뜨거운 흙먼지 바람에 숨이 턱 막히던 기억은 늘 새롭다.

그 전쟁은 오늘까지도 끝나지 않은 채 엉거주춤 멈춘 상태이다. 생각해 보면 거의 평생 끝나지 않은 전쟁의 공포를 가슴 밑바닥에 쟁여둔 채 살아온 징한 삶이다. 습관적으로 판문점을 흘깃거리며 뿌리 깊은 불신과 불안을 아주 잊어버리지는 못하고 있다. 그런 소요 속에서나마 희망도, 봄날 꽃다지처럼 가슴에서 수줍게 피어나는 사랑도 꽃피우며 여기까지 아름답게 살아올 수 있었던 건 힘들 때마다 기댈 수 있는 엄마, 성모 어머니라는 언덕이 든든하게 버티고 있는 때문이라는 걸 나는 새삼 깨닫는다. 리 호이나키의 뒤를 좇아 산티아고를 두어 달 동안 순례한 선물이라고 해도 좋겠다.

가끔 아니 아픈 후로는 자주 나를 안아주면서 말을 건네본다. 괜찮지? 물을 때마다 활짝 웃는 얼굴을 먼저 보여주는 혹은 그럼 괜찮고 말고 답해주는 나의 나가 고맙다. '사람이 산다는 것은 서로의 가슴에 기쁨, 슬픔, 혹은 위로의 씨앗을 심는 일'이라고 노래한 시인에게 나는 공감하면서 남은 세월 동안은 매일 아름다운 일몰이 되도록 노래 부르는 마음으로 가겠다는 다짐에 힘을 준다. 먼 훗날 남편, 아이들, 나를 아는 세상의 모든 사람들이 나를 미소와 함께 떠올릴 수 있다면 얼마나 멋진 한 생일까!

나와 너

김창란
[영문 66, 수필]

딸아이가 교회에서 초등학교 일학년을 맡아서 성경을 가르쳤다.

그 반에는 일고여덟의 남녀 어린이들이 일요일이면 와서 성경 공부 외에 노래도 배우고 놀이도 하며 지냈다. 미운 일곱 살이라지만, 아이들은 퍽 귀엽고 똘똘하다고 했다.

어느 일요일이었다. 마침 학교가 봄 방학 중이어서 아이들에게 '약속의 무지개'라는 것을 만들어 오라고 할 생각으로 방학에 무엇을 하는지 물었다고 했다.

"저희들 아주 바빠요."

"방학인데, 왜?"

"학원에 가야 해요."

딸아이는 어린애들이 방학에도 놀지 못하고 공부해야 하는 것이 안타까워, 너희들만 한 때는 하고 싶은 것을 하며, 맘껏 노는 것이 제일 좋은 일이라고 말했다.

“안 돼요, 놀고 공부 안하면, 머리에 든 게 없어서 이담에 커서 매일 굶어야 해요.”

“거지 돼요.”

귀여운 어린아이들의 대답에 지금은 그렇게까지 공부 안 해도 이담에 열심히 일하면 먹고 살 수 있다고만 말을 했다.

나도 아이들이 자랄 때, 많은 것을 가르치고 싶었다. 적어도 악기를 하나쯤은 다룰 줄 알게 되고, 겨울에는 스케이트, 여름에는 수영을 그리고 좀 더 커서는 정구와 스키를 할 줄 알게 되기를 바랐다. 무엇보다도 공부를 열심히 잘 해서 좋은 성적을 받고, 될 수 있으면 놀지 말아주었으면 했다. 그래서 방학 때만 되면 이때다 싶어 계획표를 짜서 팽이 돌리듯이 몰아쳤다.

맹자의 어머니를 들먹이지 않아도 이 시대의 어머니들은 자녀들이 많이 배워, 남보다 뛰어나고, 경제적으로도 풍부한 성공적인 삶을 살기 바라는 것이 공통적일 것이다.

그렇게 열심히 가르치고 또 배워서, 인류가 지식을 쌓아 오늘이 있게 되었다고 본다. 인공위성이 떠서 정보가 빠르게 전달되고, 과학은 나 같은 범속한 사람은 상상도 할 수 없는 속도로 오늘의 경지에 이르렀다. 어느 누군가는 앞으로의 세상은 컴퓨터가 지배할 것이라더니 그것의 다양한 기능에 그저 놀라울 따름이다.

사람들이 열심히 노력한 결과 생산은 필요 이상의 물건을 만들어 내고, 그것을 독점하는 나라와 그 한편에서는 기아에 허덕이는 나라가 있게 되었다. 자연은 나날이 황폐해지고 공해문제는 우리의 해결능력을 이미 벗어난 것이 아닐까 두렵다. 그래서 인류가 해결한 것은 무엇인가? 식량의 고른 배분의 문제인가, 또는 전쟁의 문제인가? 태어나고, 병들고, 늙고, 죽고. 부의 편재와 과잉생산은 상대적 빈곤감과 불행을 가져다 줄 뿐이 아닌가.

남을 배려해서 나누어 주기보다는 어떻게 하면 내가 더욱 많이 가지고 잘 먹고 잘 살아 볼까만을 생각하는 것 같다. 의식주를 어느 정도 소유하고 해결해야 인간은 만족할 수 있는 것일까. 내가 많이 가질수록 나 아닌 다른 사람은 그만큼 적게 가지게 되는 것이 세상의 이치이지 싶다. 성경에서 이스라엘 민족이 이집트에서 출애굽할 때 여호와께서는 그들을 광야에서 먹이실 때 '만나'를 그 당일에 먹을 것만 거두라고 하셨다. 그것은 많은 것을 시사하며 가르쳐준다.

영국에서는 아이들이 어렸을 때부터 줄을 그어 놓고 두 아이가 마주 걸어오게 해서 만나게 될 때 '미안하다'는 말부터 배우게 한다고 한다. 일본에서는 타인에게 폐가 되는 것은 부끄러운 일이라는 것을 어려서부터 가르친다고 한다. '나와 너'의 관계가 어떠해야 하는가부터 배우는 것이다. 우리도 '감사합니다'와 '미안합니다'를 가르쳐야 한다고 주장하는 이가 있다. 그것은 우리에게 주어지는 모든 것, 그것이 작은 것이든 큰 것이든 간에 기쁨으로 받아들인다는 점과 그로 인해 범사에 감사하는 긍정적인 삶을 살게 되기 때문이다. 타인에게 조금이라도 어려움을 주었거나 예의에 벗어나는 일을 했다면 미안한 마음을 가져야 할 것이다. 그러므로 '너'와의 관계가 인격적으로 성숙한 관계가 될 뿐만 아니라 성숙한 사회로 나아가는 길일 것 같다.

친구 하나가 미국에서 삼십 년을 살다가 고국에 다니러 왔다. 여기서 들은 말 중에 꼭 없어져야 할 말이 두 개가 있다고 했다. 그것은 '잘 부탁 합니다'와 '잘 봐 주십시오'라고 했다. 잘못한 것과 되지도 않을 것을 억지로 또 비굴하게 해결해 달라는 것이 아닌가 라고 하며, 그것은 바로 법을 어기는 것이며 더 나아가 타인에게 피해를 주는 것이라고 역설했다.

현대는 감동과 책임과 감사가 없으며, 그 대신 무관심과 이기심이 팽배하고 있는 사회라고 어떤 이는 말한다. 성경에서 말세에는 사람들이 돈을 사랑하고 자기밖에 모른다고 했다. 지식의 축적으로 인류의 문명은 발전이 되었지만, 정신이나 영혼은 피폐된 사회로 나아가고 있는 것처럼 보인다.

우리의 손자 · 손녀들이 살아갈 세상이 아득하게 혼돈되어 보인다.

딸의 반 아이들이 좀 더 활기차게 나이에 걸맞는 생활을 할 수 있는 때가 되기를 소망해 본다.

평요거리의 전각하는 아저씨

조한숙
[국문 69, 수필]

조
한
숙

나에게 호가 둘이 있다.

취운翠雲과 남전藍田이다.

십여 년 가르침을 받던 두 교수님, 난대 이응백 교수와 덕계 허세욱 교수께서 지어주신 것이다.

냉큼 '남전'이라는 호를 받아놓고는 별로 사용하지 않는 것을 알고 계신 덕계 교수께서 손수 지어주신 내 호를 가끔 부르셨다. 남전! 남전!

쪽빛 남藍 밭 전田. 생기 넘치는 푸른 밭이 연상되는 그 호가 점점 마음에 다가왔다. 그렇게 남전과 자연스럽게 가까워졌다.

십여 년 전, 덕계 교수께 당시唐詩를 배우고 있을 때다. 당나라의 감성 시인 이상은의 시를 읽고 있을 즈음에 호를 받았다. 내 성품과 어울리는 호를 짓느라 고심했다는 글 한 편도 주셨다.

이상은의 시 「금슬」을 읽다보면 '남전일난옥생연藍田日暖玉生煙'이라

는 시구가 나온다. '남전에 햇볕 따뜻해 옥이 연기로 변했구나.'

그 시를 읽을 때마다 아지랑이 아른거리는 봄날의 남전이 그림처럼 보인다.

남전은 중국 산서성에 있는 옥이 많이 산출되는 명산지로도 유명하다. 선녀 서왕모가 살았다는 옥산이 있는 곳이고 당나라 시인 왕유의 별장이 있는 곳이기도 하다. 남전이라는 단어의 그 배경이 무척 향기로웠다. 덕계 교수님은 전원을 좋아하는 내 성품을 알고 그 시구에서 호를 연상하여 나에게 선물로 주신 것 같다.

또 하나의 호, 취운翠雲에 대해 말하려면 이십 년 가까이 거슬러 올라가야 할 것 같다.

1996년 초여름, 그때 처음으로 난대 교수님의 공부방 난대서숙에서 『논어』를 공부하기 시작했다. 난대 교수님이 한국수필문학진흥회 회장을 맡고 계셨으므로 그 사무실의 왼쪽은 진흥회 계간지 《에세이문학》을 편집하는 사무실이었고 오른쪽은 우리들이 공부하는 난대서숙 서당이었다.

지금 그때를 떠올리자니 아득한 옛날이야기를 하는 듯 기억이 가물가물하다. 4년 넘게 공부하면서 『논어』를 뗄 무렵 교수님께 호를 부탁드렸다. 고향이 어디며 무엇을 좋아하느냐고 물으셨다.

내 고향은 궁벽한 시골 천등산 아래 박달재이다. 좀 더 구체적으로 말하자면 충북 제천군 백운면 평동리이다. 태어난 곳이고 오래 살지는 않았지만 할아버지 할머니가 계시던 곳이니 영원한 내 고향이다. 그 옆 마을로 가려면 다리를 하나 건너야 하는데 다리 건너 마을에 외갓집이 있었다. 지금도 내 고향을 생각하면 가슴이 먹먹해지면서 다정한 기류가 나를 감싸 안는다.

난대 교수님은 초록색 옷을 잘 입고 다니던 나를 유심히 보셨던지 푸를 취翠를 넣고, 내 고향 백운의 구름 운雲을 넣어 '취운'이라 호를 지어주셨다. 작호하신 그 호를 한지에 단아한 필체의 붓글씨로 써서 건네주셨는데 그 한지를 지금 찾을 수 없음이 무척 애석하다

나에게는 호가 단지 둘 뿐인데 이처럼 사연이 길다.

내 호를 지어주신 두 분은 이미 고인이 되셨고 도타운 뜻이 담긴 호만 나에게 남아있다. 이제 그 호를 품에서 꺼내 자주 쓰려고 한다.

호가 많은 사람을 말하자면 추사 김정희를 따를 사람이 없을 것 같다. 추사는 작품 하나 쓸 때마다 자호自號 하나씩을 지었다 하는데 무려 호가 오백 개가 넘는다고 했다.

순우리말로 된 호를 좋아하는 분도 있다.

가람 이병기, 늘봄 전영택, 외솔 최현배 선생 등이 계신다. 그 호들은 언제 들어도 정감이 간다. 내가 호를 하나 더 짓는다면 그분들처럼 나를 닮은 순우리말 자호를 하나 지어볼 생각이다.

금년, 2014년 9월, 중국 산서성에 있는 평요고성平遙古城에 갈 기회가 있었다.

육, 칠백 년 전 묵은 역사가 그대로 숨 쉬고 있고, 명. 청 시대의 고성과 거리가 그대로 보존되고 있는 곳, 유네스코 세계문화유산으로 등재되어 있는 그 거리를 다시 한 번 가고 싶어 하던 참이었다. 이번에 중국의 명산 태항산에 가는 길에 평요에 들린다는 소식을 듣고 반가운 마음에 서둘러 여행을 따라 나섰다.

십 년 전, 허세욱 교수님과 충이문학회 회원 20여 명이 문학기행을 한번 갔던 곳이다. 문학기행 8박 9일의 빡빡한 여정에서 잠시 들렀던 평요의 잿빛 저자거리는 평안함과 휴식을 주었고 거기서 먹었던 음식도 거기서 느꼈던 훈훈함도 나그네의 피곤함을 풀어주었었다.

이번에 태항산 가는 길에 들렀던 평요고성은 여전히 잿빛 지붕 아래

고즈넉한 분위기로 환대해 주었다. 누각도 여전히 높게 서서 내려다보고 있었고 양옆으로 늘어서 있는 시가지와 상점들도 그대로 있었다. 맛있는 음식 냄새가 식당에서 거리로 풍겨 나왔고 물건값 흥정하는 관광객과 상점주인들의 호객하는 소리로 거리는 시끌벅적했다. 그 사이로 관광객을 태운 인력거도 가끔씩 지나 다녔다.

이번에는 남편과 함께 그 거리의 이쪽 끝에서 저쪽 끝까지 왔다 갔다 할 수 있었다. 상점마다 진열되어 있는 오밀조밀한 골동품들을 구경하면서 이리저리 다니다가 남편은 청동으로 된 발 모양 책고임 받침 한 쌍을 샀다.

그 상점 옆 조금 외진 곳에 인장 새기는 아저씨가 있었다.

서너 사람이 기다리고 있었다. '중국 제일의 손으로 전각하는 장인'이라고 광고 문안을 기둥에 붙여놓고 열중해서 작업하고 있었다. 과장법이 대단한 것 같았다. 그 앞으로 다가가 자만옥 같은 연자줏빛의 도장용 돌을 골랐다. 돌이 조금 삐뚜름했으나 투명한 빛깔이 아름다웠다.

그 아저씨는 나를 보더니 작은 메모지를 내밀었다.

'남전藍田'이라고 썼다. 이렇게 쓰면 되겠느냐고 전서체로 써서 다시 나에게 내밀었다. 마음에 들었다. 이십여 분 골몰히 파더니 도장을 찍어서 다시 나에게 내밀었다. 말은 안 통했어도 메모지로 서로 의사소통이 충분했다.

밭 전 자가 조금 큰 듯하고 삐뚤기는 했으나 전서체 글씨의 맛이 그런대로 좋았다. 그 아저씨는 전서체로 『삼국지연의』를 썼다고 하고 중국 제일의 전각사라고 써 붙였는데 그 정도 실력자라면 인정해야 할 것 아닌가. 80위엔을 건네주었다.

덕계 허세욱 교수님과 함께 찾아왔었던 평요고성의 그 거리에서 교수님이 지어주신 호를 새겼다. 이런 인연이 또 있을까.

그 호와 나는 인연이 참 깊은 것 같다. 교수님이 내 인장을 보셨다면 내 등을 한 번 탁 치시며 좋아 하셨을 텐데…….

그 인장을 받아서 고이고이 쌌다. 혹시라도 집으로 오는 중에 깨질까 봐 비행기 화물칸에 싣는 큰 가방에 넣지 않고 손가방에 넣고 왔다.

남전! 지금 바라보아도 그 인장에는 평요고성의 예스러운 저자거리가 숨 쉬고 있다.

또 그 인장에는 봄볕 가득한 어느 봄날이 있고 옥에서 피어오르는 아지랑이가 아른아른하는 쪽빛 밭이 숨 쉬고 있고 문학기행을 함께했던 문우들의 웃음소리가 들어있다.

김용희

내 삶의 파일들을 정리하고 싶다

김용희
[국문 71, 소설]

하루에 세 번 밥 해먹고, 세탁기 돌리고, 청소는 참을 수 없을 때 엎드려 젖은 티슈로 훔쳐내기에도 얼마나 힘이 드는지 땀이 비 오듯 흐른다. 쇠로 만든 숟가락 젓가락보다는 나무로 만든 수저의 가벼움이 좋은 나는 내 체력과 타협하며 생활을 어떻게 안배해야 할지 생각하는 나이가 되었다. 그나마 지금보다 체력이 더 떨어질까 두려워 일주일에 서너 번 치기 시작한 탁구가 삶의 활기를 불어넣는다. 상대방의 손과 라켓의 방향만을 열중해서 바라보며 공을 받아넘길 때는 흰머리 휘날리는 할머니임을 잊어버린다. 시합 도중 나도 모르는 사이에 '앗' '야호' 하며 괴성을 질러댈 때는 국가대표 선수라도 된 듯 쾌감을 느낀다. 은퇴를 앞두고 배운 탁구가 지난 몇 년 나를 이렇게 행복하게 만들 줄 몰랐다. 앞으로 얼마 동안은 기분 좋게 운동할 수 있지 않을까 하는 기대를 해본다. 기껏해야 동네 동호인들끼리의 경기에서 기분 좋게 게임이 풀리는 정도에 환호성이 요란스럽다고 할 수 있지만 기분은 최고다.

아침에 일어나 창문을 여는 것으로 시작해서 저녁에 문을 닫는 것으로 하루하루를 지내다보면 결국은 몸이 건강해야, 체력이 따라주어야 현실에서 살아낼 수 있음을 확인한다. 순발력 있게 움직이는 사지 육신으로 재빠르게 위기를 모면하고, 지하철 계단을 통통거리며 내려갈 수 있을 때 느끼는 쾌감이 하루를 행복하게 하는 요인임을 잘 안다. 결국은 대단한 미모도 재산도 지식도 아니라 건강과 체력이 우리의 자존감을 높여주는 요인이라니. 이 나이에 내가 선택할 수 있는 가능성은 극히 제한적임을 부정할 수 없다.

의식주를 해결하는 일상생활을 내 손과 몸으로 하려는 의지는 그 나마 내 육신을 내가 책임져보려는 자존감일 것이다. 몇 십 년을 지속적으로 해온 읽기와 쓰기는 그 작업을 하루라도 하지 않으면 불안하고, 공짜 밥을 먹는 것처럼 미안했으나 요즈음은 한동안 컴퓨터 모니터를 바라보면 눈이 아파서 눈물까지 난다. 앞으로 몇 줄이라도 어떻게 글을 쓸 수 있을지 절망적인 기분이 된다. 그래도 잠깐잠깐 쉬어가며 지속하는 건 아직도 독서일 뿐이다. 이 세상의 모든 책을 다 읽을 수 없음에도 종이에 박힌 활자를 머릿속에 가슴속에 주워 담으며 느끼는 편안함과 흐뭇함은 우리가 살아오며 습득한 괜찮은 생활양식의 덕택이다. 독서는 살아있음을 증명하는 숭고한 행위일 것이다. 노안이 다가오는 듯 곧 피로해지지만 아직은 눈이 독서를 할 수 있음에 감사한다. 언젠가 이마저 어려워져 책장을 넘기기도 어려울 때가 오지 않을지 준비해야 할지도 모른다. 읽기도 어려워질지 모르는 불안감에 떨면서도 뭔가 써보고 싶은 욕망이 아직도 있음을 확인한다. 얼마나 주제넘은 생각인지 잘 알면서도 그 꿈은 있다. 일본 중세의 문필가 요시다 겐코吉田兼好는 『도연초徒然草』에서 서가에 책이 빽빽이 많은 것도 좋게 보이지 않는다고 했건만 무슨 대단한 책을 쓰겠다고 탐욕을 부리는지 모를 일이다. 그럼에도 한두 편씩 썼던 글들을 모아서 책을 엮어보고 싶은 마음을 분수 모르는 행위라고 비난받지 않았으면 싶다. 아주 젊었을 때 썼던 작은 글부터 얼마 전까지 썼던 것들을 모아 정리해보고 싶은 마음은 내 인생을, 내 지나간 시간을 정리해보려는 마음일 것이다. 다른 사람이 아니라 바로 내가 관심이 가는 일일 뿐이다. 책을 쓰는 일이라는 것이 타인과의 소통을 목적으로 하는 것이겠지만 궁극적으로는 자신을 표현하는 방법이며, 개인적인 삶의 궤적이다. 현직에 있으며, 썼던 학술서적도 결국은 자신의 관심사에 대한 연구 논문들이었다.

새로운 것들에 대한 관심은 그것이 장소이든, 사람이든 특별히 근거 없이 생기지 않는다. 개인적인 관심일수록 자신의 체험과 연결될 수밖에 없다. 현재 주어진 상황에서 내가 가지고 있는 것들을 정리해가며 살아가고 싶듯이 내 머릿속에 입력된 것들을 정리하며 살아가고 싶다. 딱히 필요하지도 않은 것들을 너무 많이 사고, 쟁여두었듯이 얼마나 많은 중요한, 또는 허접한 지식들을 머릿속에 집어넣으려고 애썼던가? 옷장의 옷들을 비롯해서 살림살이들을 정리하듯이 서가의 책들을 정리한 뒤 느끼는 쾌적함도 유사하다. 학교 도서관에 보낸다지만 거의 평생을 같이 지내온 책들을 실어낼 때는 냄비 나부랭이나 셔츠 쪼가리를 없앨 때와는 기분이 다르지만 어쩔 수 없이 받아들여야 하는 일이다. 이제 책은 예전처럼 서가에 빽빽하게 꽂아놓고 보는 시대는 지났다고 본다. 파일로 저장된 전자책에 적응하듯이 내 컴퓨터에 저장된 파일들을 정리하여 묶어야 할 것이다. 어쩌면 앞으로는 나도 전자책을 받아들여야 할지도 모른다. 어떤 출판 양식이 되었든 파일에 있는 내 글들을 묶어보겠다는 생각은 내 개인적인 일이기도 하지만 지극히 평범한 한 사람 한 사람에 대한 내 관심의 시작이기도 하다.

반복되는 일상에 진저리를 치며 여행을 떠나본다. 날마다 사용하던 칫솔과 수없이 빨아 입던 내의에 오래된 운동화를 신고 떠나는 여행은 새로울 것도 없고, 흥미로울 것도 별반 없다. 깨끗하고 쾌적한 호텔에서 늘어지게 자고 이부자리를 정돈하지 않아도 된다는 여유만으로도 좋다. 여행지가 어디여도 별 관계가 없으니 여행의 목적이 관광이 아닌 것은 분명하다. 어떤 때는 TV 화면에서 쏟아내는 세계 유명 관광지를 찍은 고화질의 영상들이 너무나 생생하고 선명해서 실제 그곳에 가 있는 듯한 느낌을 받을 때가 많다. 어떤 여행은 화면에서 본 수많은 풍경들의 확인 작업인가 하는 생각이 들 정도로 영상의 공급과잉 시대에 살고 있다. 모든 정보가 차고 넘치는 상황에서 결핍을 충족시켰을 때의 쾌감은 기대하기 어렵다. 물론 현지에서 느끼는 놀라운 감동이 다 사라졌다고 볼 수는 없지만 여권을 처음 만들고 가슴 설레며 떠났던 여행의 흥분은 기대하지 않는다. 이는 자동차 회사에서 주 대상으로 삼는 소비자가 이삼십 대의 젊은이들이 아니라는 것과도 연결된다. 웬만큼 자동차의 편리함과 스피드에서 오는 쾌감을 맛본 젊은이들이 옛날처럼 자동차에 연연하지 않는다는 것이다. 자동차도 그저 공간 이동에 필요한 도구일 뿐이다. 결국 우리 생활에서 오롯이 남는 것은 지극히 단순한 일상이다.

여행지에서 아직도 관심이 있고 흥미를 끄는 것은 뒷골목 풍경들이다. 도로 전면에 세워진 최첨단의 건물들이나 오래된 성당, 교회, 사원의 웅장함이 우리를 압도하는 것은 분명하지만 그것은 예술적 대상으로서 일방적으로 바라볼 수밖에 없는 조형물이다. 집 앞에 심어놓은 작은 화초들, 채마밭에서 뽑은 채소들을 다듬는 할머니들, 너무 더워 집 밖으로 나와 그릇에 말은 덮밥 한 그릇을 쭈그리고 앉아 잡수시는 노인들, 하루 일과를 마치고 서서 술 한 잔을 마시는 선술집의 남자들, 그늘에서 늘어지게 낮잠을 자고 있는 개나 고양이들, 조금씩 열어놓은 문

사이로 보이는 집 안의 풍경들이 그 어떤 명승고적보다 재미있다. 도로변 작은 점포에서 자전거 타이어를 고치거나, 도장을 판다든지, 옷을 수선하는 사람들…… 우리 일상에서 필요한 많은 일들을 하는 사람들의 표정이 재미있다. 묵묵히, 진지하게 자신들의 일에 몰두하는 사람들을 바라보는 것이 좋다. "아침 잡수세요?" "……." "날씨가 너무 덥지요?" "……." "저는 한국에서 왔어요." "……." 저쪽에서 알아듣지 못하는 말을 나는 그냥 웃으면서 말한다. 저쪽 할머니는 뭐라고 답변을 했을까? "어느 나라에서 오셨수?" "이건 나물로 볶아먹으면 맛이 있답니다." "한 달 전에 심었는데 이렇게 자랐네요. 당신네 나라에서도 이걸 먹나요?" 뭐라고 말을 했으면 무슨 상관인가? 요즘에는 혼자서도 말을 잘 하는데. 누구를 향해서 말하지 않아도 괜찮다. 혼잣말에 익숙하다. 세상의 모든 말을 다 들을 필요가 없다는 것을 알아챈 지 오래되었으니. 어느 나라에서나 골목 여기저기에서 살아가는 평범한 사람들의 생활에 관심이 가듯이 이 나라의 평범한 할머니로 늙어가는 나는 컴퓨터의 파일들을 정리해야 할 일이 내 버킷리스트의 첫 번째 과제이다.

3부

전자파에 갇히다

임인진

아름답고 순수한 모국어

임인진
[국문 58, 아동]

"아가야? 얼른 일어나 찌지 닦고, 꼬까옷 입자. 맘마 먹고 빵빵 타러 가야지."

젊었을 적에 시어머님께서 아침이면 아이들 깨우시던 소리다. 이불을 들척여도 엎치락뒤치락 잠이 덜 깬 아이에겐 이 말이 오히려 자장가처럼 들렸을지도 모른다.

'찌지' '맘마' '꼬까' '빵빵' 등 이런 투의 자연발생적인 언어에서 우리는 때로 유년시절의 아늑한 공간을 그리워하며 따뜻한 정감에 사로잡히기도 한다. 굳이 표준어사전을 들추어 언어학적으로 따질 필요가 있겠는가.

언어란 사람이 자기의 감정과 뜻을 목소리로 나타내는 것이며 다른 사람과의 소통을 위해 소리를 주고받는 것이다. 지역과 종족에 따라 각기 다르게 형성되어 그 체계가 확립된 전 세계 많은 나라들이 그들 나름대로 지녀온 풍습과 특성에 따른 독특한 언어를 나랏말로 삼고 있다.

우리나라 말의 유래는 아시아 북부지역에서 유럽의 일부지역까지 분포된 우랄알타이어족에 속한다고 전해지고 있다. 그것은 두 갈래로 나뉜 나라들의 언어구조에서 서로 비슷하게 닮은 점에 근거를 둔 학설이라는 것이다.

어찌되었건 우리의 말은 우랄알타이어족의 공동된 특징을 골고루 갖추었다고도 한다. 그러므로 주어主語를 중심으로 단어만 알면 누구나 쉽게 배울 수 있고, 또 쉬이 알아들을 수 있는 장점을 갖고 있다.

우리말은 한 낱말에서 모음끼리 서로 어울리는 모음조화(예: 달랑달랑, 출렁출렁, 벌벌, 촐촐)로 소리가 부드럽고 아름답게 들린다. 어미語尾의 활용범위는 쓰임새가 넓고 다양하여 다른 어느 나라 말보다도 완벽한 언어라는 말을 듣는다. 우리의 자랑거리인 한글과 함께 더욱 빛을 낸다.

한 나라의 나랏말은 그 나라와 나라 사람들의 정체성 확립에 크나큰 기여를 한다. 우리 몸의 핏줄처럼 서려있는 아름다운 우리말의 구석구석을 더듬어 생각대로 적어본다.

*자연에서 싹트고 자연의 품에서 숨을 쉬듯 순수한 말
*알록달록 색동옷처럼 곱고 아름다운 말
*문법에 얽매이지 않고도 맘대로 넘나들 수 있는 말
*자기를 낮추고 남을 높이는 겸손한 말
*알뜰살뜰 감싸주는 정겹고 친근한 말
*잘잘못을 가려주고 타이르는 점잖고 부드러운 말
*아가들을 어르는 귀엽고 사랑스런 말

이처럼 다양성과 활용범위가 넓은 말이다 보니 요즘은 '말의 남용濫用'이란 말이 나올 정도로 말과 글을 함부로 쓰는 사람이 많아졌다. 덮어놓고 입 밖으로 뱉어놓는다고 다 말이 되는 것은 아니다. 말은 그 사람의 됨됨이와 품격을 나타낸다, 화가 나서 감정이 격하거나 흥분이 가라앉지 않을 때의 말은 독이 될 수도 있다. 불씨가 되어 되돌아오게도 된다. 무심코 던진 말 한 마디에 상처를 받는 이도 있고 앙심을 품는 이도 있다.

스마트폰 시대로 접어들면서 온 나라가 외래어 투성이로 변해가고 있다. 신문과 방송매체들 모두가 영어와 영어의 앞글자만 따서 모은 어휘들을 남발하고 있어 어지러울 지경이다. 외국어를 많이 섞어 쓰는 것으로 자신의 지적 수준이 높아지고, 삶의 품격이나 질이 달라지는 것으로 착각을 하는 것 같다.

언어란 그 시대의 환경변화와 문화의 흐름에 따라 영향을 받는 것은 어쩔 수 없는 일이다. 유럽의 여러 나라들의 예를 보아도 그렇고, 우리의 역사를 훑어봐도 부정할 수 없는 사실이다. 고대(신라의 멸망시기 이전까지)에는 한반도의 문화와 언어가 섬나라 일본에 큰 영향을 안겨주었음은 널리 알려진 사실이다. 근대에 이르러 일본은 서구의 문물과 언어를 받아들이면서 우리나라를 침략했고, 강제로 점령하면서 우리의 모든 것을 말살하려는 정책에 이용하기도 했다.

일본의 압제에서 벗어나 70년의 시간이 흘렀다. 그런데도 우리는 아직까지 일본식 언어의 찌꺼기를 버리지 못하고 있다. 이루 다 헤아릴 수 없어 몇 가지 예를 들어본다.

*일본말 (아나고, 단스, 시다, 기스, 후까시, 뗑깡, 요지, 야끼만두 등)

*일본식 외래어 (오바, 난닝구, 레자, 자꾸, 사라다, 메리야스, 츄리닝 등)

*일본식 한자어 (假縫, 假拂, 立場, 受取人, 差出, 持分, 寸志, 浪漫, 賣店 등)

특히 기존의 한자어와 융합되어 쉽게 구별이 되지 않는 일본식 한자어는 우리 사회 곳곳에 너무나 깊숙이 박혀있어 그것이 일본식 한자어의 찌꺼기인줄 모르고 쓰는 사람이 많다.

몰라서도 쓰고 알면서도 습관화되어 마구 쓰는 일본말, 우리는 하루빨리 그 걸림돌 같은 찌꺼기들에서 벗어나야 한다. 그것들은 자연스런 문화의 유입이나 전래가 아니다. 우리의 역사와 전통, 말과 글, 성과 이름까지도 모두 말살하려는 그들의 야만적 정책에서 비롯된 것이기 때문이다.

한편, 요즘 청소년층에서 번지는 줄임말, 소리대로 적는 말, 거친 말, 막말도 말의 품격을 떨어트리고 짓밟는 행위다, 한국 정부와 민간단체들이 지구촌 곳곳에서 우리의 말과 한글을 전파하기 의해 애쓴다는 보도를 보면서 나라 안에 양식 있는 모든 사람들, 특히 국어학자들과 교육계가 아름답고 순수한 우리의 모국어 살리기 운동에 앞장설 것을 간곡히 당부한다. 그리하여 동족이 살고 있는 남쪽을 향해 치가 떨리도록 무자비한 욕설을 일삼는 북녘 땅에도 정겨운 우리말의 밝은 빛이 비춰지기를 빌어본다.

박
후
자

봄날은 가고 있다

박후자
[국문 64(입), 시]

대문 밖 콘크리트 틈 사이로 민들레꽃이 예쁘게 피어있는 것을 보았다. 그림같은 초록잎, 튼실한 꽃대에 노란꽃 한 송이 눈부시다. 지나가던 아주머니 둘이 눈짓으로 방싯거리며 간다. 나는 뜻밖에 받은 꽃다발처럼 설레이며 기뻐서 어쩔줄 모른다.

문득 안마당 깊숙이 심어놓은 모란이 궁금하여 황급히 가 보았다. 모란은 어느새 활짝 피어 여남은 송이 속절없이 지고 있었다. 사라질 아름다움이라서 더욱 애틋한 꽃. 민들레와 모란꽃을 보면서 사람들의 한 생이 꽃과 같음을 느낀다. 평생 귀함도 못 받고 고생만 하지만 다른 사람들에게 기쁨을 주는 삶과 고귀함으로 칭송을 받지만 외롭고 부자유한 삶. 어느 것이 더욱 가치있는 삶인지 혼란이 온다.

도대체 산다는 것이 무엇인지? 나는 느낌을 갖는 것이라고 생각한다. 그렇다면 잘 사는 것은 느낌을 많이 갖는 것이어야 한다. 많은 느낌을 위해서 예술이 필요하고 많은 체험을 쌓아 오감을 자극시키며 희노

애락을 껴 안아야 한다. 체험할 수 없는 세상은 책을 통하여 느낌을 공유하거나 마음속 크레용으로 상상의 세계를 색칠할 수도 있다. 삶을 이야기할 때 자유와 행복은 절대적이다. 사람은 누구나 행복하기 위해서 산다.

아리스토텔레스는 『행복론』에서 행복은 자신의 삶의 목적을 설정하고 이를 달성하는데서 온다고 하였다. 행복은 명예, 부, 육체적 탁월성, 행운과 권력 등 외적인 조건도 선호할만 하지만 진정한 행복은 이런 것을 얻는데 있는 것이 아니라 그것들을 잘 사용할 줄 아는 내면의 덕에 달려있다고 하였다.

인간의 삶에는 세 가지가 있는데 정치적 삶, 철학적 삶, 향락적 삶, 그중에서 영혼의 덕을 실현하는것이 최상의 행복이 될 수 있다고 보았다. 그리고 습관을 통한 성격의 형성을 강조하였다. 고개를 끄덕이면서도 그의 행복론이 내게 얼마만큼 행복을 전염시켰는지는 모르겠다.

사람에게 영향을 미치는 요소들 중에서 가장 중요한 것은 그 사람이 처해있는 환경과 그 사람이 관계를 맺고 있는 사람들이다. 다른 사람과의 올바른 관계를 맺고 있는데서 내가 바라는 자유와 행복은 성취할 수 있다. 봄별이 겨울나무를 소생시키듯 가슴속 잠들어 있는 느낌에 설레임의 빛을 주어야 한다. 대문 밖 민들레의 삶이거나 안마당 모란의 삶이거나 느낌의 무게는 모두 각자의 몫이 아닌가.

오랫동안 못 만났던 친구에게 전화도 하고 가로수의 연둣빛도 감상해야지. 행복하기 위해서 순간의 행복감 또는 미세한 느낌을 쌓고 싶다. 오늘도 봄날은 가고 있다.

이현명

왜? 그리고……

이현명
[영문 64, 시]

어느 봄날, 교정에서 필자는 도서관을 향해 거닐고 있었다. 대학에 입학하여 부푼 꿈을 품고, 긴 머리칼을 바람에 찰랑이며 걷고 있었다. 바로 그때 그와 마주쳤다. 곱게 고개를 숙이고 나서 막연한 궁금증으로 바라보니, 그는 만면에 미소를 띠며 잠시 자료실에 들려 참고자료를 보고 간다고 하였다. 그것이 그와의 마지막 만남이었다.

수줍음이 많은 나는 꾸벅 인사를 하였지만 긴 이야기를 나누진 못했다. 그는 반가워하면서도 무엇 때문인가 머뭇거리더니 황망히 자리를 떠나갔다. 나도 무척 반가웠지만 제대로 말을 잇지 못했다. 그는 의사였다. 이미 의사였지만 추측하건데 당시 이곳 대한민국에서 의학박사 자격증을 따기 위한 무엇이 필요했나보다.

그는 나의 큰형부였다. 7남매 가운데 막내인 나와의 나이 차이는 부녀 사이 같았다. 그의 큰아들, 큰조카가 나와 동갑이었으니 확실하다. 그는 1950년 6월 25일 북의 남침으로 전쟁이 터진 지 얼마 안 되었을 때 나의 앞에 혜성처럼 나타났다. 아니 우리 앞에 말이다. 그때 나의 어머니는 홀로 어린 나를 포함해 3남매를 키우고 계셨다

10년 전, 원산 큰형부는 큰언니와 결혼했고 3형제를 두고 있었다. 그는 함경도 원산에서 도립병원 원장으로 있었는데 매우 안정적이었다. 그런 그가 큰언니와 조카 일남, 이남, 삼남이는 어디에 두고…… 굳은 표정으로 우리를 찾아왔다. 모두 깜짝 놀랐다. 사정을 들어보니, 전쟁이 터지자 북한에선 그를 인민위원장에 강제 추대하겠다고 하였다 했다.

의학을 공부하여 아픈 사람들을 돌보던 그에게 **앞잡이 노릇 강요**, 그것은 그에게 청천병력이었다. 차일피일 미루자 그들은 형부를 닦달질하기 시작하였고 결국 그들의 위협을 피해 황급히 도망다니다 언니의 친정인 서울로 오게 되었다. 친정으로 아내가 오리라는 간절한 바람을 가지고 우리에게 왔단다.

전세는 점점 불리해졌다. 시시각각 조바심을 갖고 얼마를 기다렸으나 사랑하는 언니와 조카들을 만날 수 없었다. 한편, 대한민국 국민들은 급박하게 되었다. 북의 남침으로 서울을 떠나 남쪽으로 피란을 가야 했다. 전쟁 중이라 모든 것이 어려웠지만 어머니는 보증을 서서 큰형부를 위한 증명서(요즘의 주민등록증)를 다행스레 마련해줄 수 있었다.

폭격을 피해 우리는 먼 친척을 따라 충청도 연기군으로 옮겨갔다. 어린 나의 눈에 그곳은 매우 평화스러웠다. 초가집 밖, 소여물을 쑤어주는 바깥채, 마당엔 아주 커다란 감나무가 있었는데 더위가 가시는 밤이면 우리는 커다란 멍석을 깔고 나무 아래 누워 노래를 불렀다. 내 곁엔 큰형부가 누웠고 우리 모두는 모두 함께 노래를 부르곤 하였다.

"해는 져서 어두운데~ 찾아오는 사람 없어~ 밝은 달만 쳐다보니 눈물만

흐른다~. 내 동무 어데두고 나 홀로 앉아서 이 일 저 일을 생각하니 눈물만 흐른다~."

매일 밤 우리는 저녁이면 둥근 멍석에 누웠고, 누가 먼저인지 모르지만 서글픈 노래를 부르기 시작했고, 그렇게 노래를 부르고 부르다 잠이 들곤 하였다.

그 시절, 어린 나는 눈만 뜨면 산으로 들로 쏘다녔다. 동네 아이들과 (지금은 전혀 기억하지 못하지만) 마음껏 뛰어 놀았다. 입속 가득 직접 캔 칡뿌리를 오물오물 씹어가며, 잣나무 숲을 앞마당처럼 휘저으며 놀았다. 그 시절 너무 어려 몰랐는데, 특히 밤마다 큰형부의 심정이 어땠을까……. 그때 아마 그의 가슴은 그리움으로 미어지곤 했을 것이다.

서울 집으로 수복한 후에도 형부는 10년 동안 큰언니를 기다리며 살았다. 그리고 사랑하는 아내를 기다리는 형부에게 장모인, 나의 어머니는 곧 통일되긴 글렀으니…… 라며 강력하게 권고하여 새장가를 보내셨다. 아마 형부는 막내처제인 나를 볼 때마다 그의 큰아들이 연상되고…… 나의 큰언니가 미치도록 그리웠을 것이다.

전 후 50여 년 만에 소식이 왔다. 미국의 적십자를 통해 큰언니의 근황을 알 수 있었다. 그녀는 생존해 있었다. 흑백사진을 통해 그동안 늙어 할머니가 된 큰언니와 어린 3형제는 장성하여 모두 결혼하였다는 소식을 접했다. 몇 개월씩 걸리는 편지는 피눈물 나는 그들의 생존을 위한 싸움…… 눈물 없이 읽을 수 없는 내용들이었다.

큰언니는 편지에 형부라는 단어를 쓰지 않고 아는 아저씨의 소식을 혹시 아느냐고 묻곤 했다. 형부가 떠나자, 큰언니는 곧 병원 사택에서 쫓겨났고, 오갈 곳 없는 언니는 황해도 시댁으로 남편을 찾아 갔지만 그는 그곳에 없었다고 하였다. 아~어찌 이런 일이……. 그러나 곳간에 먹을거리마저 떨어지자 곧 다시 도시로 떠돌았단다.

세상에 그렇게 서로 그리워했건만…… 언니 소식을 받기 일 년 전, 큰형부는 뇌졸중으로 저 세상으로 떠나가셨다. 그러나 언니에게 형부가 돌아가셨다는 말은 차마 글로 쓰지 못했다. 아~ 생각하면 가슴이 저려온다. 피눈물나게 고생한 큰언니…… 남편을 그리는 애틋하고 간절한 기도를 왜 하늘은 들어주지 않으셨을까…….

그때 그 시절, 요즘처럼 그 흔한 휴대폰만 있었다면…… "당신 친정에서 만나자"…… 그 한마디 말만이라도 전할 수 있었다면…… 오~ 야속하고 야속하여라…… 오! 휴대폰! 휴대폰만 있었어도…… 그렇게 사랑하는 부부가 생이별을 하고 정말 고생고생했을까?

큰언니와 큰형부를 생각하면 오랜 세월이 흘렀어도 가슴속에 눈물이 고인다.

정말 모르겠다. 그들은 어찌하여 전쟁의 피해자가 되었나? 엉뚱한 희생자가 되었나? 왜? 왜? 왜? 그리고 휴대폰만 있었어도 이렇게 가슴 치는 이별과 생고생은 없었을 텐데. 물론 다 지난 일이지만…… 다 지난 일이지만, 간단히 과거로만 넘기기에는 정말로 견디기 어려운 아픔이 내내 가슴을 후빈다.

김선주

소통과 단절의 스마트폰

김선주
[불문 65, 소설]

내가 소설가로 등단한 초기에는 각 기업체에서 발간하는 사보에 꼭 작가들의 콩트가 실리곤 했다.

기업체에서 어떻게 알았는지 신인인 나에게도 콩트 청탁이 쉴 새 없이 왔다. 나는 소설 쓰는 틈틈이 삼빡한 반전이 있는 짧은 이야기들을 신나게 쓰곤 했다. 200자 원고지 20장 안쪽으로 쓰는 세상 이야기들은 하루 이틀이면 거뜬히 쓸 수 있었다.

원고료도 괜찮았고, 무엇보다도 세상에서 일어나는 이야기들을 가볍게 다루는 것이 무척 재미있었다. 소설가는 어떤 소재도 능수능란하게 쓸 수 있는 이야기꾼이어야 한다고 생각하면서.

백여 편이 넘는 콩트를 썼으니 꽤 많이 쓴 셈이었다.

하지만 난 단편소설, 중편소설, 장편소설만이 문학적인 가치가 있는 작품이라고 생각했다. 콩트는 그저 장난삼아 쓰는 여기일 뿐이라고 치부하며 소중하게 간직하지 않았다.

작년에 모 출판사에서 꽁트 기획시리즈를 한다면서 나에게 그동안 쓴 꽁트를 한 권의 책으로 묶어주겠다는 연락이 왔다.

그제야 나는 내 꽁트가 실려 있는 사보를 찾기 시작했다. 그런데 나에게 남아있는 사보가 겨우 반 정도밖에 없는 것이 아닌가. 게다가 컴퓨터에 저장한 것도 없어서 난감한 지경에 빠졌다. 사브에 실은 꽁트는 일회용인줄 알고 제대로 간수하지 않은 것이다.

나는 남아있는 60여 편의 꽁트를 읽으면서 또 기막힌 사실을 알게 되었다.

요즘처럼 핸드폰이 있던 시대와 없던 시대가 현저하게 달라져 있는 것을 또렷하게 감지하며 둔기로 머리를 강타 당한 듯이 어지러웠다.

그동안 핸드폰이 우리 실생활을 획기적으로 바꾸어 놓았음을 꽁트 속에서 확연하게 발견한 것이다.

꽁트는 서로 오해가 생겨서 난감해 하다가 마침내 사태의 실상을 알게 되는 반전이 있어야 한 편의 맛깔스러운 짧은 소설르 완성되는 것이다. 그런데 핸드폰, 특히 스마트폰의 등장으로 내 꽁트는 그만 끓는 물에 데친 시금치처럼 생기를 잃고 시들해져버린 것이 아닌가.

연인들이 약속 장소와 시간을 잘못 알아서 다른 곳으로 갔다가 헤어질 뻔했다는 이야기, 휴가철에 가족여행을 떠나는데, 회사의 급한 일을 처리하고 나서 합류하기로 한 남편과 연락이 어긋나서 가정불화가 일어난다는 이야기, 아이들이 열쇠를 잃어버려서 낭패를 보는 이야기, 회사에서 보고가 늦어 다른 회사에 이권을 빼앗겨 좌천당하는 이야기 등 일상에서 벌어지는 온갖 사건들을 쓴 꽁트들은 이제 고리타분한 옛날 이야기가 되어버려서 그저 실소를 금치 못할 일이었다.

그 모든 불편함과 어긋남이 단지 핸드폰 하나면 간단히 해결되는 일인데, 그때는 그것이 없어서 꽁트의 소재가 되었다는 것이 어처구니가 없었다.

꽁트가 재미있다면서 사보에서 일이 년 동안 연재까지 했던 작품들이 이렇게 휴지처럼 쓸모없게 되어버렸다는 사실에 나는 그저 망연자실하며 어깨의 힘이 쭉 빠지는 기분이었다.

나는 씁쓸해지는 마음을 꾹꾹 누르며 시대에 뒤떨어진 꽁트들을 폐기처분할 수밖에 없었다. 그리고 겨우 남아있는 꽁트 30여 편을 가지고 『웃는 세상』이라는 꽁트집을 발간할 수가 있었다.

옛날에는 한 세대를 30년으로 보았는데 요즘같이 첨단 전자기기가 쉴 새 없이 나오는 세상에는 1년 사이에도 엄청난 차이를 느끼는 세태가 되어 버렸다. 젊은이들의 사고와 사는 방식은 나날이 달라져서 이제는 낯선 타인이 되어가고 있다. 그렇게 된 원인이 바로 아이티 산업, 특히 인터넷과 스마트폰의 등장이라고 할 수 있다.

스마트폰은 우리 생활을 바꾸어놓은 일대 혁명이라고 할 수 있다.

처음에 핸드폰이 나왔을 때는 그것이 내 자유를 속박한다면서 한동안 갖지 않았다. 그런데 이제는 첨단기기로 발달한 스마트폰이 없으면 불편해서 아무것도 할 수가 없게 되었다.

내 스마트폰 안에는 전국의 작가들 천여 명의 전화번호, 주소, 이메일 등이 저장되어 있고, 그 외의 지인들 500여 명이 자리 잡고 있다.

요즘은 무료로 쓸 수 있는 카카오톡이 있어서 외국에 있는 지인들까지도 수시로 연락하고 보이스톡까지 할 수 있으니 어찌 스마트폰이 나의 생활을 지배하지 않겠는가.

또 단체 카톡의 편리함은 어떠한가. 공지사항을 한 번의 클릭으로 빠르게 널리 알릴 수 있음이 불과 몇 년 전에는 상상이나 했던 일인가.

스마트폰 속에는 사진이며 동영상, 사전, 인물, 지식 등 온갖 기능과 정보가 다 들어있으니…….

이제 나는 지갑보다 더 소중하게 핸드폰을 챙기며 갖고 다니게 되었다.

하지만 나는 시도 때도 없이 보내는 온갖 다양한 정보에 점점 편리함에 못지않은 피곤함과 짜증스러움을 종종 느끼곤 한다.

과학문명의 발달로 우리 생활은 더없이 편하게 되었지만, 그에 따른 배려와 지나친 정보와 시간의 안배 등 적절한 예법은 아직 확립되지 않아서 스트레스를 받게 되는 경우가 다반사이기 때문이다. 게다가 신종 사기까지 범람하여 자칫하면 엄청난 손해를 보니…….

스마트폰은 모든 일들을 즉시 해결하는 합리성과 정확성은 있지만, 이상하게 따뜻한 인간애를 맛볼 수 없다는 것은 나만의 느낌일까?

스마트폰 속에서 수없이 많은 대화와 찬사와 덕담의 문자를 주고받았는데, 막상 마음은 더 공허하고 고독하다는 것은 무슨 이율배반적인 감정이란 말인가?

지하철 속에서 거의 모두가 스마트폰을 들고 그들만의 세계에 푹 빠져서 타인에게는 조금도 관심이 없는 사람들과 마주 앉아 있으면, 로봇과 함께 있는 듯한 냉혹한 단절감을 느낀다.

문자 속에 감추어진 마음보다 직접 음성을 듣고 싶고, 더 나아가 만나서 얼굴을 보고 정을 나누고 싶다는 마음은 내가 아직도 아날로그적인 삶에 젖어있기 때문일까?

어려서부터 첨단과학기술의 혜택을 누리며 사는 젊은이들 속에서 소외되지 않으려고 안간힘을 쓰는 내 모습에 문득문득 숨이 차기도 한다.

모두들 저마다 바쁘게 다람쥐 쳇바퀴 도는 듯이 분주하고, 한 치의 양보도 희생도 없이 오직 자신의 이익만을 좇아다니는 현대인들의 삶에서 스마트폰은 어쩌면 딱 어울리는 기계임에는 틀림이 없다.

스마트폰 속에는 소통과 단절이 교묘하게 감추어져 있다. 이기심으로 위장된 빈틈없고 차가운 유리알 같은 매끄러움에 때때로 울컥 염증이 날 때가 종종 있다.

인터넷, 스마트폰 등이 활개 치는 세상은 나를 한없이 편리하게 해주기도 하고 나를 더없이 외롭게도 한다.

그럴 때마다 모든 인간관계를 끊어버리고 산속에서 혼자 사는 자연인들의 모습이 부럽고 그리워지면서 숲의 정기에 파묻혀 나를 정화시키고 마음껏 힐링하고 싶다던 꿈을 꾸기도 한다.

이런저런 공상에 젖어있다가, 내가 버린 꽁트와 같이 현실에서 뒤떨어지고 말 것이라는 불안감이 왈칵 몰려와서 도리질을 하며 스마트폰에 어울리는 삶을 살아야 한다고 다짐하며 나를 일으켜 세운다.

오늘도 나는 눈만 뜨면 스마트폰을 남편보다 자식보다 더 가까운 곳에 두고 사니, 이미 그것에 중독되어버린 것이 아닌가 싶다.

우리는 지금 피를 흘리는 전쟁을 치르지 않고도 전자제품의 혁명 속에 저마다 뒤쳐지지 않기 위해서 치열하게 살아가고 있는 것이 틀림없다.

내일이면 또 어떤 전자기기가 우리를 덮칠 것인지 기대해 볼 일이다. 세상이 어찌 돌아가든 오늘도 나는 보다 기발한 꽁트감을 찾아서 신경을 바짝 곤두세운다.

스마트폰에 얽힌 수없이 많은 이야기들을 소재로 하여 잃어버린 내 꽁트를 되찾기 위해서.

나는 이제 소통과 단절 사이를 유연하게 오고 가면서 첨단 전자기기의 혜택을 내 것으로 만들기 위해 부단히 노력하고 있다.

새로운 과학문명은 나에게 보다 더 다채롭고 참신한 인간 군상들을 창조하게 하니까.

울 엄마와 긴 의자의 만남

육영애
[초등교육 69, 수필]

아파트 곁에 있는 공원 한가운데쯤, 이 아파트에서 공원으로 가는 입구의 나무층계를 올라가면 바로 마주치는 곳 약간 왼쪽에 긴 의자가 두 개 나란히 놓여있다. 거기엔 이 공원 가까이에 사는 할머니들이 걷기 운동을 하다가 잠깐 쉬어가느라 모이는 곳, 꼭 참새가 방앗간 앞 그냥 못 지나가듯 말이다. 시간마다 또 요일마다 서로 다른 할머니들이 차지하고 있다. 20년 넘게 이 아파트에서 살면서도, 이제야 겨우 몇 주 전부터 그 의자모임(?) 속에 끼게 되었다는 울 엄마도 앉는 의자다.

할머니들과 이런저런 세상 얘기들과 이 아파트에 관련된 갖가지 소식들과 가까운 주변 아파트 얘기도…… 총망라해서 모~두 들을 수 있는 의자란다. 거의 다 알고 있는 얘깃거리라 해도 사뭇 진지하게 들어도 주고 맞장구도 쳐가면서 노인들의 수다가 꽃피는 곳이라고 했다. 할머니들마다의 특징이나 뒷얘기도 사심 없이 다 불거져 나오는 데라며 입조심은 해야 하는 거 같다고…… 늘 내가 집으로 오는 길에는 저 아래 공원 입구서부터 할머니들의 목소리가 바람을 타고 낭랑하게 들려오는 곳이다.

처음 가면 자기소개를 해야 한단다. 어디에 살고, 몇 살이고, 누구랑 사는지, 자식은 몇이냐, 무슨 일을 하느냐, 자주 오느냐, 며느리는 잘하느냐…… 등등 꼬치꼬치 캐물어가며 대답하고 속을 터놓는 곳이란다. 거기서 잘못 거짓을 말하면 모든 것은 수일 내에 반드시, 덤까지 붙어 삽시간에 탄로가 나서 소문이 하늘을 난다는 무서운 곳이기도 한가보다. 어찌되었건 거기 모인 할머니들의 말빨은 완전 세다고 한다. 또 누가 좋지 않은 일이 생기면 너도나도 동정을 하며 찾아가서 동무도 해준다는…… 누가 안 보이면 의자에 앉아 내내 올 때까지 며칠씩 기다리기도 하나 끝내는 사망소식이 날아든다고…….

울 엄마는 아직 그 속에 푹 들어가지는 못하고 얼굴들은 다 익혀서 여길 가도 저길 가도 아는 할머니들의 인사를 받는단다. 안부를 물어오고 서로 아는 체를 하며 인사를 건네고 걱정거리는 의논도 하며…… 전연 그런 것을 못해 혼자 독불장군마냥 살다가 어느 날 아무도 의자에 없길래 옳다구나! 하고 불편한 다리가 아파 냉큼 앉아 봤다나? 어느 젊은 할머니(60대 후반)가 바로 따라 앉더니 이런저런 얘기를 걸며…… 꼼짝 없이 붙잡혀 2시간을…….

암튼 그 후로 그 의자에 앉을 수 있는 용기가 생겨, 앉기 시작하면서 순식간에 많은 할머니들과 친분 관계를 맺게 된 것이다. 동네를 다니다가 어느 할머니나 아는 체를 하며 인사를 건네는 사이가 된 것이다. 울 엄마에겐 아주 특별하고 좋은 의자로 꽁 막혀 있던 가슴의 창을 조금은 열고 신선한 바람도 맞고 비바람도 몰아치는 걸 구경하게 된 것이 그 의자 덕이다. 얼마나 내가 바라고 바라던 일이던지 그 의자가 아침 출근할 때는 떠오르는 해의 광채로 빛나면서 비어 있지만 나는 절로 미소가 퍼진다. 안심되고 편한 '안녕!' 하며 아침인사를 빼놓지 않고 나누고 있다.

'고맙다 긴 의자야, 네 덕으로 울 엄마가 조금씩 마음 다림질을 할 수 있게 되었단다. 휴식을 취하게 해 주고 동무들 많이 소개해 줘서 정말 고맙다.'

울 엄마는 나이답지 않게 아직도 미인에다가 어렸을 적, 혼자 귀염을 몽땅 받으며 자라서인지 대인관계에 조금은 껄끄러운 성향을 지니고 있다. 사람을 가려가며 사귄다고 할까? 또 아무에게나 말을 건네지 못하는 수줍음도 아직 91세 나이에 가지고 있다. 그런 틀을 이제라도 약간씩 깨가면서 차림새가 깨끗하지 못한 어른들, 어수룩한 수다쟁이 어른들, 초췌해 보이는 어른들과도 말을 섞어가며 그들의 걱정거리나 사는 형편을 들어가면서 본인의 행복지수를 약간씩 감지해가는 모습이 보이기 시작했다. 얼마나 다행스러운 일인지…….

본인 스스로가 현실적으로 얼마나 행복한지를 빨리 깨달아 매일 기뻐하며, 즐겁게 서로 나눠가며 살아갔으면 좋겠다. 남은 날들을 마음껏 옛날처럼 하하 호호 웃어가며 살아갔으면 하는 바람에……정말 그걸 원하고 있기 때문에 그 의자가 난 정말 고마운 것이다. 늦게나마 변해가는 울 엄마의 모습이 참으로 다행스럽다. 울 엄마가 긴 의자와의 만남으로 세상 보는 눈이 많이 달라져 가고 있음에 감사하고 있다. 긴 의자의 덕으로 사랑과 감사와 행복을 조금씩 더 더해가는 산수를…… 셈공부에 빠져감이 보인다. 이렇게 좋은 일이 될 줄이야…….

이주남

우리는 어디로 가는가?

이주남
[영문 69, 시조]

지난 봄날, 개나리가 노랑 눈망울을 틀 무렵 우리 부부는 미국을 다녀왔다. 그곳엔 눈에 넣어도 아프지 않을 손자와 손녀가 있는 딸 내외가 산다. 텍사스로 가는 기나긴 항로에 다시 세인트 루이스로 가는 항로다. 정말 지루하고 힘든 여정이다. 나이가 나이인지라 우리 부부에겐 그렇다.

노년 인구가 늘어나는 미국이라서 이제 일흔쯤은 새로운 마흔이라고 한다. 하지만 내게는 거짓말이다. 위에서 보나 옆에서 보나 여전히 김 빠진 일흔. 긴 비행으로 김이 빠졌을 뿐 아니라 진까지 다 빠져버렸다. 집에서 좀 쉬었으면 좋겠다. 그러나 딸은 '모처럼 미국에 왔으니, 멋진 곳으로 안내하겠다.' 고 나선다. 쉬고 싶은 부모의 마음을 어찌 알랴?

훌쩍 자란 손자 손녀가 쓰는 우리말이 좀 서툴러도 그대로 사랑스럽고 귀엽기만 하다. 딸이 앞장 나서서 핸들을 잡았다. 멀리서 부모가 왔다고 '통나무집을 빌렸다.'며 자랑하지만, 그래도 기분은 좋다. 거기

가려면 다섯 시간이나 운전을 해야 한다며 속도를 낸다. 살짝 대쉬보드를 보니, 70킬로. 무심히 한국의 70킬로인 줄 알았으나 알고 보니, 마일이다. 그러니까 110킬로로 달리는 셈이라 무섭다. 알아서 안전 운전을 하겠지만, 우리 차를 앞질러 가는 낯선 차를 볼 때마다 아슬아슬한 것만은 어쩔 수 없다.

'우리 지금 어디로 가는데?'

눈이 옆에 달렸는지 딸은 긴 트럭이 지나가는데도 차 앞에 놓인 스마트폰을 보면서 운전한다. "저 앞에서 다른 고속도로로 연결된 선을 타고 지나가면 돼요. 전화기에 있는 구글맵만 따라가면 돼요. 한국에서는 네비게이션이라고 한다지요. 이거 구글 트래픽이랑 실시간으로 연결돼 있어서 도착지까지는 제일 빠른 길로만 갈 수 있어요. 굳이 별도로 네비게이션을 쓰지 않아도 스마트폰 지시대로만 가면 편안하게 도착할 수 있어요."

세상 참 좋아졌다. 한국 사람만 있는 차 안에서 낯선 기계가 뭐라고 쏼라쏼라 해대는 게 어색하다. "이상하네. 미국에서는 네비가 영어로 말하네." 요즘엔 전화기가 얼마나 똑똑한지…… 똑똑 폰도 아니고, 영어 이름인 스마트폰인데…… 전화도 되지만 미국 지도도 다 들어가 있고, 말로 물어봐도 음성 인식으로 검색 엔진을 통해 그냥 척척 자기가 알아서 대답해주는 백과사전 못지않다.

'그래, 우리 어디 가는데?'

우리는 예전엔 지도를 들고 여행을 다녔다. 미국 횡단 여행을 가기 전 전미全美자동차협회(AAA)에 들러 지도를 수북이 받아서 갔던 기억이 난다. 그마저도 준비하지 못한 경우 미국 하이웨이 곳곳에 있는 여행자방문센터에 들러 주州 지도를 얻은 다음에야 운전을 하곤 했다. 어느 길을 타고 가야 할지, 매일 저녁마다 모텔에서 쉴 때 지도를 꺼내 길을 미리 살펴보는 일도 나름 재미있었다. 언제라도 지도를 들고 지나가는 사람에게 길을 물어보기라도 하면, 그곳엔 늘 친절하게 대답해주는 사람들이 있다.

나침반을 지도 위에 올려놓고 방향을 맞춰 본다. 행여 나침반이라도 없으면 해가 떠 있는 방향으로 시계와 그림자 방향을 찾아 동서남북을 짚어내기도 하면서. 그러나 손녀나 손자는 동그랗게 생긴 나침반을 본 적이나 있을까?

요즘 모두들 스마트폰을 들여다보며 운전을 하고 있다. 스마트폰을 내려다보며 걷는다. 이렇게 스마트폰만 들여다보며 오른쪽 왼쪽으로 쫓아다니는 사람들을 보고 있자니, 문득 이들은 자신들이 정작 어디로 가는지, 가야 하는지 그 목적지를 알고나 있을지…… 별의별 생각을 다 한다. 만약 스마트폰이 고장이라도 나버린다면 과연 내 딸과 사위가 살던 집으로 곧장 돌아갈 수나 있을지 걱정이다.

젊은 사람들은 스마트폰이 없어지면 길을 헤매지 않고 제대로 찾아다닐 수나 있을지 모르겠다. 운전하는 딸을 보면서 느끼는 건 아주 오래된 지도나 나침반처럼 생각도 없이 알려주는 화살표길만 무심코 따라가는 건 아닐까 하는 생각이 든다.

오래전 로스앤젤리스에 사는 어떤 사람의 이야기가 생각난다. 하루 종일 같은 길만 오가는 출퇴근길이 지겨워서 언제부터인가 가장 빠른 길이 아닌, 매일 새로운 길을 찾아 새롭고도 즐거운 출퇴근을 한다는 얘기다. 오늘은 늘 가던 길이 아닌 한 블럭을 더 가서 우회전으로 가보고, 다음날은 두 번째 신호등이 아닌 세 번째 신호등에서 좌회전을 해보곤 했다는 얘기다.

스마트폰의 관점에서 보자면 이 사람은 무척 비효율적인 선택을 한 것일지도 모르지만, 그러나 얼마나 즐겁고 유쾌한 출퇴근인가? 아니나 다를까 최근 어느 기사에서는 이런 일상의 작은 변화가 두뇌에 신선한 자극이 되어 오히려 노화를 방지하거나 더디게 한다는 말이 있었다. 굳이 두뇌 퍼즐을 들여다보지 않아도 치매 예방엔 좋은 방법이 될 것 같다.

아무튼 언제 다시 미국에 가게 될지는 모르지만, 그때도 새로운 표현의 젊은 나이에 머물러 있고 싶다.

이예경

어머니의 보청기

이예경
[교육 70, 수필]

출근하느라 노인복지관 버스를 탔을 때였다. 커브 길을 돌아 이백 미터 앞에 복지관 건물이 보이자 기사가 차내 방송을 한다.

"버스가 완전히 정차하기 전에는 위험하니 미리 일어서지 마십시오."

그 말이 떨어지자마자 뒷좌석에서 남자 어르신 한 분이 벌떡 일어나 비틀거리며 앞쪽으로 걸어 나오기 시작했다. 버스 안은 갑자기 웅성웅성, 여기저기서 "저런 노망난 늙은이 같으니라구", "어물전 망신을 시키는 꼴뚜기네" 등 픽픽거리며 탄성이 터져 나왔다. 심지어 "늙으면 죽어야지" 하는 말까지 나올 즈음, "저 노인, 귀가 먹통이야." 뒤이어 누군가 하는 말이 들려오자 일순 버스 안이 찬물을 끼얹은 듯 조용해졌다. 핀잔이 한숨으로 더 이상 말이 필요 없다. 사정을 알게 된 때와 모르던 때가 이렇게 다르다.

91세 아버지께서는 파킨슨병으로 거동불편 때문에 외출은 못 하셨지만 노인병원에 가신 후 사람들 사귀고, 바둑, 장기, 독서로 심심찮게 잘 지내신다고 하셨다. 그런데 어느 날부터 답답하다고 그러신다. 여자 어르신들이 상냥하게 말을 걸어오면 기분이 좋아지는데, 인기를 끌면 뭐하나, 청력 때문에 무슨 말인지 잘 안 들리니 소통이 어렵기 때문이었다. 결국, 사람 만나기를 기피하게 되니 말수가 적어지고 우울증이 따라왔다. 원래 사교적이셨기에 딸들이 너무나 안타까워했다.

어제는 엘리베이터에서 위층에 사시는 교수님을 뵈어 인사를 드렸더니 말없이 손만 내저으며 귀를 가리키신다. 보청기를 안 해서 안 들린다는 뜻인가 보다. 사모님의 말씀으로는 교수님이 고전 음악 감상과 독서가 유일한 취미셨는데 팔순을 넘기면서 취미생활을 할 수 없어 안타깝다고 했다. 영혼을 위로하는 음악이 사라지고 평생 양식이던 글씨들이 희미해져 날아가 버렸으니 무슨 재미로 살아야 하나. 그래서 이백만 원 주고 장만했던 보청기를 사백만 원짜리로 바꿔드렸단다. 그러나 성능의 차이는 모르겠고, 외출 시에는 사모님이 항상 동반해야 한단다. 의사소통이 잘 안되다 보니, 소문난 잉꼬부부 노릇도 그만, 고집이 세지고 의심이 많아져 종일 한숨이 나오신단다. 소통이 어려워지면 혼자만 힘든 게 아니다.

아버지께서 돌아가신 후 어머니가 15층 아파트에서 2층으로 이사하셨는데 여름이 되어 문을 열어놓아도 시끄럽지 않아 새집이 너무 좋다고 하셨다. 다행이거니 생각했는데 직접 가보니 전혀 아니다. 나무가 우거진 창밖에서는 매미소리가 종일 요란하게 들리고 아이들 떠드는 소리까지 시끄러웠다. 91세 어머니가 아버지 떠나신 후 급격히 귀가 어두워지신 것을 알고 가슴 아팠으나 일시적 현상도 아닌 듯하다. 눈이 마주친 상태에서는 알아들으시지만 옆이나 뒤에서 부르는 소리는 전혀 못 들으신다.

딸들이 서둘러 모시고가서 보청기를 해드렸다. 보청기를 착용하신 어머니는 조용하던 세상이 갑자기 왜 이리 시끄러운 거냐고 차라리 못 듣는 채로 조용하게 지내는 게 낫다고 하셨다. 괜한 선물 장만에 딸들만 번거롭게 했단다. 어느 날 지하철을 타셨다가 소음이 갑자기 한꺼번에 들려와 머리가 띵하며 어지러워 혼났다고 새 기구에 대해 하실 말씀이 많으셨다. 보청기의 웅웅거리는 잡음이 싫고, 남의 말이 간헐적으로 들리거나 왜곡돼 들린다고 불평을 하신다. 새로운 기구가 몸의 일부가 되려면 적응기간이 필요한 것이겠거니 했지 그렇게까지는 생각지 못한 일이다.

미관상 좋지 않다며 평소에는 잘 끼지도 않으시지만 그래도 딸들의 사랑의 선물이라며 핸드백에는 넣어가지고 다니시는 듯하다. 딸들이 어머니 뵙고 반가운 김에 이런저런 이야기 한참 하고 나면 그제야 부랴부랴 보청기를 꺼내시며, "아까는 보청기 안 끼어서 하나도 못 들었어. 처음부터 다시 얘기해 봐" 하신다. 어이없어도 "딸들 목소리가 잘 안 들려서 그래" 하시니 안 따를 수가 없다.

노인성 난청은 감각신경성 난청에 속하는데 어느 한계가 오기 전에는 보청기로 조정이 가능하지만 내버려두면 계속 진행이 되어 고성능 보청기로도 교정이 어렵다고 한다. 보청기를 계속 끼고 살아야 퇴행이 더디다는데 어머니께선 잘 지키지 않으니 걱정이다. 계속 써야 잘 돌아가는 기계처럼 우리 귀도 포기하지 말고 꾸준히 써주어야 기능을 유지할 수 있는가 보다. 무슨 일이건 노력 없이 잘되기는 어렵다.

소리는 외이外耳, 중이中耳, 내이內耳를 지나 청신경聽神經을 통해 뇌腦로 전달, 내이에 달팽이관이라 말하는 와우각蝸牛殼 안에는 분화된 청각수용기인 코르티기관(Organ of Corti, 나선기관)이 있는데 갈대와 같이 좌우로 흔들리며 소리를 전달하는 청각유모세포로 뒤덮혀 있단다. 과도한 소음에 장시간 노출되면 그 표면에 있는 2만여 개의 유모세포가 한쪽 편으로 완전히 쓰러져 소리 전달에 이상을 가져온다. 청신경은 한 번 손상되면 다시 재생되지 않는다니 안타까운 일이다.

어머니께 귀 건강 유지에 좋은 것도 알려드렸다. 아연이 풍부한 견과류, 엽산이 풍부한 녹황색 채소 등인데 더 중요한 것은 소음을 피하는 것이라 한다. 시끄러운 소리가 나는 공장이나 큰 소리가 나는 환경에선 반드시 귀마개를 착용하고 이어폰보다는 헤드셋을 끼며 TV 볼륨을 줄이는 등 큰 소리로 듣지 않는 게 최선의 예방책이다. 그리고 귓구멍 주변이 굳어서 진동이 약해진 경우일 것 같아 귓불 늘리기, 마찰하기, 잡아당기기 등 귀 지압을 해드렸다. 좋다는 방법은 많으나 꾸준히 귀를 아끼는 노력이 필요할 것이다.

수줍은 옆집 새댁은 외출 시 집에다 전화할 때마다 평소와 달리 동네가 떠나가게 큰 소리로 이야기를 한다. 시아버님이 받으시면 하나도 안 들리니 말 좀 크게 하라고 하신단다. 힘들어하는 며느리에게 어느 날 아버님께서 하신 말씀. "에미야! 나이가 들면 귀도 가끔 안 들려야 된단다. 노인네가 너무 귀가 밝아도 안 돼! 더구나 우리같이 3대가 한집에 살면……, 특히 밤 귀도 어두워야 한다." 안 들리는 이유가 결국 전화기 탓으로 밝혀져 바꿔드렸다는데 유머러스하신 시아버님이신 듯하다. 노인에게는 지혜가 있고 장수하는 자에게는 명철이 있다고 성격의 욥기에서 본 생각이 난다.

사람들은 동물과 달리 의사소통을 위해 언어가 있고 통신수단으로 편지, 전화……, 이제 우리는 컴퓨터 기능이 있는 스마트폰 시대까지 왔다. 어떻게 하면 빨리 소식을 전하고 소통을 할까 연구하며 쉼도 없이 앞만 보고 달려온 결과이다. 전화기를 바꿀 때마다 적응하려고 머리에 쥐가 난다고 하면서도 남들과 어울려 살아야 하니 앞서거니 뒤서거니 따라간다. 앞으로 또 어떤 새로운 수단이 나타날지 알 수 없지만 연구는 멈추지 않을 것이다. 소통은 안되면 문제지만, 너무 잘된다고 문제가 다 해결되는 건 아닌 것 같다.

늙은 고막이 오히려 고맙다던 어느 시인의 말이 생각난다. 팽팽한 북같이 힘차게 울리던 고막에 늙은 주름살이 잡혀 소리를 잡지 못하니, 시끄러운 소리 일일이 듣지 않아도 되고, 가끔은 잔소리 응답을 안 해도 되는 딴청이 심심치 않다고. 언제부턴가 깊고 은은한 소리만 즐겨 듣는다고 하셨다.

그 소리는 마음의 소리일까, 영혼의 날갯짓 소리일까.

9월이 오는 소리

— 글 쓰는 후배 서연 씨에게

신정희

[기독교 71, 수필]

신정희

서연 씨.

9월이 오는 소리가 들리는군요.

가을엔 편지를 쓰라는 시인의 말이 아니더라도 누군가에게 긴 편지를 쓰고싶었는데 서연 씨 생각이 나서 할머니가 모처럼 이십대로 돌아가보기로 했네요.

탐구하고 고뇌하고 방황하고 도전할 수 있으면 젊은이라는 내 나름대로의 정의가 있어 젊은 할머니로 이 가을밤 서연 씨와 소통의 즐거움을 가져보고 싶네요.

짧고 사무적인 스마트폰의 문자 교환이 깊고 풍성한 사유의 세계를 점점 잠식하는 것 같은 위기감이 있어 조금은 다행스러운 느낌도 드네요.

우리의 첫 만남은 길찾기에서 시작되었다는 게 우리 만남의 분위기와 칼라를 예시하는 것 같지 않나요?

길치인 내가 불안스럽게 앞서 가는데 서연 씨가 "저 혹시 문학의 집

가시나요?" 라고 친절하게 묻는 바람에 순간 얼마나 반갑고 고마웠는지요.

"네, 그래요."

"저도 거기 가는데 같이 가시지요."

우리는 같이 책을 내는 선후배라는 걸 알게 되었고 귀가하는 길에는 또 친절하신 전 회장님의 차에 동승하여 이내 친하게 되었지요.

우리에게는 동질감이 있었지요.

그건 다름아닌 구도자라는 것이었어요.

진리를 찾고 탐구하는 지향성이 대화가 잘되게 하여 만나고 오면 고명딸인 나는 여동생을 만난 느낌이 들곤 하지요.

서연 씨에게는 내가 잃어버린 그리운 것들이 보존되어 있다는게 매력적이었다고 언젠가 말한 것 기억나나요?

교육자이신 아버지의 큰딸로 태어나 사랑이나 물질이 부족함이 없었고 서연 씨 자신도 남달리 총명하고 예뻐 아쉬운 게 없고 교사라는 좋은 직업이 가져다 주는 보람과 만족함 등은 나에겐 결핍된 것들이라 교과서처럼 반듯한 삶이 은근히 부러운 순간도 있었지요.

현재 맘껏 책을 읽고 탐구할 수 있다는 우리의 현실은 똑같고 그래서 진리의 동반자 느낌이 있어 친구가 된 것 같아요.

정서와 마음이 늘 안정되어 있고 맑고 선한 것만 생각하는 서연 씨의 삶의 목적이 영적성장이라고 하니 노년의 서연 씨는 너무 향기로운 인품이 될 거라고 여겨져요.

서연 씨.

난 요즘 영성학 개강을 하여 행복하게 분당에서 서빙고를 오고 가지요.

오늘은 파스카의 신비에 대한 강의를 들었지요.

파스카라는 말은 헬라어의 미스터리와 영어의 pass over에서 온 말로 예수님의 공생애와 십자가 수난과 죽음과 부활을 의미하는 것이지요.

그래서 수난과 죽음을 통하여 오늘날도 우리는 매일 부활을 경험할 수 있다는 거였어요.

매우 흥분되는 이론으로 우리 마음이 수난을 거절하면 안된다고 하더군요.

마더 데레사는 그 섬김과 죽음에서 매일 부활을 경험했다고 하니 우리도 가능한 일이라는 거지요.

나도 평생의 탐구에서 얻은 결론은, 진리는 탐구해서 얻어지는 건 아니었어요. 진리는 노력한다고 이를 수 있는 경지도 아니었어요. 진리는 열려져야 하고 만나져야 하는 것이지요.

죄인은 노력해도 죄인이고 인간은 연구를 거듭해도 피조물이고 유한한 존재이기 때문이지요.

역사 속에 성령으로 재진입하신 예수그리스도가 진리이므로 인간으로 사셨던 그분을 개인적으로 만난다는 것이 가슴떨리는 진리와의 만남이지요.

서연 씨의 계획대로 경락은 잘 배우시나요. 서연 씨가 어머니를 위하여 경락을 배운다는 말이 무척 감동적이었어요. 요즘같은 시대도 참효녀가 있구나 하고.

성경에는 집안 식구가 원수라는 말씀도 있거든요. 자식이 웬수라고 순간적으로 생각하지 않는 부모는 아마 거의 없을걸요.

서연 씨는 의지가 강하여 채식주의자여서 늘 피부가 깨끗한 거 같아요.

구도자의 삶은 어쩔 수 없이 훈련과 연단이 필요하지요. 그래서 예수님도 좁은문으로 들어가라고 하셨고요.

난 채식주의자가 될 만한 의지력은 없어서 피부 깨끗하기는 틀렸네요.

창밖의 초록 잎사귀들이 몇 개씩 누런색이 되는 것에 떠밀려 어제는 도서관에서 시집을 여섯 권 빌려왔지요. 시인은 죄를 짓지 않는다는 제목으로 시를 쓰고 싶은 마음이 생겼거든요.

주님을 사랑하다보니 전혀 뜻밖의 길에 들어서게 되었네요.

암투병 중인 올케의 칠순에 「그대는 어느 별 아래 태어났길래」라는 시를 지어 낭송해주었더니 올케는 울고 다 감동받았다고 하여 순진한 도전을 하게 되었지요.

두 달에 한 번 만나 함께 식사를 하고 차를 마시며 우리는 동질감이 있다는 걸 확인하고 오랜 친구처럼 다정해져가니 큰 이변이 없는 한 우리는 아름다운 우정을 나눌 수 있겠지요.

서로 친구라고 여겼는데 '아 사랑이 아니었구나' 하고 낯선 사람 대하듯 되어버린 많은 이별이 이 가을 생채기를 내지만 구도자의 만남은 좀 다르리라는 기대를 하게 되네요.

영적성장이 삶의 목표라는 서연 씨의 희망대로 이 가을 높은 성장이 있기를 바랄게요.

나 역시 주님께 온전히 의존된 바보 어린아이 되는 것이 소원이니 기도해 주세요.

샬롬!

분당 무지개마을 불곡산 밑에서 신 선배 보냄.

2015. 9월 초

진정한 자존심

이경숙
[의직 72, 소설]

이경숙

"엄마, 한국에 메르스 바이러스가 돈대. 그 뉴스 봤어?"

캘리포니아에 사는 딸에게서 걸려온 전화다. 여덟 살짜리 손자, 네 살짜리 손녀를 포함한 딸네 식구 네 명을 데리고 한국을 방문하겠다는 계획을 세운 후, 몇 달 동안 기대감에 부풀어 하루하루 지내던 차에 이게 웬 날벼락인지.

오하이오에 사는 나는 이미 며칠 전에 인터넷을 통해 그 뉴스를 보았지만 이제 겨우 한두 명 환자가 생긴 터에 아이들을 놀라게 할 필요가 있을까싶어 함구하고 있었는데 미국 뉴스에서도 떠들기 시작한 모양이었다.

"걱정 마. 한국이 어떤 나라니? 아프리카에 있는 미개국도 아니고 그런 문제쯤은 신속히 처리할거다."

그러나 날이 갈수록 한국에서 들려오는 소식은 흉흉해져갈 뿐이었다. 뉴스에서 보여주는 사진 속의 사람들은 모두 마스크를 쓰고 있었고, 방송기자들은 치사율이 40퍼센트가 넘는다는 말을 긴급한 음성으로 거듭 외쳤다. 손세정제가 동이나 살 수가 없다니 이런 상황에 어린 애들을 데리고 한국으로 간다는 게 무모한 짓이 아닌지 걱정이 되지 않을 수 없었다. 같이 여행하기로 한 사촌 언니 가족은 딸이 둘째 아이를 임신하고 있는 터라 서둘러 비행기표를 취소했다. 몇 날 며칠을 고민 끝에 우리는 비장한 각오를 하고 한국으로 3주간의 여정에 올랐다.

전투에 임하듯 손세정제를 잔뜩 사들고 한국에 도착해보니 마스크를 쓴 사람들은 그리 많지 않았고 일반인들의 생활 태도도 크게 달라 보이지 않았다. 친척들 말에 의하면 유원지에 사람들이 많이 줄었다지만, 칡냉면 집은 자리가 없어 30분을 기다려야 했고 유명하다는 닭죽 전문 식당은 차를 댈 곳이 없을 정도로 붐볐다.

우리는 점점 메르스 바이러스 공포를 잊어갔다. 아침마다 배달되는 신문에 대문짝만하게 실리는 기사를 볼 때만 잠깐씩 생각날 뿐이었다. 제주도 공항에서 손세정제를 들고 달려오는 직원들과 무릎 밑으로 안개처럼 뿌려대는 소독약을 보고 잠시 긴장했지만 현저하게 줄어든 관광객들 덕에 여유 있게 자연을 즐길 수 있어 오히려 메르스 덕을 본 셈이다.

해운대에 갔을 때도 사정이 비슷해서 해변에는 우리 식구밖에 없었다. 마침 월요일이고 휴가철이 아니라 그런가 보다 했는데 택시 기사에게서 들은 얘기는 좀 달랐다. 너무 손님이 없는 탓에 하루 입금액을 맞출 수가 없어 며칠 동안 영업을 접고 여행을 다녀왔다는 것이었다.

"부산에는 도무지 환자가 3명밖에 없었다구요. 그런데 하도 신문, 방송에서 난리라도 난 것처럼 떠들어대니 사람들이 바이러스 감염이 두려워서 바깥에 안 나오는 거예요. 이게 말이 됩니까?" 소위 '국민의 알 권리'라는 명목 하에 호떡집에 불난 듯 연일연야 외쳐대니 국민들이 당연히 겁을 내지 않겠냐는 것이었다. 화가 난 기사 아저씨가 얼마나 운전을 험하게 하는지 나는 손잡이를 꽉 쥔 채 외국 관광객들이 줄어 국민 경제에 타격을 입힌 것은 순전히 언론의 탓이라고 맞장구를 쳤다. 하루 종일 뉴스를 틀어놓고 여행을 취소해야 하나 가슴을 졸이며 고민했던 게 새삼스레 억울했다.

젊은 시절에 신문기자였던 나는 그 생리를 조금 안다. 매일 메꿔야 할 기사 분량이 있고, 행여나 다른 신문사에 특종을 놓치면 절대로 안 되는 긴박감도 이해한다. 그렇더라도 언론사의 말 한마디가 국민들에게 미치는 영향을 간과해서는 안 된다고 본다.

내 마음을 더 불편하게 하는 것은 외국어 남용이다. 방송 프로그램 제목에 외국어가 왜 그렇게 많은지. 그 좋은 우리말은 다 어디다 팽개치고 남의 나라 말을 그렇게 남용하는지 분통이 터질 노릇이었다.

'어송포유' 나는 이게 '관포지교' 같은 사자성어인 줄 알았다. 몇 번을 되뇌고 나서야 이것이 '당신을 위한 노래 한 곡'이라는 깨달음이 왔다. '라스트'를 '마지막'이라고 하면 격이 떨어지기라도 하나? '미세스캅'이라고 하면 형사 아줌마 연기가 더 멋있어 보이는가.

내가 즐겨보는 프로그램 중의 하나가 '삼시세끼'다. 정선이라는 시골 마을에서 유기농으로 농사를 지으며 가마솥에 밥을 해먹는 프로그램에서 염소와 강아지 이름을 꼭 그런 식으로 지어야 했는지 묻고 싶다. 염소 이름을 왜 '다이아'라든가 '펄'이라고 지었는지도 이해가 안 되지만 강아지 이름은 한술 더 뜬다. 에디, 사피? 고정출연자조차 알쏭달쏭해서 제대로 이름을 못 부르고 있을 정도다. 1960~70년대에는 개 이름으로 '쫑'이 많았다. 미국 남자에게 흔한 이름인 '존'을 본떠서 '쫑'이라고 불렀다는 설명을 어디선가 듣고 개에게 사람 이름을 붙이는 건 옳지 않다고 생각했던 기억이 있다.

방송인들이 쓰는 말에도 거슬리는 게 한두 가지가 아니다. '워킹맘'이라니? 워킹맘은 '걸어다니는 엄마'라는 뜻이다. 한글 표현상 그럴 수밖에 없다면 발음할 때만이라도 '월킹 맘'이라고 해야 옳다. '직장가진 엄마' 또는 '일하는 엄마' 라고 하면 얼마나 정답고 좋은가? 이런 사람들이 외국어를 잘 모른다는 이유로 시골에 사는 노인들을 웃음거리로 만들고 있으니 '똥 묻은 개가 겨 묻은 개를 나무라는 격'이라고밖에 볼 수 없다. 아파트에 발음하기도 힘든 외국 이름을 붙이는 이유는 도대체 무엇일까? 시어머니가 못 찾아오게 하려고 라는 농담으로 가볍게 넘길 일이 아닌 것 같다.

혹자는 세계가 하나로 좁아지고 있으니 어려서부터 아이들이 영어를 익혀야 하기 때문이라고 말할지 모르나 나는 거기에 동의하지 않는다. 쫀득쫀득한 우리말의 맛을 채 익히지 못한 아이들에게 남의 나라말을 가르치지 못해 안달을 해서 어쩌자는 것인지. 이제 겨우 말을 배우기 시작하는 쌍둥이 아이들이 삼촌을 부르자 서둘러 엉클이라고 고쳐주는 연예인에게 만정이 떨어져 나는 그가 나올 차례가 되면 고개를 돌린다. 내 경우, 오랜 세월 외국에서 살며 영어와 한국말을 섞어 쓰다 보니 어휘가 형편없이 줄었다는 것을 통감하고 있어 한국의 실정이 더 안타까운지도 모르겠다.

이번 여행을 계획하며 딸 부부와 내가 가졌던 바람 중의 하나는 아이들에게 한국말을 할 기회를 갖게 하자는 것이었다.

여덟 살짜리 손자는 학교에서 일 주일의 반을 한국말로 수업을 받는다. 엘에이에는 아이들에게 다문화를 접할 기회를 주자는 취지에서 몇 년 전부터 그렇게 특수성을 띈 공립학교가 실험적으로 운영되고 있다. 2년째 그 학교에 다니는 손자 녀석이 말은 알아들으면서도 좀체 입을 떼려들지 않아 우리는 이번 기회에 기대를 많이 걸고 있었던 것이다.

그러나 기대는 완전히 빗나갔다. 우선 한국에 있는 아이들이 영어를 잘 했다. 그리고 아이들이 같이 노는데 반드시 언어소통이 필요한 것은 아니었다. 한국말을 전혀 모르는 네 살짜리 손녀와 영어를 한마디도 못하는 언니의 손녀딸은 나란히 누워 서로에게 말을 가르쳐주고 발음까지 교정해주며 잘 놀았다. 아이들은 많은 친척들과 어울려 놀 수 있는 한국을 너무 좋아했다.

집으로 돌아오기 며칠 전, 분당에 있는 하나로 마트에 갔다. 내가 사는 오하이오 촌동네에서는 볼 수 없는 신선한 식재료들이 그득 쌓여있는 걸 보니 피곤이 싹 가시며 신이 났다. 모자 쓴 아주머니가 권하는 따끈한 만두도 집어먹고, 작은 컵에 담아놓은 믹스 커피를 홀짝거리며 돌아다니다 보니 매장 안 저쪽 벽에 오렌지색 페인트를 배경으로 '데일리' 라고 커다랗게 쓰여있는 것이 눈에 확 들어왔다. 그 옆에는 수줍은 듯 약간 작은 글씨체로 daily라 쓰여있었다. 하나로 마트는 농협에서 관장한다니 신선한 농산품뿐 아니라 매일 무언가 새로운 걸 만들어 파는가 보다싶어 서둘러 그쪽으로 갔더니 웬걸, 그곳에는 우유, 버터, 치즈 등 유제품들이 진열되어 있었다. 유제품은 데일리(daily)가 아니고 데어리(dairy)가 맞다. 그냥 유제품이라고 쓰면 좋을 것을 왜 구태여 이렇게 써서 사람을 몸 둘 바 모르게 만드는지…….

독도는 우리 땅이라고만 외칠게 아니다. 이러다가는 아름다운 우리말을 다 잃어버릴 판이다. 일제강점기 시절 창씨개명을 반대하다 목숨을 잃은 선열들에게 부끄럽지 않으려면 아이들에게 우리말과 글에 대한 자존심을 심어줘야 한다는 생각이 든다.

이번 여행에서 친척들과 어울려 지낸 것 다음으로 우리에게 큰 기쁨을 준 것은 음식이었다. 우리나라 보다 더 맛이 뛰어나고 다양한 음식을 자랑할 수 있는 나라가 이 세상에 또 있을까. 건강 면에서 보자면 단연 추종을 불허한다. 종류도 무궁무진해서 3주간 동안 가능한 많은 음식을 맛보려 했지만 어림도 없어 아쉽게 돌아서야 했다. 이렇게 좋은 음식과 더불어 아름다운 우리말이 오염되지 않고 오래 보전되었으면 좋겠다.

전자파에 갇히다

임덕기
[국문 72, 수필]

임덕기

전철 승강장에 스크린도어를 발 빠르게 설치했다. 그동안 난간으로 걸어 다니는 사람을 보면 떨어질까 마음 졸였는데 이제 한시름 놓는다. 공기도 어느 정도 좋아지고 전자파도 막을 수 있으리라는 안도감이 든다. 승강장 입구 천장에는 일정한 간격으로 모니터가 매달려있다. 통로 천장에도 듬성듬성 있다. 그 아래로 사람들은 무심한 얼굴로 지나다닌다.

언젠가 수많은 모니터들이 정전으로 일순간 정지된 적이 있다. 눈에 보이는 화면들이 모두 뿌옇게 되었다. 위급한 상황에 전기가 끊어지면 편리한 문명 이기들도 아무 소용없지 싶다.

온종일 스마트폰, 컴퓨터, 복사기 앞에서 씨름하는 직장인과 텔레비전, 전자레인지, 청소기, 드라이어가 있는 집에서 일하는 주부도 전자파에 쉽게 노출된다. 전철 안팎은 물론 승강구의 모니터, 병원에서 촬영하는 씨티, 그 밖의 의료기기에서도 전자파는 나온다. 사람들은 알게 모르게 전자파 안에 갇혀 허우적거리는 셈이다. 그것은 편리함을 담보로 우리가 지불하는 값비싼 대가이다.

날이 갈수록 더 빠르고 더 성능 좋은 신제품을 개발하려고 제품마다 열을 올린다. 과연 무엇을 위해 무한경쟁을 하고 있을까? 아무리 편리한 생활용품이 쏟아져 나와도 사람들의 즐거움은 오래가지 않는다. 물질로 얻은 만족감은 잠시일 뿐이다.

퇴근 시간에는 전철 안이 사람들로 붐빈다. 문이 막 닫히려는 순간 앞자리에 앉아있던 아주머니가 황급히 뛰어나간다. 생각지 않게 빈자리는 내 차지다. 날이 갈수록 전철 안에는 책 읽는 사람보다 스마트폰 들여다보는 사람들이 더 많다. 그들은 다른 사람을 따라 무심코 스마트폰을 들여다본다. 그렇게 하지 않으면 남에게 뒤처지는 느낌이 들어 게임이라도 하는 것일까.

앞자리에 앉은 사람들 눈길이 온통 스마트폰에 고정되어 있다. 내 양옆에 앉은 젊은 남녀도 화면에서 눈을 떼지 못한다. 내 앞에 서 있는 남학생은 바로 내 코앞에서 게임을 한다. 스마트폰은 모두 내 머리 가까이에 있다. 순간 나는 전자파 안에 오롯이 갇힌 셈이다.

어떤 젊은이는 사람들을 직접 만나지 않아도 컴퓨터와 스마트폰만 있으면 살아가는 데 별 불편이 없다고 한다. 그들에게 스마트폰은 이제 몸의 일부처럼 여긴다. 잠시라도 없으면 불안해한다. 사람들은 당장 눈앞에 보이는 편리성으로 눈에 보이지 않는 건강을 잃기 쉽다. 자신도 모르는 사이에 전자파가 큰 재앙을 몰고 우리를 찾아올까 두렵다.

요즘 어미들은 돌도 되기 전 아이들에게 스마트폰을 예사로 준다. 밥을 잘 먹지 않거나 우는 아이를 달래려고 스마트폰으로 만화를 보여주곤 한다. 아이를 앞으로 들쳐 안고도 손은 스마트폰에 가 있다. 아이 머리 뒤에서 메시지를 누른다. 애어른 할 것 없이 일찌감치 기기의 편리성에 빠져들어 전자파 피해는 날이 갈수록 더 늘어나리라.

지난해 여름이었다. 종합병원에 입원한 친척 병문안을 간 적이 있다. 뇌 병동 한 입원실에는 이삼십 대 젊은 남자들 네 명이 뇌수술을 기다리며 침대에 누워있었다. 한창 물오른 나무처럼 건강해야 할 그들이 힘없이 누워있는 모습이 안타까웠다. 그들 중에는 젊은 회사원도 있고 결혼해서 아이가 있는 남자도 있었다. 그 모습을 보자 마음이 착잡해졌다.

얼마 전, 뉴스에서 전자파가 뇌종양과 상관관계가 있다는 연구결과를 보았다. 그 젊은이들이 문명의 이기인 전자파에 역습당한 게 아닐까 싶다. 편리함만을 추구하는 물질문명에 전자파가 쐐기를 박는 건 아닌지 모르겠다.

4부

시간의 끈

고
임
순

골목길

고임순
[국문(대학원) 58, 수필]

세월은 시냇물 되어 흐르면서 기억들은 물에 씻긴 조약돌처럼 반들거리며 남는 것일까. 이 세상에 태어나 사는 동안 얼마나 많은 길을 걷고 또 걸었을까. 지금까지 걸어 다녔던 길들이 아련히 떠오른다.

흙먼지 부옇게 일던 신작로, 돌부리에 넘어져 무릎을 깨고 울던 골목길, 납작한 초가지붕이 이어진 산동네 후미진 언덕길 등. 호기심이 남달랐던 나는 구불구불 끝이 보이지 않아 궁금했던 골목길에 더 흥미를 느껴 곧잘 해찰하면서 다니기를 즐겼다.

길은 우리에게 가장 서정적인 공간이다. 떠남과 돌아옴의 길, 집을 떠나 주어진 일들을 부지런히 마치고 다시 보금자리 내 집으로 돌아오는 길, 걸을 때마다 그 길들이 마치 우리 몸속의 혈맥처럼 땅을 누비고 있는 것 같다는 생각이 들었다.

때로 승용차를 몰고 고속도로를 쾌적하게 달리며 속도감을 즐기노라면 인간승리감과 함께 현대를 사는 보람을 느끼기도 한다. 그렇지만 소달구지 덜컹대던 시골흙길이 말끔히 아스팔트로 포장된 것을 보면 서정시를 잊어버린 것 같은 아쉬움이 이는 것이다.

누가 길을 '부름'이라 했던가. 길 막다른 골, 맨 끝이는 제각기 희구하는 대상들이 손짓하고 있어 지남철처럼 끌려간다. 강 건너 학교가 징검다리로 나를 부르는가 하면, 산동네 숙이네 사립문이 오솔길로 나를 불렀고, 가로수 이어진 신작로가 도시로 나를 불렀다. 이 모두가 희망이기도 하고 기다림이기도 한 길의 부름이 아니던가. 길은 희망을 따라 떠나라 부르고, 그리움을 간직한 채 돌아오라고 말한다.

떠남과 돌아옴의 길. 그 길은 희망이라는 미래와 그리움이라는 과거로 낯선 사람들과 인연을 맺게 한다. 이렇게 너와 나의 만남의 열매가 결실되고 그 만남은 곧 열림으로 이어진다. 그 열림은 또 인연을 묶는 매듭이 되어 사람의 운명을 바꾸어 놓는다.

내 20대 중반, 비원에서 원남동 로터리로 가는 돌담길은 우거진 오동나무 가로수가 운치를 더해주는 산책로였다. 우측 담을 끼고 내려가다가 그 끝자락에 자리한 우체국 옆길로 들어가면 종묘 담을 향해 골목길들이 문어발처럼 뻗어있는 동네가 나온다. 그 첫 골목에는 작은 집들이 옹기종기 이어지다가 중간쯤에 아담한 2층 양옥이 이방인처럼 서 있고, 그 막다른 곳, 나무가 무성하게 우거진 종묘 담 밑에 푸근한 'ㄷ'자 한옥이 있었다.

매일 아침, 삐걱하고 커다란 한옥 나무대문을 밀고 나가는 나를 양옥집 베란다에 서서 바라보던 낯선 청년은 재빨리 골목 어귀로 내려가 우연인 척 맞아주었다. 그런데 고개를 빳빳하게 쳐들고 다녔던 내 눈에는 그 청년이 보이지 않았다. 그렇게 오만무례하게 굴던 나에게 그는 아랑곳없이 끈질긴 구혼 공세를 퍼부었다.

결혼과 학문의 기로에서 불거진 갈등, 이번만큼은 혼기를 놓쳐서는 안된다는 것이 부모님의 완강한 뜻이었지만, 나는 대학원을 마치고 미국유학까지 할 꿈을 버릴 수가 없었다. 더 넓은 길로 나가 국제적으로 활동하고 싶은 일념으로 평생 독신으로 살겠다고 고집했던 시절, 그러나 골목길 인연을 하늘의 뜻으로 받아들인 우리는 마침내 결혼하기에 이르렀다.

그리고 10년, 그 큰 꿈을 접고 시부모님 모시고 3남매 키우며, 소리 없이 살았던 마포 신수동 집도 언덕바지에 있는 골목길에 있었다. 아이들이 공을 차며 뛰놀고 시어머님께서 동네 어르신들과 담 그늘에서 담소하시던 길. 밤늦게 귀가하는 남편을 희미한 가로등불 아래서 하루살이를 쫓으며 기다리던 골목길.

어느 날이던가. 참으로 오랜만에 딸 집을 찾아오신 친정 부모님, 하룻밤 주무시고 가시라는 내 간곡한 청을 뿌리치시고 저녁 식사만 하시고 서둘러 대문 밖으로 나가셨다. 어서 들어가라고 지팡이에 의지하여 손짓하시던 어스름 저녁. 눈물 머금고 멍하니 서 있는 나를 자꾸 뒤돌아보시며 "또 오마" 하셨지만 다시는 올라오시지 못하고 말았다. 조심조심 밟고 가신 한 발자국마다에 구부정한 부모님 뒷모습이 각인되어 버린 한서린 골목길.

세월은 흘러 이제 재건축 붐으로 우리의 발자국이 밴 골목길과 주택들은 사라졌다. 원남동 골목은 도시계획으로 확장되어 현대식 빌라가 건축되고, 신수동 언덕은 고층 아파트 숲으로 탈바꿈했다. 무엇인가 보물을 묻어둔 골목길에 대한 향수가 사라지고만 것 같다.

대인은 대로로 가라 했는데 나는 아직 소인인가. 지금도 역시 골목길 체질인지 큰길보다 골목길을 선호한다. 좀 돌아서 가더라도 꼬불꼬불 골목을 누비고 다니면서 주변을 돌아보며 추억에 잠기는 즐거움을 누린다.

그 길에는 꿈꾸던 내가 보이고, 오순도순 나누던 우리의 사랑 얘기도 들린다. 우리들의 호흡이 깔려있는 길. 서민들의 애환이 서려있는 골목길을 기웃거리면 마음이 푸근해진다. 아무렇게나 놓인 손때 묻은 살림 도구들이 반짝이면서 깊은 삶의 미로를 더듬게 한다.

반쯤 열린 양철대문에 기댄 녹슨 자전거. 장독대 위 사과상자 속에서 웃고 있는 봉숭아꽃 두어 송이, 금이 간 시멘트 담을 타고 올라간 나팔꽃. 고무대야 속의 수북한 빨래와, 빨간 비닐 새끼줄로 맨 빨랫줄 가득 펄럭이는 옷가지들. 비 오는 날이면 흙탕물이 고이고 어디서 구수한 된장찌개 남새가 풍기는 골목길.

우리 부부 해로의 인생길도 이런 골목길인 것을. 욕심 부리지 않고 한 발 한 발, 내디딜 수 있는 공간이 있다는 것만으로 우리는 얼마나 행복했던가. 고단하고 힘들어도 꾸준히 걸어온 이 우회로迂廻路. 앞으로 내가 걸어갈 길이 얼마나 남았을까, 생각에 잠겨 아직 시들지 않은 내 꿈에 생수를 뿌리며 내게 남겨진 골목길 인생을 조용히 누릴 것이다.

신도자

회한과 그리움의 시간들

신도자
[국문 60, 수필]

오늘 아침 KBS '아침마당' 프로의 주제는 '부부가 함께 해서 본전도 못 찾는 몇 가지'이었다. 출연한 게스트들은 하나같이 배우자에 대한 불만들을 털어 놓았다. 명절 같은 날 친정에 함께 갔을 때, 또는 함께 차를 타고 갈 때, "당신 운전 똑바로 못해?" 라든가, 쇼핑을 같이 할 때 서로의 취향이 맞지 않아 곤란을 겪은 이야기 등등, 불만들이 끝이 없었다. 그리고 보면 부부가 서로 꼭 맞아서 사는 경우가 극히 드문 듯하다.

그런 이야기들을 들으면서 나는 그동안 까맣게 잊고 있던, 이미 내 곁에 없는 남편과의 40여 년 결혼생활을 한 번 뒤돌아보게 되었다. 남들이 보기에는 서로 나무랄 데 없는 꽤 괜찮은 부부 사이로 보여 왔던 우리 부부다. 그러나 사실, 우리 부부는 성장 환경이나 성격, 생활습관, 취미 그리고 식성에 이르기까지 하나도 닮은 구석이 없었다. 또한 힘들고 어려울 때도 마음으로 서로 보듬어주거나 위로해주지도 못하면서 그 긴 세월을 살아왔다.

어려서부터 병약한데다 막내딸이어서인가, 나는 늘 모든 사람들의 배려와 보호 속에서 살아왔다. 그래서인지 유난히 남이 다독거려주는 것을 좋아했으며, 어딘지 맹하고, 어수룩한 면도 있었다. 내 남편의 말은, 그 점이 나의 매력이었다고 했다. 성품도 싹싹하고 애교도 많은 편이어서 일본 아이 같다는 말도 자주 들었다. 그런 반면, 평안남도와의 경계에 있는 소도시인 황해도 '곡산군'이 고향인 남편은 전형적인 한국남자여서 표현에 서툴고, 감싸주거나 배려해주는 방법을 잘 모르는 무덤덤하며 무심한 성품이었다.

그런데 어쩐 일이었는지 우리가 처음 가까이 지나게 되었을 무렵에는 8남매의 장남인 그는 마치 오빠나 삼촌처럼 무거운 가방도 잘 들어주면서 나를 편안하게 대해주었다. 그때는 나를 향한 간절한 마음에서였는지 몰라도 때로는 집시들이 연주하는 감미로운 바이올린의 선율이 흐르는 아늑한 카페나 음악회 또는 내가 좋아하는 오페라 공연에도 자주 가주었다. 그런 것들이 분위기에 약한 나의 마음을 사기에 충분하였던 것 같다.

결혼을 하고 나서 정신이 들고 보니, 그는 모든 면에서 나와 너무나도 달랐다. 결혼과 함께 그가 '키일' 대학에서 '본' 대학으로 옮겨온 후 우리는 저 유명한 '로렐라이'에서 그리 멀지 않은 라인강가에서 새살림을 차렸다. 저녁이면 함께 아이쇼핑도 하고 라인강가를 산책도 하고 주말이나 연휴에는 야외로 드라이브와 피크닉도 즐겼다. 또 방학 때는 이곳저곳으로 천막여행도 하면서 큰 불만 없이 지냈다. 그러나 7년여의 유학생활을 끝내고 귀국한 후 갑작스런 환경의 변화와 안정되지 못한 생활 탓이었는지, 또는 늘 강의 준비와 글을 써야 하는 학자라는 직업의 특성 때문이었는지 몰라도 점점 무심해져 가는 것이었다. 더구나 축구와 운동을 유난히 좋아하던 남편은 한번 TV 삼매경에 빠지면 옆에서 말을 붙여볼 엄두도 낼 수 없었다. 그가 축구시합에 열중할 때면 남편은 마치 TV 속에 빨려 들어갈 듯 몸까지 앞으로 내밀며 경기에 집중하는 것이었다. 한번은 제자가 우리집을 방문한 일이 있었다. 남편은 한참 축구경기를 보고 있는 중이었다. 축구경기에 나선 선수같이 몸까지 움직여 가며 열중하자 "교수님은 마치 자기가 축구경기에 뛰고 있는 것 같으십니다"라는 것이었다. 지나치게 TV에 집착하는 남편에게 "당신은 TV하고 결혼하지 왜 나하고 결혼했어요?" 라고 투정을 부린 일도 있었다. 그러면서 우리의 대화는 점점 줄어들기 시작했다.

어느 해 결혼기념일이었다. 나는 남편에게 저녁 시간을 비워놓으라는 연락을 한 후 그가 근무하는 대학으로 갔다. 기다리고 있던 남편을 차에 태우고 길을 떠났다. 전망이 아름다운 하이얏트 호텔 레스토랑에서 분위기 있는 식사를 나누고 싶어서였다. 운전석 옆자리에 앉은 남편은 한참을 가도록 묵묵부답으로 침묵을 지키고 있었다. "당신, 내가 어디로 가는지 궁금하지 않아요?" 하고 묻자 "설마 죽이려야 가겠소?" 하는 것이었다. 그의 무뚝뚝함은 그 끝이 안 보였다.

"당신은 꼭 나무토막같이 투박해" 라며 어쩌다 투정하면 "흥, 나는 밖에서는 인기가 많은데 신도자에게만 인기가 없어" 라고 했다. 학생들이나 남들에게는 그리 무뚝뚝하지만은 않고 조금은 인기가 있는 모양이었다. 또 내가 어떤 때 다정다감하게 애교라도 부려보면 "당신 뭐 잘못 먹었어?" 하며 퉁명을 떨었다. 원래 서울사람들은 마음이 약하고 비위가 없는 편이다. 나 역시 그의 퉁명스런 핀잔에 그만 머쓱해져서 뒤로 물러서게 마련이다. 나를 받아주지 않는 사람과 오랜 시간 동안 살다보니, 어느새 나도 모르게 무덤덤해져서 집에 들어가면 말수가 줄어 남편과의 대화도 별로 없어졌고 애교도 점점 사라져버리는 것 같았다.

1960년대 말에 귀국한 이후로 30여 년 동안 우리는 열여덟 번의 이사를 했다. 1960~70년대에는 전세계약 기간이 6개월이어서 6개월에 한 번씩 자주 이사를 했기에, 나중에는 당장 필요한 책과 그릇만 내놓고 짐을 모두 풀지 않은 채 방 하나에 쌓아놓고 지냈다. 드디어 몇 년 만에 작은 아파트를 마련하여 이사를 했고 그 이후에도 수없이 이사를 했건만, 남편은 전세를 가거나 집을 사서 가거나 집값이 어떻든 위치가 어디든 모두 내게 맡긴 채로 나 모르거라 하다가 이사하기 하루 이틀 전 쯤 이사할 집에 들러 슬쩍 둘러본 후 "괜찮군" 하곤 했다. 완전히 옆집 불구경하듯 하는 것이었다. 그렇게 무심할 수가 없다. '무심'의 극치라고나 할까.

나는 남편이 너무나도 배려와 사랑이 없는 사람 같아서 늘 가슴 한 구석이 빈 듯 무언가 부족하고 허기진 것만 같았다. 그러나 오랜 세월을 함께 살면서 나 나름대로 터득한 것이 있다. 내 남편이 비록 내가 꿈꾸어 왔던 다정다감하고 섬세한 이상형은 아닐지라도 나를 믿고 존중하면서 모든 것을 내게 맡기며 나를 귀찮게 하지 않는 무던하고 성실한 사람이라는 것은 사실이었다. 그리고 '박사재조공장'이라는 별명을 들을 정도로 수많은 제자들을 박사로 키워내서 교육계로 내 보낸 능력 있는 사람이었다. 또한 대인관계에서나 사회적으로나 나름대로 인정받고 존경받는 위치에 있는 사람이라는 것, 그리고 독실한 기독교신자로서 늘 올바르고 성실하게 살아온 아이들에게는 그럴 수 없이 인자한 아버지였다는 것, 만이라도 감사하게 생각해야 하겠다며 스스로 위로를 받곤 했다. 어차피 마누라는 무엇이든 하자고 하면 "안 해요, 안 해요" 라고 해서 '아내'이고 남편은 '남의 편'이라 남편이라고 하는 말도 있지 않은가? 그만큼 부부는 남남끼리 모여서 서로 맞지 않으면서도 불만과 갈등 속에서 함께 살아가는 모양이다.

실은 남편이 다섯 살 때 생모를 여의고 삼형제가 새 어머니 밑에서 사랑을 모르고 살아온 그이기에 여자를 배려하고 사랑하는 방법을 모르지 않았나 싶어서 한편으로는 가슴이 쓰려오기도 한다. 비록 무뚝뚝하고 잔정이 없는 남편일지라도 지금 곁에 있어 노후를 함께 걸어갈 수 있다면 얼마나 좋았을까, 하는 아쉬움을 갖게 된다.

지금 밖에는 아침부터 온종일 봄을 재촉하는 가랑비가 촉촉이 내리고 있다. 내 마음속의 회한과 그리움의 모습과도 같은 쓸쓸한 비다.

장명숙

아스티의 49재

장명숙
[불문 62, 수필]

가까운 동창생 S는 자기 집에서 일어난 일을 낱낱이 내게 알려주곤 하는 재미있는 친구다. 프랑스 파리에 사는 S의 딸, 은영이가 얼마 전 전화를 걸어 왔다. 전화를 받자마자 은영이가 통곡을 해서 무슨 큰 사고라도 났는지 염려가 되었다. 자초지종을 들어보니, 은영이가 애지중지하고 키우던 고양이 아스티가 늙어서 세상을 떠났다는 이야기였다.

S는 우선 은영이를 안정시키려고 위로의 말을 건넸으나, 막무가내로 계속 울어댔다. 울음을 달래주려고, 슬픔을 나눠주려고 궁리하다가 번뜩 '49재'라는 불교의식이 떠올랐다. 49재란 불교에서 세상 떠난 사람의 영혼을 극락세계로 인도하기 위해 매7일마다 일곱 번 재를 올려 그 영혼을 위로하는 의식이다.

그런데 고양이에게 49재라니, 은영이는 엄마의 제의에 귀가 번쩍 뜨여 그렇게 해줄 수 있느냐고 되물었다. S는 해주마고 약속해서 은영이를 안정시킬 수 있었다. S는 가톨릭신자인데 어떻게 불교의식을 들고 나왔을까?

S는 어렸을 때 친정어머니가 절에 늘 다니셔서 절의 풍습을 비교적 잘 알고 있었다. 문득 어머니가 아시던 스님에게 부탁하면 될 것 같은 생각이 들었다.

아스티는 은영이가 성장하여 결혼한 이후에도 계속 가족의 일원으로 오랫동안 사랑을 주고받으며 지냈으니 그 상실감이 어떠했겠는가 짐작된다. 아무튼 아스티의 혼을 위로해주게 되었으니 동물일지라도 극락에 가서 편히 쉬리라고 믿는다.

아스티는 원래 은영이의 프랑스 친구 소피의 고양이였다. 은영이가 프랑스 파리에 근무하게 된 부모를 따라 초등학교 5학년 때 가서 같은 반 소피를 알게 되었는데, 그 집의 고양이 이름이 아스티였다. 소피의 엄마가 재혼한, 소피의 의붓아버지가 고양이를 아주 싫어해서 누구에게 주든지 없애버리라고 했기에, 어린 소피는 고양이의 처분을 두려워하며 친구들에게 그 사정을 이야기했다.

은영이는 그 딱한 사정을 집에 와서 부모님께 설명하고 데려다 키우고 싶다고 하여 은영이의 고양이가 되었다. 그 후 줄곧 20년을 같이 살았으니 사람으로 치면 백수를 다한 셈이다.

아스티는 온몸이 숯같이 까맣고 보석처럼 빛나는 초록색 눈을 가진 아주 영리한 고양이다. 눈을 마주칠 때마다 사랑의 호르몬인 옥시토신의 농도가 배로 증가하는 것 같다고 은영이는 늘 얘기했다. 둘의 사랑은 점점 커져만 갔다. 옥시토신은 사람과 동물 사이라도 눈을 서로 마주보고 사랑의 감정을 주고받으면 분비되는 사랑의 호르몬이다.

아스티를 데려올 때 불쌍한 것, 가엾은 것이란 연민이 은영이의 마음속에 숨겨져 있었다. 그래서 둘 사이의 애정은 남달랐다.

프랑스 사람이 내친 고양이에 대한 한국 엄마의 제사는 진풍경이 아닐 수 없다. 아무튼 아스티는 죽어서 대접받은 유일한 동물일 것이란 생각이 든다.

주변에 애완견을 키우는 집이 많고, 개 줄을 잡고 다니는 아이들이 날로 늘어나고 있다. 우리나라에 천만 마리의 반려동물이 있다고도 한다. 동물먹이로 양고기, 소고기, 닭고기, 생선통조림 등이 진열대에 수북이 쌓여있는 것을 본다. 최근에는 동물전용 TV채널까지 생겨서 3만 명의 가입자가 생겼다니, 30년 전만 해도 상상치 못했던 일이다.

최근 이웃 나라 일본에서는 고양이가 명예 기차역장 노릇을 한다는 기사를 매스컴이 크게 보도했고, 미국에서는 막대한 유산을 자기가 기르던 고양이에게 남겨주고 떠나는 노인들도 있다는 기사를 보았다. 고양이 납골당도 있다고 하니 고양이는 이제 사람대접을 받는 시대에 이른 것 같다.

얼마 전 나는 교회에서 마포구에 있는 서부요양원에 봉사하러 갔다. 노인 할머니 한 분이 푸념을 하셨다. 너무 적적하고 외롭고, 사람 가난이 심해서 하루하루가 너무 지루하고, 소외당하고 있다고 하소연을 하셨다. 아들은 뉴질랜드에, 딸은 캐나다에 가 있어서 어머니 뵈러 오기가 힘들어 못 온단다. 이런 노인이 하나 둘이 아니다.

요즘 사회 돌아가는 것을 보면 어른은 내치고 애완동물은 집안으로 들여오는 현상이 두드러진다. 오죽하면 아들 집에 다니러 왔던 아버지가 "3번아 잘 있거라, 6번은 간다"고 써놓고 집을 나오셨다고 한다. 집안 서열에서 1번은 손자, 2번은 애완견, 3번은 아들, 6번은 아버지 자신임을 순위 숫자로 표시한 웃지 못할 현실이다.

낳아 주신 부모공경이 제일이건만 손자 놈은 1번이고, 6번으로 밀려난 아버지의 경우는 만들어낸 이야기겠지만 듣기에 너무 섭섭하다. 자식은 부모하기 나름이란 말이 있듯이, 부모들이 모범이 되어서 자식들을 올바르게 키우고 늙어서도 대접받는 풍토를 우리 스스로 이루어 나가야 한다는 생각이 든다.

사람이나 애완견이나 고양이나 늙으면 다 누군가의 보호를 받아야 하게 마련이다. 끝까지 건강하게 살다 가는 방법을 연구하고 노력하고 서로 정보도 교환해야 할 것 같다.

백일떡

김남주
[국문 63, 수필]

김
남
주

이사 온 16층 새댁이 백일떡을 가져왔다. 요즘 백일이나 첫돌을 집에서 하는 가정이 많지 않고 아파트로 이사를 와서 처음 받은 백일떡이라 놀랍고 반가웠다. 빈 접시에 지폐 한 장을 올리고 튼실하게 잘 키우라는 덕담을 얹어 주었다.

내가 태어난 1940년대만 해도 생활이 어렵고 의료 환경이 열악하여 산모나 신생아가 황당하게 죽는 예가 적지 않았다. 태어난 아기가 백일을 맞는다는 것은 그만큼 무탈하다는 의미였다. 그래서 세이레가 되면 산모와 아기의 무사함을 기뻐하는 삼칠일상을 차리는 풍습이 이어져 왔다. 이때 백설기를 쪄 가족이 나누어 먹으며 아기와 첫 대면을 한다. 세이레가 지나 백일을 맞는 아기에게는 백일상을 차려주었다. 그 중심에 백일떡이 있었다.

백일상에는 백세 장수를 기원하는 백설기와 액운을 닥아준다는 수수팥경단이 대세였다. 잘 차린 상에는 만물의 조화를 상징하는 오방색 송편이 놓였고, 단단하게 자라라는 기원이 담긴 인절미도 올렸다. 특히 백일떡은 백여 집에 돌려 나누어 먹어야 백 살까지 장수할 거라는 속설도 있다. 백일떡을 받은 집에서는 빈 접시에 타래실을 올려놓아 장수를 빌어주는 따뜻한 풍습이었다. 대부분 어려운 살림이지만 자랑스럽게 백일떡을 이웃에 돌리며 나누는 기쁨을 누렸다. 그리고 아기의 장수 기원도 받고 싶어 했다. 백일을 넘겼다는 사실은 축복이었다.

100세 시대를 예고하듯 정정한 칠팔십 세대가 많아졌다. 환갑은 물론이고, 고희 잔치를 하는 집도 가족끼리 조용히 지내거나 가족여행으로 대신한다. 그래서인가 백일잔치도 많이 준 것 같고 옛 풍습을 따라 백여 집에 떡을 돌리는 일도 별로 없다. 한다면 대개 외부 식당이나 전문업체에서 치르고, 외형만 백일상이지 담긴 뜻이 희석되고 오가는 정감을 느끼기도 부족한 듯하다.

아들 삼형제를 둔 우리집 백일 상차림에는 따뜻한 추억거리가 떠오르지 않는다.

살기에 바쁘고 고달픈 시절이었다. 첫 아이 백일을 넘기고 첫돌을 맞는 날 서툰 솜씨에 돌상을 차리고 처음으로 친정 식구들을 초대했다.

팔월의 찜통 같던 무더위에 집은 비좁고 시어머니와 시누이가 도와주셨지만 내겐 벅찬 일이었다. 부엌일에 서툰 솜씨를 알고 친정어머니는 민망하신 듯 백설기 한 조각을 입에 떼어 넣으신 후 서둘러 가시던 모습이 떠오른다. 그뿐이랴, 얼마나 두서없이 돌잔치에 골몰했으면 더위에 돌복을 벗은 돌잡이의 속옷이 떨어진 것도 모르고 입혔으니. 후에 남편이 안고 있는 아이의 사진을 보고서야 알 수 있었던 아픈 기억이다.

백일상은 고사하고 돌상도 제대로 차려주지 못한 아들들이지만 지금은 제 가정을 책임지고 제 몫을 하는 성인이 되어 늙은 부모를 걱정하고 있다. 이제 백일상을 차려주지 못했던 미안함을 내려놓아도 될 것 같다.

풍습이란 묘한 데가 있다. 요즘은 떡을 떡집에 맡기거나 떡 전문점에 주문해서 언제든지 어느 때나 먹을 수 있는 편한 세상이다. 그래서인지 집에서 백일떡을 해온 위층 새댁의 마음이 따뜻하게 더 귀하게 느껴져 흐뭇한 하루를 보낸다.

오세아

직업의 전문성

오세아
[영문 65, 소설]

갈 데라고는 슈퍼마켓, 북스 아 밀리언(책방) 그리고 캠퍼스 안에 있는 스타박스밖에 없는 미국의 시골 캠퍼스타운에서 몇 개월씩, 몇 번 지낸 적이 있다.

고등학교부터 소위 '합법적 가출'을 하고 있는 아들에게 엄마 밥을 먹이고 싶어서 은퇴하자마자 3년 방문교수 자격을 어렵게 얻은 후 가겠다고 통보하자, "그렇게 걱정되면 당장 짐 싸서 돌아오겠다"고 아들은 못 오게 으름장을 놓았다. 섭섭한 마음에 한동안 모른 체 지내다가 크리스마스와 새해를 함께 보내고 싶어서 어느 해 한 달 계획으로 갔었는데, 뜻밖에 아들은 "따뜻한 곳에서 겨울을 나고 가시라"고 붙잡았다. 아들이 사는 지역은 미국 중남부라서 겨울에도 영하로 내려가는 일이 거의 없는 따뜻한 곳이다. 비행기표며 상비약을 한 달 치만 가져간 터라 우리는 예정대로 돌아가야 하는데 아들은 비행기표도 바꾸고 준비해 가지 못한 두 달 치 약도 모두 해결해주었을 뿐만 아니라 짧은 겨울

방학 기간 중에라도 함께 여행할 작정으로 계획도 세워 놓았다. 어떤 방법으로 여행하는 것이 늙은 부모를 편히 모실 수 있나 주변 어른들에게 물어보고 의논하면서까지.

어쨌든 그 여행에서 우리는 아들의 치밀하고 세심한 배려와 행동, 계획성, 준비성 따위를 보고 놀라면서 "언제까지나 보살펴야 할 줄 알았는데 이젠 우리가 보살핌을 받는구나!" 느꼈고 "아 옛날에 우리 엄마도 날 보고 이런 기분이셨겠구나!" 하는 생각조차 처음으로 들면서 훌쩍 성숙한 아들과 3개월을 마치 정말이지 밀월처럼 보냈다.

돌아온 지 얼마 후, 우리는 세월호 사고를 보았다. 구조를 바라던 첫날의 초조함과 안타까움이, 속속 밝혀지는 상황과 행적을 보면서 놀람으로, 경악으로, 분노로 그리고 마침내 절망으로 바뀐 것은 우리뿐이 아니었을 것이다. 처음 사고에 접했을 때 바란 것은 승객의 무사함이었다. 속속 실려 나오는 사자死者를 보면서도 에어 포켓에 모여 구조를 기다린다든지 하다못해 표류하다가 어디 무인도에라도 상륙해서 구조를 기다리고 있을는지도 모른다는 실낱같은 희망을 품지 않은 국민이 어디 있으랴?

승선할 때 주민등록과 이름을 적는 것은 필수일 텐데 어떻게 승선인원조차 파악이 안 되고, 수하물은 묶지도 않고 출발할 수 있었으며, 구명동의는 모자라고 구명정은 작동여부를 출발 전에 검사도 하지 않은 채 떠났고…… 그 무섭고 깊은 바다를 항해하면서 가장 기본적인 것조차 하나도 제대로 지켜진 게 없고, 그런 위험에 노출되고 있는지도 모르고 그것을 승객들이 이용하고 있었다는 놀라움은 과적초과 몇 배, 몇 번 고친 낡은 배. 삼등항해사가 운항 따위에서 경악으로 바뀌더니, 배가 넘어진 뒤론 단 한 명도 살아나오지 못했다는 사실. 그리고 승객에겐 움직이지 말라고 방송하고 저희끼린 무전으로 연락해서 선장이란

자가 팬티 바람으로 해경의 배에 타는 그림을 봤을 때의 분노와 경악. 실망, 좌절감…….

기울어져가는 배의 갑판에서 마지막까지 승객을 구조하려고 애쓰다가 장렬하게 죽어가는 영화 같은 장면은 바라지도 않는다. 그러나 그가 선장이라면, 선장이라는 직업의식이 눈곱만큼만이라도 있었더라면 감히 그 따위 몰골을 보여줄 수 있었을까? 그 몰골을 보는 순간 "졌다"하는 어이없음과 함께 모든 바람은 수포로 돌아가고 분노가 치밀면서 바닥 모를 절망감을 맛본 것은 우리뿐만일까?

"숨은 것도 보신다는 하느님은 그 순간 어디에?" 이렇게 하늘까지 원망하던 마음은 속속 밝혀지는 사건경위와 속보에서 분명한 깨달음을 얻게 만들었다. 이 나라의 일꾼이 각자 제자리에서 제 할 일은 안하고 엉뚱한 짓만 하고 바랐다는 사실이 백일하에 드러나면서 그야말로 속속들이 썩고 썩은 사회. 정신 차리지 않으면 이 나라의 앞일이 정말 걱정이 되서 하늘에서 내린 경고라는 것. 그 경고를 위해 순진한 학생과 승객이 희생되었구나!

숭례문 화재 때도, 불이 다 꺼져가는 것을 보고 안심하고 잠들었는데 다음날 첫 뉴스에 나타난 몽탕 시커멓게 타버린 물골을 보았을 때 그 경악이 아직도 생생한데……. 지붕의 구조자체가 불씨가 남으면 다시 타게 되어있다는 것을 아는 직원이 하나도 없었다는 사실에 자괴감이 일게 만들더니……. 평생직장으로 알고 근무하는 그 많은 사람이 그럼 책상 앞에서 무엇만 했나? 그런데 세월호는 그걸 뛰어넘은 사실과 행적을 보여주면서, 바다, 해운, 배, 감독. 지시, 청, 위원회, 연합 이따위 기관에서 일하는 그 어떤 이도 믿을 수 없고, 그런 직장에서 일하던 직원은 결단코 그런 이름을 가진 또 다른 직장으로 옮기는 것은 결단코 막아내서 앞으로 그 자들은 남은 평생을 굽실거려야 먹고 살게 만들어야 한다더니…….

다시 간, 그 죽은 것처럼 정체된 시골에서, 실어다 주면 장이나 보고, 실어다 주면 책을 뒤적이고, 산책하던 길에 커피 한 잔 마시면서, 마치 피정온 기분으로 느긋하게 지낼 수 있었던 것은, 평생 대도시에서 살면서 이미 세상구경 다한 늙은이의 희망 없는 심정 때문이었으리라. 그래도 차로 오가는 길에, 산책길에, 이것저것 눈에 들어온 것은 냄비만한 흰 꽃이 핀 나무, 보라색 꽃이 환상적인 나무, 캠퍼스 안과 다운타운 외에는 인도가 전혀 없어 걸어 다닐 수 없는 도시를, 차도를 따라 걷는 흑인과 우리. 백 달러에 혈장을 팔기 위해 빌딩 앞에 길게 항상 줄 서있는, 청바지에 모자 달린 회색 티셔츠를 똑같이 입은 흑인 청소년들.

무엇보다 내가 놀란 것은 대학을 졸업하면 청소년들이 소위 우리나라처럼 대기업에 목매는 게 아니라 마켓, 책방, 대형 상점에서 일하고, 심지어 전당포에서 일하는 젊은이도 있고, 아들 말에 의하면 대도시로 취직해 나갔다가 고향이 좋아 되돌아온 청년도 많다는 것이다. 대도시의 맛이 들은 아들은 시골 구석에 박혀 공부해야 하는 제 처지를 탓하는데, 친구 중 하나는 벌어서 대학을 쉬며 벌며 다니느라고, 평생이 보장되는 직장을 기한제한에 놓쳐 결국 양복점 점원으로 일하는데 나는 그 친구가 그곳에서 일하는 것이 바람직해 보이지 않았다.

그런데 양복을 사러 갔다가 그 친구의 손님 대하는 태도에 나는 정신이 번쩍 들었다. 자신의 의사, 소위 권유나 추천은 쏙 빼고 고객이 바라는 옷 모양과 색깔 그리고 느낌과 취향을 귀담아 듣고 몇 벌이고 척척 참을성 있게(이쪽이 미안할 정도로) 양복을 대령하는 것도 놀라웠지만 일단 양복이 정해지자 그 양복에 어울리는 와이셔츠와 넥타이, 그리고 주머니에 꽂을 손수건까지 열 쌍 넘게 코디를 해주며 고르도록, 스스로 사고 싶도록 배열하더니, 그 다음에 다시 구두와 양말까지도 구색을 맞추도록 무언의 전시를 1시간 이상 하는 것을 보고 아! 이것도 하나의 전문직이구나! 느꼈다.

그때 그의 눈은 반짝이고 머리는 번쩍번쩍 돌아가고 손과 발은 재빨리 움직이면서 그야말로 전문성을 유감없이 발휘하는 것이었다. 남 보기에 좋든 말든, 모두가 각자 제자리에서 자기 일에 전문성을 발휘하며 최선을 다해 일하는 것이 그야말로 선진국 일원다웠다.

시간의 끈

김선진
[국문 66, 시]

어버이날. 구룡역에서 분당선을 타고 미금역에 내렸다.

미금역 7번 출구를 빠져나와 7번 마을버스를 탔다. 눈에 익은 도로와 가로수가 휙휙 지나가고 5월의 훈풍이 열어둔 차창을 통해 내 이마에 늘어뜨린 머릿결을 쓰다듬고 있었다.

마을버스는 가파른 언덕을 오르더니 육중한 건물 정문 앞에 나를 내려놓았다.

병원 로비를 지나 엘리베이터를 기다렸다. 오늘이 마침 어버이날이라 입원해있는 부모님을 뵈러온 자녀들과 가족들로 토비는 많이 붐비고 있었다. 올 때마다 느끼지만 병원은 늘 정갈하게 환자들을 보살피고 있는 듯했다. 늘 찾아뵙는 5층 1인실 병실 문을 열었다.

그곳에 5년의 긴 시간을 보내셨던 분이 오늘따라 그 모습이 안 보여 여쭸더니 6인실로 옮기셨다는 것이다. 5년이 지나도록 1인실에서 가족과 간병 도우미의 보호 속에 계시던 환자도, 가족도 남모르는 고통과 슬픔이 얼마나 크셨을까? 6인실 병실을 찾아가며 순간, 혼란의 늪에 빠진 듯했다. 6인실 병실의 문은 아예 활짝 열려있고 웅성대는 소리와 간병도우미도 세 분이나 있었다. 왼쪽 중간 병상에 하얀 짧은 머리의 반가운 얼굴이 보였다.

그분이 바로 나의 막내 이모님이시다.

5남매 형제자매 중 유일하게 생존해 계시는 막내 이모님.

언제나 얌전하시며 참 조신하신 여자 중의 여자이셨다. 이모부이신 남편에게도 돌아가시는 날까지 부덕을 잘 지키신 현모양처이셨다. 6월이면 밤새 떨어져 내린 감꽃이 새하얀 눈처럼 마당 가득 하던 부산 부평동, 우리집 대문을 들어서시던 고운 한복 차림의 이모님.

어린 내 눈에, 내 가슴에 박혀있는 아름다운 모습과 애잔한 추억들은 영원히 잊히지 않을 것이다.

내가 초등학교 4학년 때 부산 국제시장에 큰 불이 나서 신창동 우리집까지 화마에 빼앗기고 말았다. 졸지에 집을 잃은 우리 가정은 황당한 현실에 속수무책이었으리라 생각된다. 그땐 나도 너무 어려서 부모님의 암담한 심경을 잘 헤아릴 수가 없었다. 그 시절, 어머니와 남동생과 나는 부용동의 이모님 댁에서 몇 개월 생활한 적이 있었다. 아버지와 오빠는 다른 곳에 계셨다. 아마도 온 가족이 함께 신세지는 것은 현실적으로 불가능했으리라 생각된다. 이모님께서는 큰언니 댁의 불행을 선뜻 함께 껴안아 주신 것이다. 살아오며 "너의 이모 댁에 큰 신세를 졌었다"고 어머니께서 늘 말씀하셨다. 그 당시 이모님은 얼마나 힘이 드셨을까? 고지식하고 마음씨 좋으셨던 우리 이모부님. 농담 한마디 하실 줄 모르고 우스갯소리에는 허허허 큰 소리로 화답해주시던 분. 나의 어머니가 가장 좋아하셨던 제부였다. 그즈음 이모부님 침대 머리맡에 놓아둔 꿀을 사촌과 같이 몰래 먹어버려 혼났던 기억이 생각나기도 한다. 한국문학전집이 많아 이것저것 읽었던 그 시절이 나에게 알게 모르게 큰 자양분이 되었는지도 모른다. 가끔 양산 신평에서 내려오신 외할머니를 즐겁게 해드리려고 사촌 옥이와 함께 치던 민화투놀이가 나의 평생을 통한 화투와의 만남이었다. 그 시절의 그리움이 가끔씩 생각이 나지만 화투놀이의 매력은 이 나이까지 까맣게 모르고 살고 있다. 이모님 댁에 살면서 이모부님께 정성을 다 하시던 이모님을 많이 뵈었다. 늘 보양식을 만드시고 가지로 만드는 약지를 밥상에서 떨어지지 않게 하셨고 남편을 떠받드시는 모습이 지금도 어제처럼 생생히 떠오른다. 삼 남매 자녀분들 모두 잘 성장하여 훌륭한 가정을 이루고 사는데 연로하신 이모부님께서 돌아가시자 지아비를 불시에 잃어버린 지어미는 점차 삶의 의욕을 잃으시는지 스스로 가늠할 수 있는 건강을 지켜나가기엔 많은 애로가 함께 했다.

아들과 딸들, 사위와 며느리, 가족 모두의 사랑과 정성으로 오늘까지 이어 왔다고나 할까?

이모님께서는 내가 찾아뵐 때마다 나의 어머니 말씀을 많이 하셨다.

"나는 우리 새이(언니)를 못 잊는다. 나는 우리 새이 가르치는 대로 살아왔다. 우리 새이 너무너무 보고 싶다" 한동안 어머니에 대한 기억을 많이 들려주셨고 노래도 가끔 부르시며 내가 들려 드리는 우스갯 소리를 들으시곤 박장대소도 많이 하셨다.

그런데 5년이란 세월은 그 고우시던 모습에서 웃음을 앗아가고 나날이 기억의 세포들을 거두어 가시는지, 한 해 한 해 자꾸만 쇠잔해 가시는 이모님을 뵙고 돌아가는 발걸음은 천근만근 바윗덩이를 매단 것 같았다.

창공에 연줄을 풀면 풀수록 연이 바람을 타고 하늘 높이 날아가듯이 시간의 끈도 풀면 풀수록 하늘 높이 드높이 인연의 고리가 이어질 수 있을까?

이 세상에 유일하게 살아계시는 이모님!

어머님 가신 지 삼십여 년이 지나 어머니 본 듯이 뵙고 살고 싶었는데 이 세상 모두가 영원하지 않음을 이 나이에 와서야 깨닫게 되다니.

어디 가서 시간의 끈을 마음껏 풀어볼 수 있을까?

사랑하는 나의 이모님! 부디 하루 빨리 쾌차 하시옵소서.

내 삶의 멘토

김행숙
[심리 66, 시]

김행숙

김재은 교수님을 처음 만난 것은 대학에 입학하고 나서였다. 우리 과에는 서울대학 동기동창 교수님 세 분이 계셨다. 젊은 선생님들은 활기가 있었고 언제나 어우러진 분위기로 우리를 이끄셨다. 그중에서도 김 교수님은 우리에게 꿈을 갖도록 지도하셨다. 무척 다재다능하셔서 문학, 음악, 미술 등 모든 예술 장르에 대해서 해박한 지식을 가지셨다.

40년 대학에 재직하는 동안 온갖 보직을 두루 거치시고 나중에는 대학원장도 하셨다. 교수님을 뵐 때마다 끝없는 정열과 노력에 대해 흠모하고 존경하지 않을 수 없었다. 선생님의 심리학에 관한 저서는 90여 권에 이른다. 공저까지 합하면 130여 권이나 된다. 발달심리학, 자녀 교육, 예술 창의성, 예술 심리학 등 폭넓은 분야까지 파고들어 선생님의 책을 읽으면 읽는 이로 하여금 많은 것을 느끼게 한다.

뿐만 아니라 30년간 모은 골동품과 예술품 1,000점을 이대박물관에 기증해서 우리를 놀라게 하기도 했다

나의 아이들이 대학원에 입학했을 때 세 분 선생님들이 정년퇴임한다는 소식이 들려왔다. 나는 서둘러 퇴임식장에 참석했다. 퇴직하기에는 아직도 젊은 세 분 교수님들의 회고와 인사말이 있었다. 자유로운 몸이 된 것 같은, 이제부터 정말 할 일 많은 선생님들의 환호소리가 들리는 듯했다.

은퇴 후에 선생님은 창의성연구소 소장, 가족학회 회장을 지내셨으며 영재아동에 대한 연구를 집중적으로 하셨고 창의성 있는 자녀를 길러야 한다고 우리에게 늘 강조하셨다. 생활과 관련된 심리학 강의를 초빙받아 다니셨는데 가는 곳마다 인기 강사였다. 미술치료나 음악치료를 통한 효과를 책으로 출간하기도 했으며 선생님의 저서로 『예술이 어떻게 사람과 사회를 변화시키는가?』 『아이들에게 예술을』(문화관광부 추천 도서) 『아동화의 심층분석을 통한 심리진단 치료』 『창의력, 문화력, 인격력 세 가지 힘을 키워라』 등 실제로 생활에 적용할 것이 많다.

그런 선생님께서 위암 투병 중이라는 소식이 들려왔다. 우리는 댁으로 달려가 위로했다. 그 후 가끔 문안 전화를 드렸고 그럭저럭 괜찮다는 말씀을 듣고 있었다.

어느 날 텃밭을 가꾸는 재미에 빠져있던 나는 수확한 농작물을 차에 싣고 선생님 댁에 가려고 전화를 드렸다. 은퇴교수들 모임을 갖던 중에 나의 전화를 받고, 평소 여대교수를 얕잡아보던 친구분에게 모처럼 큰소리쳤다고 말씀하셨다.

"당신 제자 중에 농사지은 것 갖다 주는 제자있어? 나 지금 그 제자 만나러 가는 길이야~"

선생님은 통쾌하게 웃으셨다.

"선생님, 서툰 농부의 작품인데요. 하지만 무공해 채소예요."

고구마, 무, 배추, 오이 등을 넣은 박스를 꺼내며 나는 여름내 흘린 땀방울이 보람되다고 생각했다. 선생님은 정말로 기뻐하시며 두고두고 그 이야길하셨다.

선생님의 탐구열은 식은 적이 없어 보였다. 퇴직하시기 전부터 펜화를 열심히 하시더니 펜화 아마츄어 전시회를 세 번이나 열었다. 내가 시집을 내기 위해 준비할 때 선생님께 펜화를 몇 장 부탁드렸다. 선생님은 기꺼이 보내주셨다. 시집이 출간되어 나오자 선성님은 축하 점심 살 터이니 만나자고 하였다. 그리고 시집에 수록된 것 중 특별히 좋았던 시를 낭송했다. 선생님은 시에 대해서도 상당한 안목을 갖추셨다. 지금도 선생님의 펜화가 들은 시집을 나는 소중히 간직하고 있다.

요즘은 전립선암에 걸려서 토마토 마니아가 되었다고 담담하게 말씀하시는 선생님을 보며 인생에 대해서 달관한 듯한 저 편안함은 어디에서 비롯된 것일까 생각하였다. 내가 선생님께 배울 가장 중요한 점은 끝날까지 의연하게 열심히 사는 적극적인 삶의 태도일 것이다.

그러던 어느 날 커다란 소포가 왔다. 선생님의 방 책장 정리를 하면서 문학서적은 이제 나한테 주시는 게 좋을 것 같아서 보낸다는 요지의 편지가 동봉되어 있었다. 빨강 노랑 비닐 끈을 이어서 포장해 보낸 오래된 시집, 수필집들을 받고 눈물이 핑 돌았다. 선생님은 주변 정리를 위해 내게 아끼던 책을 보내셨구나 하는 생각이 들었던 것이다.

평소 마른 체구인 선생님은 요즘 더 마르셨다. 오랜만에 뵐 때 가슴이 서늘해진다. 이렇게 반세기 동안 사제지간의 정을 나누며 사는 행복을 감사드리며 선생님이 우리에게 평생을 통해 몸으로 보여주신 열정적인 삶의 모습은 두고두고 잊지 못하리라 생각해본다.

박선자

아들과 스키

박선자
[국문 66, 시]

아들이 토요일 오후 평시보다 일찍 퇴근하였다.

"아들, 오늘 어째 일찍 오네, 무슨 일 있어?" 아무 말이 없다. 아니라고 고개만 흔들며 대답한다.

"저녁은 어째 차릴까?" 하면 머리를 끄떡이며 밥을 먹겠다고 한다.

결혼적령기를 훨씬 넘긴 아들과 대화할 화제가 없다. 어릴 때는 그렇지 않았는데 눈치만 살핀다. 방문을 닫고 들어가면 고요와 적막만 흐른다. 거실에서 혼자 TV를 시청하다 자정이 지나고 방으로 들어가는데 아들이 외출 준비를 하고 나왔다.

"니 어디 가려고" 또 고개를 끄떡이며 수긍을 한다. 준비하는 걸 보니 새벽 차를 이용하여 스키장에 갈 채비다. 마음이 철렁하고 저절로 놀라진다.

"스키장에 갈려고?" 또 고개를 끄떡이며 그렇다고 답한다.

"그렇게 혼이 나고 또 스키 탈라고, 팔은 괜찮고?" 하고 말문을 닫았다. 남편 같으면 못가도록 잔소리라도 할 수 있는데 장성한 아들에게는 그렇게 되지 않는다.

작년 이맘때였다. 아들이 스키장에 숙소를 얻어놓고 쉬는 날 스키를 탄다며 집에 자주 들르지 못할 것이라 했다. 평소에 자기가 할 일을 알아서 하고 다니기에 그러려니 하고 걱정하거나 기다리지 않았다. 음력 설을 며칠 앞둔 어느 날 그것도 자정을 막 넘기려는 시간에 아들이 전화를 했다.

"지금 부산 내려 갈겁니다. 스키하다 조금 다쳤습니다" 하는 음성이 평소보다 조금 다르게 들렸다.

"왜 지금 어디고 강원도가?" 물으니 그렇다며 원주 세브란스 병원인데 일요일 저녁이라 수술할 의사가 없어 부산으로 내려가니 대학병원 의사인 누나에게 연락해 달라며 전화를 끊었다. 자세히 물으려고 전화를 걸어도 받지 않는다. 딸은 일본으로 학회에 가고 없다. 조금 있으니 낯선 남자에게서 전화가 걸려왔다. 아들의 이름을 대면서 지금 병원 구급차로 환자를 데리고 부산으로 출발하니 차비 60만 원을 서둘러 입금하라 하였다. 아들을 바꾸어 달랐더니 전화를 받을 수 없을 만큼 아파서 안 된다는 것이다. 그 순간 손이 떨리고 가슴이 두근거려 어떻게 해야 할지 마음이 안정되지 않았다. 구급차 기사에게 전화를 하니 입금을 기다리고 있단다. 도대체 얼마나 다쳤기에 전화도 받지 못할 정돈지 가늠이 되지 않아 차비는 생각지 말고 내려오면 바로 드릴 것이니 서둘러 부산대학병원으로 오라 일렀다. 4시간에서 5시간쯤 후에 병원 앞에서 만날 것을 약속하였다. 모두 잠든 시간이라 누구와 안타까운 마음을 나눌 사람도 없다. 얼마나 크게 다쳤으면 원주 세브란스 병원도 대학병원인데 수술이 되지 않는다는 걸까, 스키는 위험한 운동이다. 혹시 목뼈나 척추뼈가 다쳤다면 치명적이다. 전신마비가 되면 평생 누워있어야 하는 장애인이 될 것을 생각하는 순간 아찔하고 소름이 끼쳤다. 이런저런 방정맞은 생각이 자꾸만 머리를 떠나지 않았다. 기다리는 네다섯 시간이 바로 지옥의 시간이었다. 그때의 참혹한 심정을 아들이 이해할 수 있을까! 몇십 년의 시간보다 더 많은 흐름의 시간을 지금 글로써 표현할 수 없다. 구급차에서 내리는 아들은 침대에 똑바로 누워 꼼짝도 않는다. 팔 한쪽이 완전히 굽어져 배 위에 힘없이 올려있고 윗몸 전체가 하얀 붕대로 칭칭 감겨져 있었다. 의식도 없는 것 같았다. 정말 참담하다는 말이 이럴 때 쓰는 표현이리라. 마음을 가다듬고 기사에게 물으니 어깨 팔뼈에 심한 상처를 입었으나 척추와 목뼈에는 이상이 없다 하였다. 그 순간 너무 고맙고 마음이 놓여 "부처님, 감사합니다. 감사합니다. 그래도 불행 중 다행입니다"를 외우며 고맙다는 기도를 얼마나 올렸는지…….

긴 시간 수술을 하였다. 어깨뼈가 너무 많이 손상되어 수술이 아주 어려웠단다. 환자가 젊어서 실험적으로 그냥 수술을 하였지만 잘못되면 인공관절로 재수술을 해야 되고 그리되면 나아도 어깨 쓰기가 힘들 것이니 조심조심할 것을 당부하였다. 6개월이 지나고 조금씩 붕대를 풀어가며 팔운동을 하였다. 약사인지라 뼈에 좋은 음식과 장비와 약을 찾아 보충하며 잘 견뎌 주었다. 그렇게 일 년이 지나고 이제 겨우 운전도 하고 조금 자유롭게 팔을 쓰는데 또 스키장에 간다니 할 말이 없다. 병문안 오는 동호인들에게서 스키강사 자격을 따려고 열심히 연습했다는 이야기를 들었다. 약사도 전문직인데 또 무슨 스키강사는…… 차마 말은 못하고 장성한 아들의 눈치만 볼 뿐이다.

대학 4년 동안 어학연수 대신 돈도 벌면서 영어공부를 할 수 있다며 미국 워싱톤 주에서 열리는 초등학생들의 여름캠핑 학교의 도우미 시험에 합격하여 해마다 아르바이트를 했다. 그때 매니저가 일을 잘한다며 휴가에 자기의 집에 데리고 가서 관광도 시켜주고 미국생활과 직업에 관한 이야기를 들려주었다고 했다. 그 매니저는 각각 다른 세 분야의 직업을 가지고 있으면서 풍족하고 즐겁게 생활하고 있었다. 우리나라도 이제 평생직장이 없어지고 셋 이상의 직업을 가져야 될 것 같다는 이야기를 한 적 있었다. 요즈음 사회구조가 조기퇴직이며 사오정이니 하는 말이 사실화되어가니 아들의 말이 맞는 것 같기도 하다. 결혼은 하지 않고 일에 대한 욕심만 내니 걱정이 된다. 사고가 나지 않았으면 자격증을 받았을 것인데 이번에는 받을 결심을 단단히 한 모양이니 못하라는 말도 할 수 없고 아들의 눈치만 살피며 짐작할 뿐이다.

모든 준비를 갖추어 스키장으로 떠나는 아들에게 가지 말았으면 하는 내 마음은 반쯤만 열고 조심해서 잘 다녀오라며 아무렇지 않은 채 바래주고 무사히 잘 다녀오기를 기도했다.

동기회 모임에서 한 친구가 남편이 외출하지 않는 날이면 TV 영화프로 방송을 편당 5,6천 원씩 주고보고 있어 잔소리를 했단다. 그 말에 친구들 몇이 "니그 신랑(?)이 평생을 일하고 열심히 일한 퇴직금으로 생활하면서 영화 몇 편 본다고 잔소리 했느냐"며 핀잔을 주고 친구 남편을 두둔하는 우리가 늙어서 이제야 철이 들었다며 한바탕 웃었다.

아들이 스키 타러 가는 이야기도 했다. 만약 아들이 결혼해서 가족이 있다면 지금처럼 하고 싶은 취미활동을 못할지도 모른다. 취미생활에는 조금 힘들지 모르지만 결혼해서 정착하였으면 좋겠다.

우리 젊은 시절 남편들의 이야기도 나누었다. 그때는 우리나라가 막 산업화로 옮겨가는 시대여서 먹고 사는 일에 급급하던 시절이라 생활환경이 지금처럼 다양한 스포츠와 취미활동을 할 여건이 못 되었다. 휴일에도 출근하는 일이 다반사였다. 힐링이라는 단어는 아예 몰랐던 시절이니 보통서민으로 사는 사람에게는 여가를 즐긴다는 생각을 할 수 없었다. 늦게까지 직장 일에 매달리다 퇴근길에 친구들과 한 잔 술로 하루의 스트레스를 푸는 게 고작이었겠지만 술에 취해 들어오는 남편들에게 따뜻한 말과 고운 눈길을 주지 못했다.

사람마다 즐겁게 하고 싶은 일을 하며 그 일이 평생의 직업이 된다면 좋겠지만 대부분의 직업은 생계의 수단으로 하기 싫어도 해야만 하니 심한 갈등에 시달리게 된다. 삶의 수단으로 어쩔 수 없이 하는 일 외에 재미있고 신이 나서 하는 일이 있어야만 각박한 사회생활에서 숨통이 트이면 활기찰 것 같다. 여행이나 취미활동으로 재충전을 하고 거기에 따뜻한 가족의 사랑이 더하여지면 사회는 한층 밝게 발전할 것이다.

한 주일간 열심히 일하고 쉬는 날 취미활동으로 여가를 누리는 즐거움이 없다면 어찌 일의 스트레스와 피로를 풀 수 있을까를 생각하니 새벽 차를 타고 스키장으로 달려가는 아들을 조금 이해할 수 있게 된다.

끝동

남영숙
[사회복지 71, 수필]

남영숙

자신이 건사하지 못하는 육신은 인간에겐 짐짝이다. 누구인들 그리 되고 싶을까. 뜻하지 않아도 종국에는 방어할 수 없는 무기력을 갖게 되는 것이 인간이라는 종種의 비극이다. 정신의 작용을 몸이 따르지 못하는 까닭이다.

그는 둘째 딸네 집에서 정물인 듯 존재한다. 지난해 여름 막내딸에게서 이곳으로 조용히 옮겨져 온 후 사위와의 불편한 동거중이다. 옮겨진다는 피동형은 본인의 의지와는 별 상관이 없다는 것이다. 오 남매를 생산하였지만 거동이 불편한 지금, 마음 놓고 생의 말미를 의탁할 곳이 없다. '마음 놓고'라는 표현은 자녀들에게 부모로서 대접받을 수 있는 위치를 의미한다. 어미에 앞서 저 세상으로 가버린 외아들이 아직 곁에 있었더라면 상황이 좀 나을 것인가도 생각해보지만 그러리라는 보장은 없다.

인간이 가장 평안하게 지내야 할 생의 구간은 언제일까. 저 세상에 이르기 전 마지막 남은 한 소절의 삶이 아니겠는가. 이미 기울어 스스로는 일어설 수 없는 낡은 선체 같은 몸과 마음이다. 타인의 손을 빌어 꾸려가야 하는 구차한 삶인 까닭에, 역설적으로 가장 인간다운 대접을 받아야 하는 것이다.

그의 낮은 목소리가 들려오는 듯하다.

"자식에게 폐가 되지 않으려고 노력하였다. 이미 많은 불편을 주고 있는 터에 그 말이 합당한가 싶기는 하다. 삶의 비루함이 때때로 어폐 따위는 괘념치 않게 만들기도 하는 것이다. 초승달이 만월이 되고 다시 캄캄한 그믐달이 되듯, 한때 나의 인생도 보름달처럼 환할 때가 있었느니. 초년의 궁핍에서 벗어나고 아이들이 잘 자라 제 몫을 확실하게 하는 사람들이 되었다. 며느리를 맞고, 촉망받는 사위를 넷씩이나 보았을 때 세상이 내 것인 양 하였다. 그때의 나에게는, 생이란 누리기만 하면 되는 것이었다. 고단했던 내 삶에게 포상하는 것이라 생각하고 남편의 몫까지 누리리라 생각했다. 그러나 인간에게는 미래를 대비하지 못하는 우매함이 있다. 그것은 착각에서 비롯된다. 인생의 무상함을 어찌 모르랴. 그럼에도 작금의 호황이 계속 이어지리라 생각하는 것이다. 생은 늘 뒤척이면서 흐르는 것임을 잊은 까닭이다.

현실이란 호시탐탐 인간의 등짝을 후려칠 준비를 하고 있는 듯하다. 종종 삶에서 비릿한 갯내가 나곤 했지만 외아들이 갑자기 세상을 등져버린 참척의 고통이란 참을 수가 없는 것이었다. 아픔을 계량화할 수 없으니 타인이 그 고통을 어떻게 알까. 오랜 시간을 거쳐 내게 당도했던, 아늑한 향유의 시간은 찰나인 듯 스러져버렸다. 생은 다시 삼베처럼 엉성해지고 굵은 올 사이로 내게 왔던 모든 것은 빠져나가기 시작했다. 건강도, 한줌의 재물도.

이제 한 뼘 남은 구차한 삶을 잇기 위해 온전히 한 여식의 우산 아래로 들어서지 못하고 아이들의 집을 전전하지만 나는 그들이 불효라고 생각하지 않는다. 삶이 그들을 속일 뿐, 즉 그들 모두의 생이 조금씩 무겁기 때문이다."

천륜에서 오는 내리사랑이라 하더라도 노인의 의식 속을 맴도는 서운함이 왜 없었을 것인가. 그래도 부모인지라 속내가 표출되지 못하는 그의 상념을 유추해 본 것이다.

팔순의 친정어머니를 모시고 있는 그의 딸이 문득 달했다. "후일, 노인이 되어 내 육신을 잘 건사하지 못하면 내 발로 요양원으로 들어 갈 것이야" 네 딸 중 둘째인 착한 그가 하는 말이라고 하기에는 뜨악한 것이었다. 떠먹여야만 밥알이 입으로 들어가니 다른 수발이야 오죽할까. 많이 지친 듯하였다. 하루에 네 시간을 돌봐준다는 노인복지사의 출장 근무 동안이 그의 숨통이 트이는 시간이고, 요양사가 그에게는 신이 내린 천사이다. 아들 없는 며느리는 요즈음의 세태로는 자식이 아니었다. 부유한 막내딸이 돌보다가 '왜 나만인가' 하는 바람에 거처가 둘째네로 옮겨진 것이다. 한 부모는 열 자식을 거느리지만 열 자식은 한 부모를 모시지 못한다는 옛말은 시공을 넘나들며 유효하다.

자녀들을 지치게 하고 스스로도 자존감 상실이 임계점에 이르렀다. 인간으로서의 존엄성은 이미 없는 것이다. 삶과 드잡이 하며 그저 열심히 살아왔을 뿐인 그 노인의 생이 어찌하여 그렇게 추레한 것인지. '끝동'에 대한 마련이 없어서 그런 것인가. 양쪽 모두 잘못이 없는 그 모녀가 서로 지쳐가는 것을 보면서 휘저어 놓은 앙금처럼 머릿속이 뿌예졌다.

언젠가는 당도해야 할 임종의 시간을 인지하지 못한 채 사는 것은 죽음을 회피하고 싶은 우리의 마음일 뿐 그것은 어김없이 째깍거리며 우리 곁으로 오고 있을 것이다. 잘 죽는다는 것이 얼마나 주요한 일인지 아주 멀리 있을 듯한 그것이 문득, 갈기를 세우고 덤벼든다. 자존自尊을 위하여, 가족에게 폐 끼치지 않기 위하여 건강은 의무가 되어야 할 것이다.

생의 말미에 대는 아름다운 끝동, 계획하고 준비한다고 되는 것일까. 생은 끝내 남루한 것이어서 그저 운수에 맡길 뿐인 것인가. 인간에겐 종종 계획이란 단어가 아무런 의미를 갖지 못하는 때가 있을 것이니. 공식이 없어 정답도 없다. 그저 말 없을 수밖에.

5부

이보다 더 기쁜 날 다가오도록

권남지

꿈이여 다시 한 번

권남지(본명 권정필)
[국문 53, 시]

1970대까지도 하이힐을 신고 다녔다. 8자가 붙자 하이힐을 벗어버리고 곧장 단화를 신기 시작했다. 늙어버린 것이다. 마치 요단강 강가에 서서 불타는 석양을 바라보고 있는 기분이었다.

경북 대구에서 스무 살에 고등학교를 졸업하고 난생 처음 이화여자대학교 기숙사에 들어간 지 딱 보름 만에 6 · 25가 터졌다. 서울의 동서남북도 잘 모르고 전쟁을 만난 나는 기숙사에서 나와 고향 아주머니와 둘이서 대구까지 걸어갔다. 그 후 부산 서대신동 판잣집 가교사에서 3년을 보내고 졸업 1년을 겨우 서울 신촌 본교사에서 공부한 후 졸업했다.

세월은 화살처럼 지났는데 죽기 전에 해야 할 일은 태산같이 많다.

왜 이렇게 많은 걸까. 조급하긴 왜 또 이렇게 조급한지……. 원고는 다 되어 있다. 우선 시집 한 권을 내야 하고, 수필집 한 권. 제주도에서 2년 반을 살았던 때의 일기. 그리고 자서전, 또 일본작가의 번역물 『고독을 이기는 법』 등. 원고뭉치들은 모두 잘 보관된 채 소중히 보호하고 있다.

이것들을 책으로 내지 못하고 내가 죽으면 그들은 곧장 쓰레기 매립장으로 실려가 휴지가 된 채 썩어버릴 것이다. 내 피와 땀과 눈물로 쓴 내 분신들인데 어이하리 운명에 맡기는 수밖에…….

오, 신이여. 불쌍히 여기소서. 아멘.

송숙영

온천마을 덕산에 살면서

송숙영
[법학 53(입), 소설]

나는 고향인 경기도 개성을 떠난 지 60년 만에 제2의 고향으로 전한 이곳 덕산으로 이사를 왔다.

지금부터 40년 전에 남한에서 가장 수질이 좋은 온천이 어디 있는지 찾다가 마침내 큰 사찰, 수덕사 옆 동네 덕산 온천마을을 찾아냈다. 다시 고향을 찾은 듯 감개무량했다. 이조 세종실록에 있는 기록만 믿고 이곳을 찾았는데 그때 내 나이가 30대 후반이었다.

나는 왜 이곳을 내 죽어 묻힐 고향으로 정했을까. 세종대왕이 말년을 보내고 싶었던 곳도 바로 덕산이라는 시골 온천마을이었다. 우선 고향을 만들고, 죽을 곳을 정하려면 모든 것이 유토피아여야 할 것이다. 그때 마침 매물로 나왔던 VIP온천텔을 50억 원을 치르고 나의 스위트홈으로 마련했다. 나의 새로운 보금자리가 바로 충남 예산군 덕산면 사동리에 위풍도 당당하게 서 있는 VIP온천텔이다.

그러나 낯을 가리고 고집이 센 남편은 2015년이 되는 오늘까지도 서울을 못 떠나고 있다. 이유인즉, 서울의 초, 중, 고등, 대학교 동창과 옛 직장인 방송국 동료들까지 건재를 과시하며 살아있어서 그들과의 교류를 끊을 수 없다는 것이다. 남편은 나에게 "옛 친구들과의 우정 속에 살고 싶은 노인의 진심을 알아 달라"고 했다. 나는 남편의 소원을 들어주기로 했다. 나는 어차피 전쟁으로 고향을 잃었으니 이 공기 맑고 물 좋은 덕산을 제2의 고향으로 정하고 서울을 미련없이 떠나왔다.

남편과 나는 어려서부터 이성친구로 지내다가 결혼까지 한 사이이다. 대단히 얌전한 성격의 국영 방송국 기자와, 전후파적 기질을 가진 진취적 성향의 소설가가 만났으므로, 아무리 전쟁으로 부부가 되었다 한들, 우리는 많은 부분 서로 달랐다. 그는 불교, 나는 천주교로 종교도 달랐다.

나는 공기 좋고 물 뜨거운 온천마을 덕산이 좋다. 덕산은 천재적 임금 세종대왕께서 말년을 보내면서 천수를 누리고 싶었던 곳이다. 나는 덕산의 매력에 흠뻑 빠져들었다. VIP온천텔에 주거를 정한 이곳 사람들의 우직한 성품과 소박하기 그지없는 덕산의 인심에 빠져 7년을 서울과 덕산을 오르내리며 살았다. 이제 결혼 50주년 금혼이다. 70대에 이른 늙은 부부로 가족들과 함께 수필집도 출판했다.

생각해보니, 젊은 사람도 늙은 사람도 자신이 원하는 곳에 사는 것이 이상적이다. 남편은 서울을 떠나서 이 늙은 나이에 친구들이 없는 곳에는 갈 수가 없다고 한다. 나는 그와 의견이 다르다. 철학도 종교도 다르다. 그래서 그는 서울에, 나는 산 좋고 물 맑은 덕산에 머물고 있다.

아이들도 모두 장성하였다. 이태리에서 공부를 마치고 교수생활을 하던 큰딸은 나와 함께 호텔을 경영하고, 둘째는 법조인과 결혼하여 서울에 산다. 처음에 VIP온천텔을 맡아 경영하던 셋째는 자기가 살고 싶은 곳, 제주도에 산다.

가족이 사방에 헤어져 있어도 각기 생일 때만은 한 곳에서 모인다. 대개 서울 아빠의 둥지로 모이나 때로는 동해안, 서해안에서도 만난다. 이럴 때면 성격이 활달한 둘째 사위는 우리 가족의 스폰서가 된다. 서귀포의 막내딸은 이중섭 미술관 근처에서 아주 작은 건물을 운영하면서 산다.

나는 지금 덕산에서 불경기로 허덕이며 힘들게 여름을 나고 있다. 더욱이 메르스 때문에 덕산 온천을 찾는 손님이 뚝 떨어져버린 이웃들과 함께 웃으며 울며 지낸다.

VIP온천텔을 담보로 세잔느 온천호텔을 새로 짓고, 바다에도 가고 산에도 가면서 노년을 보내고 있다. 나의 한 가지 실수는 욕심을 부려 은행 대출을 많이 얻어 세잔느 호텔을 지은 것이다. VIP온천텔과 세잔느 호텔은 다행히 얌전하게 잘되는 호텔로 유럽식 아침도 제공하는 온천호텔로 자리를 잡아가고 있다. 나의 수양아들 같은 직원들이 합심하여 조용히 불경기를 이겨내고자 노력 중이다.

나는 자유로운 작가이니 퇴직금이 있을 리가 없고 죽을 때까지 온천물을 쓸 수 있는 온천에서 살 수밖에 없다. 특히 큰딸이 경영하는 세잔느 호텔은 지하수가 훌륭한 온천물이므로 나는 매주 그곳을 애용한다.

내 나이 죽을 때가 다 되었어도 개성은 남북통일이 안 되고 2015년을 넘기며 세월을 보내고 있다. 언제나 통일이 되어 개성이 수복될까. 고향생각으로 목이 멘다.

이화여대 동창문인회 회원들은 작년에도 세잔느 호텔로 단체여행을 와주었다. 덕산까지 먼 걸음을 한 선후배들에게 맑은 물로 오랫동안 온천을 즐기게 해주고 싶었지만 시간적 여유가 없는 사람들이 많아 수덕사에서 절밥만 먹고 오후에 덕산을 떠났다.

2015 이화문인회 회장은 나의 사랑스런 후배로 씩씩하고 예의바른

천재작가인데 1960년대에 문우였던 고 이 시인의 외손녀이고, 어머니 이 여사님과 나는 문단의 다정한 선후배 사이이다. 오빠가 참치회사를 하는 아리따운 주 후배는 이화여대 신문방송학과를 나온 재주꾼으로 진취적인 수필가이다.

나는 이화여대 동창문인회 초창기 회원으로 이화문학상을 만들었고, 문학상 상금 200만 원을 나 회장에게 매년 대주었던 인연도 있다. 그래서 이화동창문인회가 특별히 살갑다. 고 조 선배님, 전 선배님은 내가 믿고 따랐던 선배들이다. 지금은 고인이 된 강 선배님은 영문과를 나와 희곡을 썼던 다정한 문우였고, 신 선배는 막역한 문단 선후배의 관계로 VIP호텔을 다녀가셨다. 노구를 이끌고 다녀가신 지 2년이 넘는다. 기억에 남는 특히 그리운 고 국민대 학장은 개성 호수돈의 선배였고, 서울에 와서는 내가 월반하는 통에 이화여대 법학과 동기동창이 되었다.

나는 어머님의 말씀대로 이화여자대학의 배지를 달고도 고생스럽고 슬픈 처녀시절을 보냈다. 나의 남편은 KBS에서 38년을 근무한 성실한 언론인으로 자유를 즐기며 서울을 못 떠나고 있다.

또래의 많은 선후배들이 아직 건강하게 문학작품을 집필하는 것을 보면 이화여자대학교 동창문인회 회원들은 참 의지가 강한 여자이다. 특히 홍 후배는 헐리우드 배우를 닮은 미인으로 겉보기는 그렇게 안 보이는데, 여섯 명의 음악가를 키운 현모양처이며 수필의 대가로서 현역으로 활동한다.

문학 애호가의 모임인 우리 이화여자대학교 동창문인회가 오래오래 빛나기를 바라며 더 많은 후원을 하고 싶은 것이 이 노인 작가의 마지막 소원이다. 내 나이 어언 70을 넘었으나 아직 건강하고 씩씩하여 기도생활하며 성당에 거뜬히 나가 매주 예배를 드린다.

덕산으로 많은 후배들이 찾아와서 온천을 즐겨주면 안면도 앞바다로 모시고 가서 싱싱한 생선을 대접하고 싶다. 즐거운 여생을 보낼 생각을 하니 인간의 평균수명이 100살이 넘을 것이라는 과학도들의 예언이 두렵지 만은 않다.

나는 이곳에서 좋은 일, 자선사업도 많이 하면서 살 것이다. 덕산은 나의 영원한 보금자리가 될 것이다.

이보다 더 기쁜 날 다가오도록

최숙경
[사회생활학과 57, 아동]

최숙경

금년 광복 70주년을 기념하여 전국의 남녀노소 각계각층이 참여하는 합창대회가 열린다는 소식에 얼마나 장관일까 크게 기대가 된다. 내가 전국민 합창대회에 관심을 갖게 되는 것은 부산 피난시절 천막교실에서 독일어를 가르쳐 주시던 음악가 채동선 선생님의 인상 깊었던 한 말씀 때문이었다. 그분이 유학하던 시절 독일에서는 국민들이 합창을 즐겼다고 하시며 그중에는 가사도우미들의 합창단도 있었다는 말씀이셨다. 당시 전란 중 우리의 참담한 피난생활 속에서 언제 우리는 그런 문화적 수준에 도달할 수 있을까 몹시 부러웠었다.

내 일생 동안 1945년 해방만큼 더 큰 기쁨과 감격의 경험은 찾을 수 없다. 내가 경험한 해방은 내게 새로운 천지가 열리는 것 같은 충격적인 경험이었다. 그때까지 일본사람의 차별 속에서 막연한 반감을 품었었지만 그렇게 된 역사적 배경에 대해서는 거의 무지했었다. 광복이 되기 전날까지 나의 학교생활은 이러하였다. 아침 조회 때마다 동쪽 일본 천황의 궁성을 향해 요배를 드리고, 일본 신민임을 고백하는 몇 개 조목의 맹세문을 외워야 했다. 등굣길에 교문 옆에 세워진 천황 사진과 조서들을 봉안한 봉안전에 절을 하고 지나가야 했고, 학교에서나 집에서나 일본말만 써야 했으며, 우리 이름은 모두 일본식으로 바꾸어야 했다. 우리말로 된 동요는 아주 어렸을 때 사립 유치원이나 유년 주일학교에서만 배울 수 있었고, 학교에서는 일본 동요만 배웠다. 어린 나는 해방이 무슨 뜻인지 처음에는 이해하지 못했었다. 그러나 선생님들이 갑자기 우리말로 말을 걸어오고, 일장기에 태극기를 덧그려서 게양을 하고, 전 국민이 들떠 기뻐하며 새롭게 우리글을 익히느라 초등학생부터 중학생, 전문학교 학생들, 또 우리 글 공부를 해보지 못한 어른들까지 '가갸거겨고교구규그기ㄱ' 하며 일제히 우리말 공부에 열중하는 모습에서 새로운 세상이 열렸음을 실감하였다. 당시 가갸거겨를 배우면서 아래처럼 노랫말로 한글을 익히는 재미도 맛보았다.

가갸 가다가 거겨 거랑에
고교 고기잡아 구규 국 끓여서
나냐 나하고 너녀 너하고
노뇨 노나먹자

해방이 되고 나서 "파랑새는 파랑말로 노래 부르고, 조선사람 조선말로 노래 부른다"는 가사의 노래를 부르기도 했다. 요새 사람들에게는 대단히 싱겁게 느껴질지 모르지만 당시에는 우리말과 글을 찾은 기쁨을 이렇게 노래했던 것이다. 그리고 그때까지 무궁화가 우리 꽃인지도 모르는 우리들에게 그것이 우리 민족의 상징이라는 것을 상기시켜 주는 노래도 있었다.

금수강산 삼천리 모두 모두 빼앗겨도, 시골집 담장 안에 무궁화는 피고 피고. 해마다 피고 피고. 나라 없는 우리 겨레 모두 모두 빼앗겨도, 시골집 담장 안에 무궁화는 피고 피고. 해마다 피고 피고. 어화 좋다 무궁화, 해마다 피고 피고

해방되고 아침 조회 시간에는 일제 36년의 고통과 해방의 기쁨, 우리의 미래를 다짐하는 이런 노래도 불렀었다.

어둡고 괴로워라 밤이 길더니. 삼천리 이 강산이 먼동이 텄다. 동무야 자리차고 일어나거라. 산너머 바다건너 태평양 넘어. 아아 자유의, 자유의 종이 울린다. // 한숨아 너 가거라 현해탄 건너. 설움아 눈물아 너와도 하직. 동무야 두 손 들어 만세부르자. 아득한 시베리아 넓은 벌판에. 아아, 해방의, 해방의 깃발 날린다. // 유구한 오천년 조국의 역사. 앞으로 억만년 더욱 빛나리. 동무야 발맞추어 함께 나가자. 우리의 앞길이 양양하고나. 아아, 청춘의, 청춘의 피가 끓는다

1946년 동대문 운동장에서 열렸던 어린이날 행사에서 서울시 초등학교 5학년 여학생들이 이 노래에 맞춰 단체 율동을 하였던 기억이 난다.

해방 이후 여러 사회적 혼란이 있었고 곧이어 6 · 25라는 참혹한 전쟁을 겪었지만 그런 가운데 여전히 해방을 맞았던 그 기억은 나의 생애 가운데 가장 감격적인 사건으로 자리하고 있다. 해방 후 불렀던 옛날 광복절 노랫말이 떠오른다.

잊으랴 잊을소냐, 해방의 이날. 삼천만 가슴마다 넘치는 기쁨,
우리가 한맘으로 힘을 다하세. 이보다 더 기쁜 날 다가오도록.

오로지 나라 일에 몸을 바치고. 앞서간 선열들의 큰 뜻을 이뤄,
우리가 한맘으로 힘을 다하세. 이보다 더 기쁜 날 다가오도록

해방 70년이 되기까지 우리가 겪은 어려움의 고비를 넘을 때마다, 또 새로운 성취를 이룰 때마다 우리 마음에 감사와 감격을 느끼는 것은 광복의 감격이 우리 마음 바탕에 깔려있기 때문이다.

앞으로 내가 얼마나 더 길게 살는지 알 수 없지만, 해방 당시에 삼천만 온 국민이 품었던 그 감격, 그 설렘, 그 기쁨은 도저히 잊을 수 없을 것이다. 해방을 맞았으나 반 토막 난 국토나마 거기에 우리의 정부가 서고, 세계가 알아줄만 한 나라로 발전을 해 왔다. 옛날 광복절 기념 노래의 후렴구처럼 '이보다 더 기쁜 날' 통일의 그날이 다가올 것을 믿고 염원한다.

토론토의 박 교장

박순자
[국문 60, 수필]

박순자

첨단 테크놀로지의 등장과 인식의 변화는 우리의 삶을 혁신적으로 바꿔놓았다. 예컨대 인터넷 덕분에 이제는 외국에 있는 사람과 페이스타임이나, 스카이프로 서로 얼굴을 보면서 무료로 오래도록 대화를 할 수 있게 되었다. 역시 카카오톡으로 몇 시간이고 문자전송이 가능할 수 있게까지 되었으니, 스마트폰으로 거의 모든 게 가능하게 된 것이다.

국민 10명 중 8명이 스마트폰을 보유하고 있다니, 아날로그 시대의 나 자신도 그 속에 분명 포함돼 나 역시 문자를 확인하고 또 신나게 퍼나른다.

그렇다. 1967년도에 함께 공부했던 박 교장은 지금 토론토(캐나다)에서 한글학교를 운영하고 있다. 우리는 각각 다른 대학을 졸업한 후 또 다른 공부를 하기 위해 만났던 동창(연세대)으로 그는 졸업 후 바로 이민을 간 것이 벌써 50년이 코앞이다.

대체로 이민 초기에는 대부분이 좌절과 역경의 세월을 겪는다. 그러나 그는 미8군도서관에 근무했었기에 원어민 회화를 구사했던 덕택에 다 워낙 치밀한 이민 정보로 난관을 잘 극복한 것 같았다.

몇십 명의 졸업생 중 세월의 더께가 쌓임에 따라 사방으로 흩어지고 또한 일찍 생을 달리한 동창도 있어 요즘은 겨우 10명도 안되는 모임이 서울에서 이어지고 있다.

해마다 새해 연하장으로 우정을 키워왔다가 몇 년 전에 박 교장이 공무로 한국에 와서야 우리는 몇십 년 만의 주름진 얼굴을 대하게 됐다. 그러던 것이 올해 초 이미 내가 카카오톡을 활용 중임을 알게 된 박 교장이 금방 스마트하게 내 카톡 친구로 들어오게 돼 거의 매일 실시간으로 문자전송이 오가게까지 급발전 된 것이다.

금방 그가 살고 있는 토론토로 우리를 초대하고 싶다는 의향을 비쳤다.

역마살이 낀 내가 그의 초대에 마음이 붕 떠 있을 즈음, 지난 3월에 카톡으로 금융사기를 당했다. 마치 조카가 여러 악당들에게 둘러싸여 곤욕을 치르고 있는 나쁜 상황이 그려져, 한 번도 아닌 두 번이나 서둘러 숨을 헐떡이며 송금했었다.

처음부터 마지막 부탁이라며 결재할 게 있어서이니 송금해주면 오후에 입금시키겠다고 했다. 근데 마지막이라면서 세 번째 또 돈 요구가 있을 때에야 정신이 바짝 들어 사기임을 느껴 경찰에 신고하게 된 것이다. 이 바보는 이런 나의 속내를 일일이 다 알려주면서 말이다.

나중에 밤 늦게서야 걸려온 조카의 전화에서 직접 내 목소리도 안 듣고 확인도 없이 그냥 돈부터 보내는 사람이 어디 있느냐며 고함을 지르고, 고모가 바보냐며 야단, 야단이다. 이 내용을 들은 주위 친지들 역시 금방 사기란 느낌이 오는데 넌 왜 몰랐느냐는 식이다. 나는 왜 이리 멍청할까?

관상동맥협착증으로 치료 중인 내가 사기당한 후로는 더욱 숨 가쁘고 깜짝깜짝 잘 놀라다 보니, 돈 잃고, 바보 되고, 몸 상하고 또한 남사스럽기까지 해 자신을 추스러기가 몹시 힘들었다.

경찰수사관은 금방 사기범을 잡아도 돈 받는 것과는 별개의 문제라 한다. 또한 금감원에서는 지불금지 조치를 해도 삼 가월이 경과해야만 된다니……. 지금으로서는 내가 아무리 노심초사해도 할 수 있는 일이 없다는 것이다.

박 교장은 모든 걸 잊고 이곳 공기 좋은 곳으로 오라며 이왕이면 종강식(4월 28일)에 맞췄으면 좋겠다는 것이다. 또 함께 가려 했던 동창도 살림꾼이라 일이 생겨 포기했다. 일을 벌려놓고 수습도 않은 채 떠나려 하는 나를 보고 가지말라고, 아-니 가면 안된다고들 했다. 난 꼭꼭 숨어버리고 싶었고, 무거운 나를 내려놓고 싶었다. 어차피 이판사판 용단을 내려 나 홀로 천근만근 무거운 몸과 마음을 싣고 토론토로 날았다.

이 판국에 외국에 나들이 가다니…… 등뒤로 욕을 먹으면서…….

드디어 토론토의 땅을 밟고 박 교장의 차로 그의 집으로 왔다. 박 교장 부부의 깊은 배려를 받으며 그가 이룩한 이곳에서의 업적이 엄청남을 알 수 있게 됐다.

그의 거실에는 캐나다와 영국 여왕으로부터 받은 훈장에다 각종 단체에서 받은 상장들과 상패들이 쌓여 있었다. 몇십 년 동안 그가 참여한 수십 종의 역할 중 지금껏 참여하고 있는 것만도 한글학교 교장직을 비롯 그 지역 경찰청 채용자문위원, 자선단체의 총무, 한인권익신장협의회 창설 및 회장, 그 지역 교육청 국제언어학교 창시자 및 교장, 연방자유당지구당 상임위원 등등…… 헤아릴 수 없다. 본인은 그중에서도 자선회를 설립해 주 정부에 등록 인가받아 탈북이민자와 생활이 어려운 자들을 위해 지방 푸드뱅크와 연관, 친교를 맺고 있음이 제일 큰 보람이라 했다.

한글학교는 한국을 떠나 타국에서 자라는 2~3세의 후손들에게 확고한 민족성을 심어주기 위해 한국의 고유문화와 언어를 가르치고자 설립했다. 온타리오 주 정부에 비영리단체로 인가받아 1979년 설립해 2015년 지금껏 교장으로 몸담고 있다. 설립 당시 75명이던 코흘리개 어린 아이들이 올해엔 268명의 졸업으로 16,000명이 등록돼 있다며 그동안의 고충과 발전상을 강도 높게 피력한다.

종강식 날 식순에 따라 교장의 인사말에 이어 양국(캐나다와 한국)의 애국가 제창으로 시작해, 교사소개 다음에 귀빈소개가 있었다. 귀빈석에는 교육청 전체 모국어 교육(22개 국어) 교장을 비롯, 토론토 총영사관 교육원장, 경찰청장, 부시장, 몇 분의 시의원, 군의원, 제구역 경찰서장, 토론토대학(U.of.T) 영문학 교수, 캐나다 외환은행장, 갤러리아 사장, 변호사, 외환은행 지점장, 갤러리아 전무, 경찰청장고문위공동의장, 모국어교육 프로그램 매니저, 은행장, 지점장 등 18명의 소개에 이어 내 소개가 있었다.

졸업생 중 우수상 등 상장 수여식에서 귀빈들이 호명될 때마다 한 사람씩 차례로 나가 해당 학생의 고사리 손에 상장을 쥐어주며 부모님, 박 교장과 함께 사진을 찍었다. 수상자가 많다 보니 나를 포함 19명의 귀빈이 몇 차례씩 나가게 돼 바빴지만 참으로 간만에 보람을 안겨준 공식 행사였다. 재롱만 피울 어린 꼬마 학생들은 부모님에 이끌려 입학했겠지만 졸업 후에는 일반학교에서 한국인의 얼을 담고 세계 속을 누빌 꿈나무로 자랄 새싹들임에 틀림없다는 생각이 들어 흐뭇하기만 했다.

박 교장 집 현관 입구 벽의 게시판에는 월별로 일정이 적혀있어 외출할 때 상황에 따라 나를 동행시킨다. 차를 몰면서 그의 옆에 앉게 하고는 거대한 파노라마처럼 펼쳐지는 높은 건물과 거리를 설명해주기에 바쁘다. 한국의 100배 크기의 나라, 캐나다에서 나는 완전 시골 할머니가 돼 거대함과 웅장함에 빠져있었다.

'불평회'란 이름의 모임에 10명 안팎의 남자들만의 조촐한 만남이 있다. 물론 박 교장의 안내로 금녀의 모임에 나그네로 몇 번 참여했다. 그분들은 한국식당에서 토종음식을 시켜 먹고, 자연 일상생활에서 묻어나는 응어리들을 토해내면서 지혜를 건져내고 친목을 다지기 위한 자리로, 이름처럼 편하게 보였다. 이제는 자손들도 세계를 품으며 한국인의 위상을 높이고 있어 더욱 삶의 보람을 느끼면서 말이다.

한국에서 대북풍선이 바로 세뇌된 북한주민의 마음에 진실을 알리고자 날려보내고 있는 큰 행사에 일조를 하고자 열심히 홍보하고 있다. 10달러, 20달러라도 모이면 많은 대북풍선을 날릴 수 있으니 뜻있는 동포가 많이 동참 바란다는 요지이다. 지금은 불평회란 이름에 불평들이 있어 다른 명칭으로 바꿨으나 시골 사랑방 같은 구수함은 변하지 않기를 바라본다.

우리와 같은 동기동창으로 서 여사가 밴쿠버에 살고 있어 박 교장이 연결해 통화했다. 남편 백석 선생님은 서예 대가로 한국에서 국전 심사위원으로 활동하시다 지금 밴쿠버에서도 더욱 왕성하게 후진양성에 힘쓰고 계신다. 몇 년 전에 서 여사가 한국에 왔을 때의 고습은 여전히 훤하고 행복한 모습이었다. 비행기로 4시간씩이나 소요되는 거리에다 곧 전시회가 있다고 해 일정이 바쁜 서 여사를 편하게 만나기가 힘들 것 같았다. 그냥 동창들의 안부를 물어보고 전시회도록만 박 교장 집으로 부치게 했다.

틈틈이 박 교장의 차로 나이아가라폭포와 주의회의사당 등 여러 곳을 안내받아 구경했다.

내 생애에 다시는 갖지 못할, 처음이자 마지막인 47년 만의 이 기회를……. 지금 조용히 생각하면 한글학교의 종강식 이외는 다 덤이라고 생각해야겠다.

지방검찰청에 계류 중인 나의 금융사기사건이 그 사이 어떻게 진행됐을까…… 사기범을 찾아냈는지…… 내가 잃은 돈은 찾게 되는지…… 오만가지 일들이 머릿속을 눌러 먼 곳에서 이렇게 시간만 죽이고 있어도 되는지 모르겠다는 생각만 들면 금세 가슴에 울렁증이 솟아난다. 남에게 속은 것보다 더 힘들고 무서운 것은 자신의 무지에 속았다는 자괴감이 더욱 나를 괴롭히는 것이다.

토론토의 한국 신문과 TV에서는 연일 메르스 전쟁을 특집으로 다루고 있다. 전번에는 금융사기로 한국을 떠나지 말라고……, 지금 떠나면 안된다고들 했는데 이번에는 메르스 사태로 한국에 오면 안된다고, 제발 지금은 오지 말라는 연락을 계속하는데……. 나는 조용히 짐을 챙기면서 박 교장에게 부탁해 받은 마스크를 배낭 속에 넣었다. 메르스 여파로 90% 이상 예약 취소된 비행기에 나를 포함 달랑 한국인 몇 명만이 일반석에 탑승한 대형 국제 여객기를 독차지 하면서 조용히 한국으로 날았다.

텅 빈 충만

홍애자
[국문 60, 수필]

홍애자

참으로 오랜만에 찾아온 감성의 경지다. 조용히 나만을 위해 준비된 식탁처럼 조촐하고 한적한 시간이다. 정적이 흐르는 공간에 홀로 있는 이런 아침은 여러 가지 짜임이 머리에 가득하다. 시간은 쉬지 않고 달려가는데 마음만 바쁠 뿐 정신세계는 더욱 나른해진다.

하얀 눈발이 창문에 부서진다. 눈이 많이 오려나. 발코니를 통해 보는 하늘은 잿빛이다. 얼마 만에 맞아보는 고요인가. 오직 나를 위한 시간과 공간이다. 음악을 들어볼까, 아니면 책을 펴 볼까, 흔히들 이런 날이면 할 일이 너무 많아 어느 것부터 해야 될지 모르겠다고 하더니 지금 바로 내가 그렇지 않은가.

CD를 걸었다. 〈여인의 향기〉에 나오는 영화 주제곡. 1992년에 마딘 브레스트 감독이 알 파치노와 그리스 오도엘 주인공으로 만든 영화에 카를로스 가르델이 작곡한 탱고 〈Por Una Cabeza〉이다.

이 영화는 1963년에 이탈리아에서 만들어진 같은 이름의 영화를 리

메이크 한 것으로 자살여행을 떠나는, 앞을 볼 수 없는 부유한 퇴역장교와 미국의 명문 고등학교의 가난한 고학생 찰스 심스의 이야기다. 삶의 참다운 가치가 돈도 명예도 사회적 명성도 아닌, 서로가 서로를 의지할 수 있는 순수한 인간관계가 진정한 용기이며 곧 사람의 향기임을 말해주고 있는 작품이다. 가슴이 싸해온다. 수년 전 이 영화를 보고 또 본 적이 있었는데, 그때 받은 감동은 지금까지 잊을 수 없다.

혼자서 유유한 시간을 누리고 있음이 기쁘다. 관능적이거나 선정적이지도 않은 탱고의 선율이 마냥 나를 감싼다. 눈송이가 흩날리는 창가에 서서 어느새 퇴역장교와 천천히 스텝을 밟고 있는 자신을 발견하고 흠칫 놀란다. 바이올린의 섬세한 선율에 실려 무아지경에 취해 홀로 떠나는 이 길에 환희가 마구 솟는 것 같다.

얼마만인가, 이 고요가. 차츰 고독에 침잠되어 있던 내면의 소용돌이가 뿜어 나오고 있다. 눌러놓았던 반란이 붉은 깃발을 들고 함성을 지른다. 가슴속에 뜨거운 불꽃이 서서히 번진다. 카타르시스의 불길이다. 행복하다. 슬프다. 북받치는 설움에 통곡하고 싶다. 행복의 함성이다.

음악이 멈추고 다시 고요해졌다. 눈발이 굵어진다. 바람도 분다. 시야에 펼쳐진 산자락이 희부옇다. 좀 더 눈이 내리면 하얀 나무들의 율동이 보일 것이고 화가의 붓은 신비한 수채화를 그리기에 바쁠 것이다. '텅 빈 하루의 충만'이라는 제목의 수채화를.

인간은 고독하다. 전신이 저리도록 외로운 존재다. 이 세상에 올 때나 다시 돌아갈 때도 텅 빈 육체다. 세상과 어우러져 살아가면서도 여전히 나 홀로다. 일찍이 이런 이치를 미리 알고 깨달았다면 고뇌와 좌절이 줄어들 것을, 한 치 앞을 내다보지 못하기에 늘 시행착오를 하며 살아가는 게 아닐까 싶다.

오직 나만의 공간에서 자아를 토해낸다. 웃는 얼굴, 슬픈 표정, 아우

성치며 오그라든 가슴을 펼치는 무대가 오히려 신선하다. 북적대던 소음과 웃음, 수다스런 말소리와 몸을 스치며 나누는 공감, 모두 내 무대가 되었다. 어디를 서나 나뿐이다.

이 시간만은 자유롭고 싶다. 나를 에워싸고 있는 눈길에서 해방되어 상상의 세계로 날아가고 싶다. 비록 망상의 벼랑에 추락한다 해도 한 번쯤은 온전히 나를 찾아야 한다. 화장기 없는 해맑은 얼굴로 거추장스런 장식들을 떼어낸 나를.

함박눈이 날린다. 소복이 눈 덮인 앞산이 아름답다. 열두 폭 치마를 두른 산자락이 하얗게 분칠을 하고 웃는다.

비어 있는 시간은 여유의 극치다. 시계 초침이 재빠르게 춤을 춘다. 비록 빈 육신이지만 속내를 뚫고 올라오는 자유로운 감성은 내 것이다.

이경희

무엇이 우리를 행복하게 하는가

이경희
[국문 62, 수필]

정말 우연이었다. 이곳 미국 뉴욕에서 무심코 한국 방송을 틀고, KBS를 돌렸는데 〈아침마당〉이라는 프로그램이 흘러나온다. 96세의 김형석 교수가 '무엇이 우리를 행복하게 하는가'라는 제목으로 목요특강을 하고 계시지 않는가.

아연실색한 나는 정말 저분이 지금 강의를 하시고 있는 것이 사실인가 라고 내 자신을 의심하지 않을 수가 없었다. 문득 내가 이화여대 기숙사에서 학교 다닐 때 연세대학 교수로 계시는 저분을 모셔다가 교양강의를 들었을 때가 생각났다.

그때만 해도 50대 안팎의 젊은 교수로서 그의 낭랑하고 조근조근한 말씨는 우리들의 감성을 자극하는 일품 강의였고, 우리 여대생들의 마음을 홀딱 빼앗기에 부족함이 없는 강좌였다. 그의 저서인 『영원과 사랑』과 『고독이라는 병』을 얼마나 읽고 좋아 했던가.

사실 그의 작품은 사색적이고 서정적인 수필들이 대부분이었다. 당시 지치고 힘든 우리들의 시대상을 철학적으로 풀어놓았다고나 할까. 앞으로 수필을 쓰게 된다면 나도 이런 사색적인 수필을 쓰고 싶다는 생각을 늘 하곤 했었다.

그때의 젊은 교수는 96세의 나이든 교수가 되어 버렸다. 이제 머나 먼 길을 돌아서 내 앞에 선 교수는, 오히려 젊었을 때보다도 더 포근하고 여유 있는 강의로서 인생을 더 깊이 관조하고 생각할 수 있게 하였다.

'무엇이 우리를 행복하게 하는가' 첫째, 베풀고 나누는 삶인데 우리의 부모들 더 나아가서는 우리의 선인들이 우리 조국을 위해서 얼마나 나누고 베풀었던가. 그들이 없었다면 우리가 이렇게 살 수도 없었을 것이고, 우리 또한 우리의 후세를 위해서 그렇게 베풀고 나누는 삶을 살아가고 있다. 그 속에서 우리는 진정한 행복을 누릴 수 있는 것이다.

둘째, 정신적 가치를 아는 사람이 그것을 모르는 사람보다 행복하다. 예를 들어 우리는 배부른 돼지보다 고민하는 소크라테스가 되는 것이 더 행복하다. 그렇게 되는 것이 정신적 가치의 중요성을 알기 때문이다. 정신적 가치가 있는 사람은 그렇지 못한 사람보다 남에게 주는 것을 기뻐한다.

여기에서 내가 새롭게 알게 된 것은 정신적 가치가 있는 사람은 없는 사람보다 학문예술의 기능면에서 50, 60, 70대로 올라갈수록 행복지수가 높아지나, 그렇지 못한 사람은 40대까지 올라가다가 곡선이 뚝 떨어져서 40대가 넘으면 행복을 느끼는 횟수가 줄어든다는 것이었다.

그래서 계란 노른자 같이 65세~75세까지가 가장 행복을 느낄 수 있는 나이라고 한다는 사실이다. 정신적 가치를 아는 사람은 65~75세까지도 행복을 누릴 수 있다는 사실이 나를 놀라게 했다. 만일 내가 정신적 가치를 아는 사람이라면 지금 내가 가장 행복을 누릴 수 있는 나이가 아닌가.

셋째가 인간적 관계를 잘 누리는 사람인데 그 사람이야 말로 남을 위해 고생하는 삶이다. 즉 내가 다니는 직장을 행복하게 만드는 사람이 행복한 사람이라는데, 과연 내가 몸담고 있는 직장을 행복하게 만드는 것이 어디 쉬운 일인가. 얼마나 각고의 노력과 헌신이 필요했었겠는가. 떠나고 나서 그의 빈자리가 크다고 느낀다면 사람들이 말하는 행복한 사람일 것이다.

내가 남에게 유익을 끼칠 수 있을 때까지 사는 것이 행복하고, 남의 신세를 지는 삶은 행복할 수가 없을 것이다. 나의 인생도 남을 도와줄 수 있을 때까지만 살 수 있다면 행복한 삶을 살았다고 할 수 있지 않을까.

내가 언제까지 살아야 한다는 결론을 얻을 수 있었던 것이 모처럼 이 강의를 들은 큰 보람이라 하겠다.

나의 청색시대

이명환

[영문 64, 수필]

눈은 창窓이다. 마음은 물론이고 몸의 창이기도 하다.

나의 시야에 이상이 생겼다, 언제부터였을까. 어디선가 안개가 피어나는 듯 앞이 뿌옇다가 또 잠시 뒤엔 그 물안개 같은 게 뭐에 쫓겨 도망가듯 슬금슬금 사라지기도 한다. 그러고 보니 몇십 년 동안 안경 없이는 아무 일도, 부엌 설거지조차도 못했는데 웬일인지 요즘은 TV 보다가도 무의식중에 안경을 벗었다 썼다 한다. 특히 무슨 세계적인 명화名畵를 보여주는 때는 자세히 보려고 안경을 벗어들고 눈을 크고 작게 조절해보면 그 윤곽이 조금 또렷해지는 것 같아서 스스로도 놀란다. 전에 없던 일이다. 이러는 나를 보고 주위에서들 병원에 가보라 하여 벼르고 별러 성모병원 안과에 갔다.

"노인성 백내장입니다. 양쪽 눈에 동시에 왔군요. 요즘 백내장은 수술로 완벽하게 치료할 수 있으나 현재 어르신의 경우 그냥 놔두어도 생활하는데 큰 지장은 없겠네요. 연세도 있으시고 하니 굳이 수술을 권하지는 않겠습니다만."

아니 노인네가 눈을 쓸 일이 그리 많겠느냐. 번거로운 수술을 피하고 그냥 사는 날까지 사는 것도 한 방법이다. 내가 손자 손녀들 재롱이나 보며 심심소일로 옛날 친구들과 왁자지껄 몰려다니는 할머니로 보이는 모양이네! 하긴 눈도 침침 귀도 먹먹 다리 힘도 빠지면 하느님께 순명하는 마음으로 오관의 창을 모두 닫고 오직 안으로 귀를 기울여가며 심신을 정화하는 쪽으로 사는 방법도 나쁘지는 않다던 어느 수녀님 말씀이 생각난다. 하지만 나는 아직 책도 봐야겠고 눈 쓸 일이 많은데…….

용단을 내어 일주일 간격으로 좌우 눈의 백내장 수술을 받기로 했다. 내 상식으로 백내장은 안구 조직인 수정체의 혼탁도混濁度에 따라 인공으로 수정체를 만들어 끼울 때 맞춤형으로, 일테면 근시용 원시용으로 다소 조절이 가능하다고 들었다. 사실 책 읽을 때나 가끔 심심풀이로 피아노를 칠 때 악보에 그늘이 생겨 불편했던 일이 많았지만 이렇게 저렇게 주문하는 일이 번거롭게 느껴져 그냥 모든 것을 집도의執刀醫 재량에 맡기기로 했다.

처음으로 왼쪽 눈 수술을 받던 날 수술복으로 갈아입고 침대에 누워 순번을 기다리고 있는데 왠지 마음이 착잡했다. 아무리 내가 문학이나 음악의 전문가는 아니어도 허심탄회, 내 경우는 이러이러하니 여기에 초점을 맞춰 수술해줄 수 있느냐는 정도의 의견은 사전에 전달했어야 되지 않았나 하는 자책 비슷한 느낌. 처음 의사가 건넨 '수술 시기는 됐지만 연세도 있으시고 하니 굳이 권하지는 않겠다'는 말이 내 어디를 건드려 일체 상담할 마음이 사라진 건 아닐까. 아니 아무리 대기하고 있는 사람이 많기로 쓱쓱 지나치지 말고 당연히 의사가 먼저 환자에게 자상하게 물었어야 될 일 아닌가? 그리고 내 눈 수술인데 전적으로 의사한테만 내맡긴 나의 대응태도는? 여기서 기왕에 이렇게 된 이상 대범하게 그냥 지나치지 왜 또 곱씹는가 내가 자초한 일이면서…… 등등.

좌우 눈 수술은 별 이상 없이 잘되었다고 한다.

오른쪽 눈 수술마저 끝내고 조심조심 병원에서 말한 두 달을 무사히 넘기고 정밀한 시력검사 후 안경과 돋보기를 새로 맞췄다. 수술 직후 어떤 날엔 안경 없이 신문을 대충 읽고 TV를 보며 현대의술에 감탄을 하기도 했지만 시간이 지남에 따라 안경의 도움이 조금은 필요해지는 것 같았다. 돋보기야 필수지만 그냥 먼 곳을 보는 데는 별지장이 없었다. 그러나 안구건조증이나 눈의 보호 차원에서 평소에도 약간의 도수 있는 안경을 쓰는 게 좋겠다는 의사의 의견에 따르기로 했다.

그런데 수술 후 내 시야에 색상의 변조가 찾아왔다. 우선 주방의 가스불이 종전과 달리 청색, 그것도 아주 새파란 보랏빛으로 보이는가 싶더니 차츰 모든 풍경에 평생 처음 보는 색다른 푸른색이 섞여 들어왔다. 순간 '어? 이게 뭐지?' 싶었는데 얼마 지나니 거기에도 차츰 적응이 돼가는 것 같긴 하다.

마치 대기에 푸른 물감이 섞인 듯하달까. 색안경을 쓴 것처럼 그렇게 똑 고르게 파란 것은 아니지만 스키장의 백설 위에 더러 나타나는 것보다는 훨씬 농도가 짙다. 특히 햇빛이 골고루 퍼져 있을 때 전체적으로 풍경의 바탕에 깔려있는 파르스름한 기운은 모네의 '수련 연작'처럼 신비감마저 들게 한다. 안개 속 풍경을 보기 위해 영국여행을 자주 했다는 모네의 의중을 알 듯도 하다. 안개 너머 몽롱한 색깔의 매력이 짐작된다 할까. 그런데 흐린 날에는 그런 색조가 잘 감지되지 않는 걸 보면 이 현상은 분명 햇빛과 관련이 있어 보인다.

여기서 문득 색채는 감각의 내용이지 실재實在가 아니라던 남편의 말이 생각난다. 그는 특별히 색채에 관심이 많아 프랑스 인상주의 화가들이 시시각각 변화하는 빛과 대기의 상태를 화폭에 담은 그림들, 피사로

나 마내 모네 세잔 등이 표현하는 풍경 인물 정물의 색상에 심취心醉했었다. 아름다운 무지개도 빛의 원천인 태양광을 받아 생긴 현상이지만, 광파光波의 내용을 다양한 색채의 인상으로 바꾸는 것은 인간 감각의 신비, 생명의 신비임을 특별히 강조하는 그의 설명을 들을 때마다 나는 하느님의 전능과 인간에 대한 크신 사랑에 감사하기도 했었는데…….
어쩌다 한 발 앞서 천상의 나그네가 된 남편을 그리며 뒤늦게 내게 찾아온 신비스런 청색의 무리暈를 쓸쓸히 바라본다. 그동안 때가 많이 끼어 혼탁해진 안구의 수정체를 떼어버리고 절묘하게도 내 눈에 맞는 새것으로 갈아 끼워준 현대의술에 감사한다. 수술 후 빛의 오묘한 변화를 새로운 시력으로 감지할 수 있게 된 마음의 창을 통해 나의 깊은 내면까지도 잘 볼 수 있게 되기를 희망해본다.

몇 년 전 혼자서 산티아고 도보순례를 마치고 바르셀로나 관광길에 올랐을 때다. 운 좋게 안토니 가우디의 그 유명한 '성가정 성당' 바로 앞 민박집에 여장을 풀고 일주일간이지만 바르셀로나를 돌아볼 기회가 있었다. 한 시간 이상 줄서서 기다려 '피카소미술관'에 입장하고 보니 마침 피카소의 초기 그림들과 십여 점은 넘어 보이는 '자화상 특별모음전'을 하고 있었다.

말년의 정력 넘치는 피카소의 눈빛과 사생활을 기억하고 있는 나는 도저히 그의 것이라 믿기지 않는 십대와 이십대 초반의 자화상들 앞에서 걸음을 멈추었다. 어두운 청색 톤에 둘러싸인 깡마른 청년에게서 풍기는 고독감과 암울한 분위기가 생경生硬하다. 아니 밝은 색상의 자화상도 몇 점 있었지만 그 모습이 내가 알고 있는 피카소가 아니다. 상당히 예민하고 병약해 보이는 외로운 청년. 그중에 특별히 몇 년에 걸쳐 공들여 그렸다는 설명이 붙은 큰 그림 '외투를 입은 자화상'은 그 당시 '안달루시아인의 예리한 눈빛'이라 호평을 받았다 한다. 단조로운 암

청색을 배경으로 검은 코트를 입고 서 있는 이 청년 역시 고뇌에 찬 불안한 얼굴이다. 일본 후지텔레비전 갤러리에 소장돼 있다는 1930년대 작 자화상은 얼굴의 형태를 무너뜨린 그의 후기 추상화계열이었으나 어딘지 늙은 피카소의 익살스런 표정이 들어 있는 게 흥미로워 한참을 바라봤다.

흔히 피카소의 청색시대라 불리는 1900년대 초기의 작품들에 끌려, 요즘 나는 이 시기의 그림들과 함께 많은 시간을 보내고 있다. 보면 볼수록 여기에 깊이 빠져들게 되는 것은 독특한 분위기를 만드는 피카소의 우울한 '청색'에 매료된 때문일까. 젊은 피카소가 사랑한 단색들, 녹 황 백 청 회색과 모든 것을 체념한 듯 고단하고 외로워 보이는 각종의 등장인물이 나를 사로잡는다. 젊은 피카소가 바라본 지상의 나그네들 중에는 피골이 상접하여 보기에도 안쓰러운 지칠대로 지친 군상들이 많다.

그림 제목만 봐도 짐작이 가는 힘들게 사는 사람들. '인생', '광대', '기타 치는 늙은 맹인', '곡예사 가족', '피에로들의 밤', '어부의 작별인사', '다림질하는 여인', '맹인의 소박한 식사' 등 하나같이 차갑고 어두운 청색이 주조主調다. 실의에 빠져있는 가난한 사람들의 절망적인 표정과 몸짓을 다소 과장된 필치로 그려내고 있는 청석시대의 많은 작품에서 장수長壽한 피카소의 활력 넘치는 말년은 상상이 가지 않는다.

이제 인생 말기에 내게 찾아온 '청색시대'를 나는 어떻게 살아낼 것인가. 그것은 암청색은 아니나 미묘한 그늘을 만드는 색상이다. 때로 햇빛 아래 나무 그늘에서 눈을 감고 있다가 바라보는 풍경에, 내 눈길 따라 물결처럼 푸르른 파도가 지나가기도 한다. 맑고 푸른 하늘이 탁하게 보인다. 아주 어두운 것은 아니지만 청색이 깃드니 을씨년스럽구나.

다행히 오늘 내부로 향한 창은 투명해 보인다. 아! 하늘 구경, 내 마음의 호수에 비치는 하늘을 구경해볼까나. 어린이의 깨끗하고 단순한 시선으로 내 마음속 하늘을 구경하려는데 뜬금없이 남편의 시 한 수가 떠오른다.

……………

마음 안의 하늘도 하늘은 하늘인지라
날씨가 내 마음대로가 아니다.
……………
내가 할 수 있는 일은 오직 하늘 아래서
기다리는 일 뿐이다.
슬퍼도 하루가 가고 기뻐도 하루가 간다.
……………

그가 오십대에 쓴 시 「마음 안의 맑은 하늘」 일부다.

그렇구나. 아무리 내 마음 안이라 해도 그 흐름이 내 마음대로가 아니라는 자각, 기다림. 슬퍼도 하루가 가고 기뻐도 하루가 간다는 구절이 내 마음의 창을 훑고 지나간다. 그러면 내 가슴의 이 파란 피멍은 언제쯤 가시려나.

그래도 희망은 있다

정영자
[불문 64, 수필]

정
영
자

작금에 연달아 터져 나오는 비리 사건으로 우리 보통사람들은 할 말을 잊었다. 마치 머리에 한 방 얻어맞기라도 한 듯이, 멍하고 어눌해져 간다. 결국 우리가 자랑스럽게 열심히 살아 왔던 대한민국이 비리 공화국이 되었다는 말인가.

어느 날 총리가 검찰에 출두하더니 연이어 정치계, 경제계, 교육계 인사들과 군 장성들까지 이름을 줄줄이 비리 명단에 올리고 있으니 말이다.

한 기업의 회장이 새로운 권력이 탄생할 때마다 도움을 줄 만한 관료들에게 현금이 든 상자를 집중적으로 돌렸다고 한다. 과연 그가 사업가인지, 정치가인지 헷갈리게 하는 대목이다. 뇌물로 현금 3,000만 원을 넣었다는 상자 속의 원래 내용물인 비타500은 그 덕에 유명세를 탔고, 판매가 급증하면서 주가까지 치솟는 웃지 못할 해프닝도 있었다.

우리가 언제부터 이처럼 추한 물질 만능주의의 노예가 되었더란 말인가. 6 · 25의 폐허 속에서도 후세를 위하여 부하고 강한 나라로 재건하겠다는 각오로, 우리의 부모는 밤낮을 가리지 않고 억척스럽게 노력하여 가난을 극복하고 오늘을 일구어냈다. 반세기만에 대한민국이 이룬 경제 발전에 세계도 부러움과 감탄을 아끼지 않는다. 이 사실만으로도 우리는 만족하고 감사해야 하지 않을까.

얼마 전, 드라마를 시청하던 중에 충격을 받은 적이 있다. 극 중에서 정부의 국장급 관료라는 사람이 아내도 모르게 어머니 방에 금고를 숨겨놓고, 뇌물을 받을 때마다 금괴나 현금 등을 금고에 넣으며, 죄책감은커녕 모친과 더불어 너무나 행복해 하는 모습을 보았기 때문이다. 더구나 아들의 비리를 꾸짖어야 할 어머니는 금고가 채워져 가는 것에만 흐뭇해 할 뿐, 그것이 범죄 행위이고 발각되면 아들이 어떤 대가를 치러야 한다는 사실에는 무감각한 듯했다. 물론 한 편의 드라마에 지나지 않지만, 그것이 곧 우리 사회의 단면을 보여주는 현실이 되고 말았다.

오래전의 일이다. 학창 시절 내내 절친했던 친구가 갑자기 만나자고 연락을 해 왔다. 그녀도 대학 졸업 후, 나와 비슷한 시기에 미국으로 유학을 갔었다. 그곳에서 유학생인 남편을 만나 결혼했는데, 고국에서 일을 하고 싶어 해서 몇 년 전에 귀국했노라고 했다. 그의 남편은 미국에서도 좋은 직장에서 능력을 인정받는 인재라는 소문을 들은 적이 있었다.

비슷한 경험을 한 우리 둘은 어릴 때 같이 다니던 교회 친구들 소식이며, 사는 이야기, 애들 이야기로 시간 가는 줄도 모르고 수다를 떨었다. 귀국 후, 열심히 일한 보람이 있어 그의 남편은 마침내 정부 산하기관의 장으로 발령을 받았단다. 그날 저녁에 남편과 마주앉아 차를 마시며 이런저런 이야기 끝에 남편에게 그녀의 생각을 조심스럽게 털어놓았다. 일을 열심히 하다가 실수하는 경우는 몰라도 비리에 연루되는 일은 절대로 없게 하자고 했단다. 조용히 듣고 있던 남편은 자기보다 똑똑하고 유능한 사람이 많은데도 자신이 선택된 것은, 정직하고 성실하게 자신의 전문 분야를 통해 나라에 공헌하라는 하나님의 뜻일 것이라고 했다. 그리고 그녀의 손을 꼭 잡고는, 그렇게 말해 줘서 고맙다고 했단다. 어쩌면 이리도 아름다운 부부가 있을까 감격하여 나는 친구를 감싸 안았다.

그렇다. 우리에게는 아직 희망이 있다. 비리의 인물은 극소수일 뿐이다. 침묵하는 대다수의 보통사람들은 묵묵히 바람직한 미래를 향해 하루하루를 열심히 살아가고 있다. 그들이 무신론자이건 종교인이건 관계없이 깨끗한 나라, 희망의 나라를 자녀들에게 물려주기를 소망하기 때문이다.

서
용
좌

자유를 증오한다

서용좌
[독문 67, 소설]

자유를 동경했다, 동경했었다.

1997년 겨울, 세 번째 독일에 갔던 그때만 해도 내게 자유는 아름다운 가치였다. 저 남쪽 어느 대학의 교수를 우연히 만난 것은 일종의 인문학 강좌에서였다. 쾰른에 거주하며 뷔페탈 대학에 오가느라고 시간은 많이 들었지만, 코앞의 별다른 과제가 없다 보니 야간의 가벼운 강좌도 기웃거리다 유명한 교수의 이름을 발견하고 갔던 참이었다. 연사였던 그 교수는 자신의 책과 논문들을 읽었다는 이역만리 한국의 시원찮은 독문과 교수를 직접 만난 것이 기분 좋은 일에 속하겠지만, 이상한 질문을 했다. 마치 뭣을 구하러 가정과 애들이 있는 나이 든 여자가 외국에 나와 있는 것이냐, 하는 식으로. 실제로 전문자료를 구하기 위해서 독일에 간다고 하는 것은 그리 의미가 없는 시대였으니까. 또 이미 교수자리에 있는데—독일에서는 교수 자리가 대단해서 그랬겠지만—뭣 때문에 애써 독문학의 본고장을 쓸쓸히 배회하느냐는 식의 질문이었다. 어차피 독일사람들처럼 독일 정서에 함몰되어 독문학을 완벽하게 체득할 수도 없으면서, 문학이 뭐라고?

질문의 저 깊은 회의를 깨닫지 못했던 어리석은 나는 자유라는 말을 입술에 달고 있었다. 일상으로부터의, 강의로부터의, 가정으로부터의, 모든 속박으로부터의, 어쩌면 생 자체로부터의…… 자유를 위해서. 독일학술교류처의 장학금으로, 혹은 학교당국의 연구비로, 연구의 깊이를 더하기 위해서 유유자적하는 자유를 어찌 예찬하지 않았겠는가.

추상적인 자유는 아름다운 무엇이었다. 그뿐이 아니었다. 건배라도 할 일이 있으면 자유를 위하여, 라고 외칠 뻔도 했다. 이 자유민주주의 국가에서 자유시장경제의 혜택을 누리며 성장해온 우리들, 이 아니 자랑스러운가, 라고. 자유시장경제가 자유민주주의와 합심해서 민주주의를 잡아먹고 우리들로부터 온갖 원래적 자유를 침탈하고 있다는 것을 의식하지 못한 채로, 나는 막연히 자유를 예찬하고 있었다.

시장경제체제는 사유재산제도에 기초하므로, 다른 말로는 자본주의 또는 자유기업경제다. 기업경제가 자유를 보장받는다. 이 자유는 상대에게 창끝을 겨눈다. 창끝은 가진 자유가 적은 사람의, 창을 든 손은 가진 자유가 넘치는 사람의 몫이다. 기업의 순이익이 상승해도 노동자의 소득은 제자리걸음이다. 최악의 경우, 기업이 투자는 미루면서 몇 년 하다가 타산이 안 맞다 하면서 손을 떼어버리면 그단이다. 잘 준비된 시나리오만 있으면, 경영위기를 서류상으로 증명만 하면, 문 닫을 권리가 생긴다. 사람 내쫓는 것도 권리가 된다. 기업의 자유는 노동자들을 단박에 해고할 자유까지를 말한다. 자유가 보장된 세상이 그렇다.

이러고서 자유를 예찬해야 하다니. 나는 언젠가부터 자유를 증오한다.

원론적으로는 외부적인 구속이나 무엇에 얽매이지 아니하고 내 마음대로 할 수 있는 자유의 상태를 누군들 마다하겠는가. 그런데 상충이 일어난다. 나의 자유와 너의 자유가 일치하기가 쉽지 않다.

고도성장의 시대에 우리나라를 기회의 땅이라 했다. 상당수 자수성가를 꿈꾸던 사람들은 계층 상승을 이루어 냈다. 계층 상승을 이루다—이 말 자체가 사회에 상존하는 계층의 구분을 인정하는 씁쓸한 말이다. 그래도 사람들에게 꿈을 준다. 자유 경쟁을 통해서 계층이동이 가능하다는 꿈을. 경쟁할 자유, 그것도 자유인데 경쟁에서 낙오된 것은 낙오된 자의 무능이다, 라고들 한다. 자유 경쟁이란 어불성설이다. 같은 조건이 아닌 자유 경쟁은 자유 경쟁이 아니다.

느닷없는 생각. 내가 자유 경쟁으로 대입을 뚫었지만, 딸을 낳으면 꼭 이화여대에 보내겠다는 우리 어머니의 성화와 딸을 무슨 대학공부 시키냐는 다른 어머니의 차이가 만들어낸 결과가 아니었을까. 나는 분명 무심한 어머니의 딸 대신에 대학에 합격했을 것이다.

나의 자유는 많은 사람들의 부자유를 담보로 하기가 십상이다. 내가 마시는 물과 먹는 쌀은 누군가의 부자유의 대가이다. 쉬고 싶어도 하기 싫어도 물과 쌀을 만들어 내기 위해 쏟은 노력과 그 일의 결과다. 그들이 내게 물과 쌀을 만들어 주기 위해서 일을 한 것이 아니라 다만 그들과 가족의 생계비를 벌고자 했을 뿐이더라도, 나는 그들의 자유를 대가로 밥을 먹고 물을 마시고 펴 쓴다. 고마운 줄도 모르고. 다른 사람들의 자유의 대가로 살아간다는 생각을 하게 되면 내 마음은 자유롭지 못하다.

반대의 경우는 더 심해진다. 내 자유를 담보로 나와 가족의 생활비를 버는 노력이 그 생활비를 충족하지 못할 때, 나는 내 자유를 다 내어 주고도 먹고 입고 사람답게 살 자유—인격을 유지하면서 살 자유—를 건지지 못한다. 내 자유는 저당잡힌다, 이 자유민주주의 시대에, 이 자유시장경제체제 내에서.

나는 언제부턴가 자유를 증오한다. 증오해야만 자유를 누릴 심보를 줄이게 된다.

자유를 누리고픈 심보가 문제다. 나의 감정과 의견을 고려하지 않고 자유롭게 말하는 상대를 보면, 나도 자유롭게 말하고 싶다, 상대의 감정과 의견을 고려하지 않고. 행동은커녕 말도 자유롭게 못할게 뭔가, 하지만.

내가 자유를 느낄 때 그 자유가 온전히 내 몫인가, 다른 사람의 것을 빼앗아온 것은 아닐까. 내가 덜 자유로울 때 나 아닌 타인들의 자유가 덜 침해받으리라는 것이 공식이니까. 지구상에 자유의 부피와 무게는 일정한데, 내가 덜 쓸 수 있어야 하지 않겠는가. 인간이 누리는 자유만 해도 73억분의 1, 그 만큼의 자유로 만족하려면 아예 자유를 외면해야 한다. 그뿐이 아니다. 지구는 온통 인간들의 소유물만도 아니다. 셀 수 없는 많은 동물들과 식물들의 자유는 인간들의 자유의 희생이 되고 있다. 땅과 물 또한 인간들의 자유 앞에서 맥없이 무너지고 있다. 태고의 숲은 더 이상 숲이 아니라 인간들의 미식의 자유를 위해 커피재배단지로 변하고, 사육동물들의 죽음의 수용소로 변해간다.

자유라는 가치를 생각하다보면 가슴이 아파온다. 그래서 나는 증오한다, 자유를. 원래는 꿈꾸었던 아름다운 가치, 자유를.

우애령

쿠마의 늙은 무녀

우애령

[독문 68, 소설]

한참 복더위가 기승을 떨치는 날이었다.

우리집이 있는 목동 아파트는 베란다 쪽 길에 나무들을 심고 조경을 해서 차가 못 다니게 되어 있다. 날씨가 너무 더워 에어컨을 켜려고 창문을 닫다가 한 노인이 작은 동산 앞 땡볕이 드는 길가에 큰 댓자로 누워있는 모습을 보았다. 밖에 나가 집 앞에 있는 경비 아저씨에게 저 사람이 어디 다쳤느냐고 물었다.

"아니, 그게 아니구요."

경비 아저씨는 고개를 설레설레 내저었다.

"저 옆 벤치에 앉아계시는 분이 아드님인데 저분이 95세랍니다. 치매에 걸려 집을 몰래 나가신 걸 겨우 여기 와서 찾았는데요. 아까부터 여기가 좋다고 절대로 안 일어나시는 거예요."

"그럼 어떻게 하지요? 이런 날씨에 위험할 텐데…… 그늘도 없고……."

"아, 그래서 저 아드님이 누이들에게 전화를 했답니다."

우리가 보통 아드님이라고 말할 때 흔히 상상할 수 있는 20대나 30대가 아닌 그 남자는 적어도 60세는 넘어 보였다. 조금 후 초로에 접어든 두 딸이 달려와 노인이 누운 양쪽에 쪼그리고 앉아 아버지를 부르며 그만 일어나시라고 달랬지만 노인은 끄떡도 하지 않았다. 딸들이 팔을 잡자 믿을 수 없이 센 힘으로 뿌리쳤다.

8월 한낮의 더위가 기승을 부리는 날씨라 지나가는 사람들도 많지 않았다. 발길을 멈추고 앰뷸런스를 부르라고 조언을 하는 사람도 있었지만 젊은 사람들은 대체로 일별한 후 아무것도 묻지 않고 그냥 지나가고 있었다. 지친 아들은 그 옆 벤치에 앉아 하늘만 보고 있고 딸들도 그냥 맥 빠진 어조로 하릴없이 아버지를 달래고 있을 뿐이었다.

노인이 일어나도록 중재하려 들던 경비원 아저씨도 속수무책이었다. 뿌리치는 힘이 천하장사라 혹시 노인이 뼈나 근육을 다치기라도 할까 봐 무리해서 일으켜 세울 수가 없다는 것이었다. 점심준비를 하다가 걱정이 되어 찬 음료수라도 들고 나가려고 다시 베란다 창문으로 내다보니 네 사람 다 사라지고 없었다. 한낮에 실재하지도 않는 환상을 바라보았던 것만 같았다.

경비원 아저씨에게 물어보니까 홀연히 그 노인이 혼자 일어나서 방향 없이 걷기 시작하자 아들과 딸들도 다 노인을 따라서 걸어갔다는 것이다. 이 기이한 행렬이 어디까지 가고 있는지, 집에는 무사히 도착했는지 알 수 없는 일이었다.

사람들이 오가는 길가에 그냥 누워서 막무가내로 움직이기를 거부하는 노인의 자녀들은 마음속으로 무슨 생각들을 했을까.

'앞으로도 더 오래 사셔서 심심한 우리를 자극해주셔야 하는데…….'

'부모님을 너무 사랑해서 이런 일도 즐거워요.'

아마 모르기는 몰라도 이런 생각을 했을 것 같지는 않다.

'어째서 그만 돌아가시지 않고 이제 다 늙은 우리까지 괴롭히는 것일까.'

언어화하지 못한 이런 생각과 울화가 마음속에 맴돌고 있었을 가능성도 적지는 않다.

공교롭게도 바로 그날 호스피스 완화 의료전문 간호사 출신인 노인이 1942년 이래 법적으로 안락사가 보장된 스위스에서 안락사를 택해 세상을 떠났다는 기사가 인터넷에 떴다.

그녀는 한마디로 늙은게 싫다고 했다. 누구는 늙은게 좋아 죽겠는 줄 아나…… 하고 중얼거리면서 그 다음 기사를 읽어보니까 사연은 이러했다.

그녀는 오랫동안 병든 채 죽을 날만 기다리는 노인을 돌보면서 관련된 책도 두 권을 써냈다고 한다. 이 책에서 그녀는 과도한 비용이 들어가는 치료를 제한해야 한다는 내용을 담았다.

"평생 나이든 사람들을 돌보면서 항상 '난 늙지 않겠다. 늙는 것은 재미없다'고 생각해 왔다. 늙는다는 것은 암울하고 슬프다. 끔찍하다. 나는 이제 막 언덕 꼭대기에 올랐다. 앞으로 내려가기만 할 뿐 더는 좋아지지 않는다. 보행기로 앞길을 막는 늙은이가 되고 싶지 않다. 70세까지 난 매우 건강하다고 느꼈고, 원하는 어떤 활동에도 참여할 수 있으며, 여전히 바쁘고 쓸모가 있다고 느꼈다. 그러나 대상포진을 심하게 앓고 난 후에 모든 게 바뀌었다. 비록 지금 건강해도 내 삶이 다했고 죽을 준비가 돼 있다."

2년 전에도 그녀는 신문 기고를 통해서 병든 노인문제를 현실적으로 지적했다.

"노인들이 사회에 짐이 되는 건 부인할 수 없는 현실이다. 나도 병든 노인들을 돌보다가 '왜 이렇게까지 해야 하나'라고 생각한 적이 많았다. 병든 노인들은 정신적으로 이상하고, 신체도 무기력해 자신조차 돌보지 못하며, 심지어 찾아오는 방문객도 없다. 나는 너무 늦기 전에 이들에게 평화를 주기 위한 처방전을 써주고 싶었다. 자신도 모르게 대소변이 나오고, 욕설을 서슴지 않고, 주는 밥을 먹고 방 안만 돌아다니는 걸 원하는 사람은 아무도 없다."

그녀의 죽음은 스스로 선택하는 안락사에 대한 사람들의 논쟁에 불을 지폈다고 한다.

이제 나이 든 사람들은 이런 기사가 자손들의 눈에 뜨일까 봐 전전긍긍해야만 하는 것일까.

T.S 엘리어트의 시 「황무지」에는 쿠마의 무녀 시빌의 이야기가 나온다.

신화에 따르면 그녀는 앞날을 점치는 힘을 지녔다. 그리고 아폴론 신에게서 손 안에 든 모래알만큼 많은 햇수의 영생을 얻었으나 영원한 젊음을 유지해달라는 청을 잊고 말았다. 오랜 세월이 지나 점점 늙고 쪼그라들어 형편없는 몰골이 되자 무녀는 조롱 속에 매달려 살며 아이들의 구경거리가 된다. 아이들이 "무녀야, 넌 무얼 가장 원하니?" 하고 물었을 때 그녀는 대답한다. "난 죽고 싶어!"

문명의 발달이 가져온 지나친 장수는 축복이 아닌 저앙의 조짐을 이미 보이고 있다. 그렇다면 과연 노인들 자신은 자기 앞에 남은 생을 어떻게 지내고 견디어야 하는 것일까. 이제 나이 든 사람이 세상에 나누어줄 수 있게 양손에 쥐고 있는 것은 과연 무엇일지 생각해보아야만 할 것 같다.

전에는 손주들을 사랑하고 아랫사람들에게 인생의 지혜를 전수하며 주위 사람들을 헤아리는 배려의 마음을 실천하는 바람직한 노년의 그림이 있었다. 그러나 이제 바쁜 손주들은 만나기 힘들고 인생의 지혜는 인터넷이 전수하고 있으며 배려는 간섭과 잔소리와 동의어로 해석되고 있는 경향이 팽배해 있다.

어느 노시인이 들려주는 시의 한 구절처럼 '쇠약하여 이제 남에게 아무런 도움을 줄 수 없어도 온유하고 친절한 마음을 잃지 않는 것'도 작은 답이 되어줄 수 있을까.

조롱에 갇혀 죽고 싶다고 말하는 쿠마의 늙은 무녀에게 무엇이라고 말해줄 수 있을지 곰곰이 생각해보게 하는 작금의 세태가 아닐 수 없다.

혼자 먹는 밥, 혹은 혼魂밥

오은주
[심리 80, 소설]

오은주

여름이라 문이 활짝 열린 동네 밥집 앞을 지나게 되었다. 고등어구이, 삼치구이, 갈치조림을 전문으로 파는데 동네에선 맛으로 제법 알아주는 집이다. 추수가 끝난 논밭처럼 텅 비어버린 머리엔 고랑처럼 가르마가 선명하지만 몇 올 남지 않은 새하얀 머리칼을 자뭇 정성스럽고 단정하게 빗고서 한 할머니가 고등어구이를 반찬으로 점심밥을 먹고 있다. 할머니는 홀로 밥을 먹는 것에 대한 주위의 관심에 초탈한 듯 고개를 똑바로 들고 입을 연신 오물거리며 제법 맛이 있다는 표정이다.

나는 저 고등어구이의 맛을 음미할 수 있는 할머니의 미각이 얼마나 남아있을지 가늠해 보았고, 치아는 몇 개나 보존되어서 정상적으로 씹고 있는지 잠시 궁금했더랬다.

나는 그 할머니를 알고 있다. 나이는 89세로 근처의 넓은 아파트에 혼자 살고, 경제적으로 풍족하고, 자녀들은 주말에 와서 같이 지낸다. 혼자 밥을 먹는 할머니를 보고 그 누구도 탓할 수는 없다. 집에서 혼자 아침밥과 저녁밥을 먹는 할머니가 점심만큼은 지리가 익숙한 동네 식당들에서 다양한 음식을 먹고 싶을 거라고 생각한다. 내일은 아마 근처 순두붓집에 앉아있을지 모르겠다. 노할머니의 모습에는 타인을 의식하는 시선 따위는 없다. 비록 고등어구이의 맛을 혀로는 완벽하게 느끼지는 못하지만, 저 먼 젊은 시절, 고소하게 먹었던 고등어구이의 맛을 되살리거나 추억하며 지금도 마음으로는 그 맛이라고 여기고 있는 듯한 표정이다.

이렇게 혼자 밥을 먹는 사람들이 늘어나면서 줄여서 '혼밥'이라는 새로운 조어가 탄생했다. 혼자 사는 노인뿐만 아니라 기러기 아빠가 된 남자들도 혼밥을 먹고, 학업이나 직장 때문에 원가족을 떠나와 있는 사람들도 혼밥을 먹게 된다.

가끔 혼자 밥을 그것도, 집 밖에서, 여자가 먹으려면 난감한 경우가 많다. 밥은 누군가와 같이 먹는 것이란 암묵적 합의가 아주 오래전부터 덧씌워져 있기 때문이다.

이 혼밥의 어색함을 줄여주는 데 아주 적절한 소도구가 바로 스마트폰이다. 혼자 가서 음식을 주문하고 기다려야 하는 그 뜨악하고 막막한 시간에 무언가 바쁜 듯이, 약간은 생산적인 일을 하듯이 메워주는 게 스마트폰이다. 밑으로 쳐다봐야 하니 다른 사람의 시선도 자연스럽게 피할 수가 있다. 카톡방에서 밀린 답장을 쓰고, 뉴스 몇 가지 검색을 하다보면 주문한 음식이 식탁 앞에 놓여진다. 그 전에는 혼자 밥 한 끼 먹으려면 주변 사람들의 시선 때문에, 신문이나 잡지 등을 꼭 지참하고 굳은 결심을 하고 식당에 들어가야 했다. 가서도 대부분 4인용인 식탁을 혼자 차지하는 게 미안해서 좌불안석이었다. 요즘은 혼밥 먹는 사람이 많아서인지 식당마다 대부분 1인용 식탁이 있어 그런 불편도 줄었다.

나 역시도 가끔 혼밥을 먹으려면 1인용 카운터 테이블이 있는 곳에 자리 잡고, 주문을 하곤 재빨리 스마트폰으로 눈길을 옮겨서 어색함을 피해버린다.

혼밥에도 레벨이 있다고 한다. 편의점에서 삼각김밥이나 컵라면을 혼자 먹을 수 있으면 '평민', 백화점 등의 푸드코트에서 혼자 먹을 수 있으면 '고수', 중국집에서 혼자 자장면이나 짬뽕을 먹을 수 있으면 '영웅', 고깃집에서 불판에다 혼자 등심이나 삼겹살을 구워먹을 수 있다면 '지존', 술집에서 혼자 잔을 채워나갈 수 있다면 '초인', 패밀리레스토랑이나 뷔페에서 혼자 먹을 수 있다면 드디어 '신'의 경지에 도달한 것이다.

아마 대부분의 중노년 여성들은 어쩌다가 겨우 '고수' 정도까지 겨우 도달해 보았음직 하다.

많은 사람들이 혼자서 텔레비전이나 스마트폰과 같이 밥을 먹고 있다. 그러나 이 혼밥의 시대에도 대개 사람들은 여전히 밥을 매개로 해서 모이는 걸 푸근하게 생각하고 좋아한다. "언제 밥 한 번 같이 먹자!" 흔히 쓰는 이 말은 "한 번 보자!"나 "담에 연락할게!" 보다는 확실히 더 적극적이고 친근함을 담고 있다.

텔레비전에는 집밥을 만들고 그 자리에서 먹는 모습이 넘쳐난다. 사람들은 그 속에서 펼쳐지는 집밥의 조리와 집밥을 먹는 연예인들을 보면서 가족들과 같이 했던 집밥의 밥상머리를 그리워한다.

그래서 혼밥에 지친 사람들은 인터넷상에서 집밥을 같이 먹는 소셜다이닝 모임을 만들어 같이 밥을 먹기도 한다. SNS를 통해서 시간과 장소를 정해 만나고, 요리사가 해주는 밥을 같이 먹거나, 각자 집에서 만든 반찬을 가져와서 밥과 국을 차려 소박한 식사를 같이 한다. 물론 말없이 밥만 먹는 건 아니고, '집밥'과 '대화'라는 친밀감 형성의 장을 만들고 임시 식구가 되는 것이다. 이젠 음식으로 교제도 하고, 힐링도 하고, 치료도 한다. 소울푸드, 힐링푸드, 각종 푸드테라피가 넘쳐난다.

한 끼니지만 식구들과 먹는 집밥으로 힐링의 혼魂밥을 추구하는 것이다. 집밥의 핵심은 정성과 정신이다. '따뜻한 집밥'이니 '집밥의 힘'이니 하는 책들도 넘쳐난다. 예전엔 누군가의 전적인 희생으로 자연스레 주어졌던 따스한 집밥 한 끼가 이제 어려워졌기 때문에, 이렇듯 집밥의 인기는 상종가를 치고 있다. 그런데 왜 음식에 왜 정신과 정성이 들어가야 할까? 그 음식을 먹을 사람을 생각하면서 만드는 음식이라면 가령 콩나물을 무치면서도 손바닥에서 다른 기운이 나와서 음식에 스며든다는 것인데, 일견 고개가 끄덕여진다. 주부로 살면서 바쁘다는 핑계로 성의없이 준비한 밥상이 초래한 참사(?)를 나 스스로도 수없이 겪어 보았기 때문이다.

89세 할머니가 혼자 먹는 밥도, 집밥이 그리워 소셜 다이닝에서 오늘 저녁밥을 같이 먹을 사람을 찾아 밥을 먹는 사람에게도 한 끼의 밥이 진정 혼魂이 깃든 한 끼의 밥인 것이 중요하다. 그 음식을 만든 이의 정성이 스미어 나와 혼밥이 되든, 꼭 먹고 싶었던 음식이라 미각을 만족시켜주어 혼밥이 되든, 같이 먹고 있는 사람들과의 즐거운 소통이 가미되어 혼밥이 되든, 되도록 혼밥을 먹도록 해봐야겠다.

그나저나 오늘 저녁밥을 혼자 먹게 될 나는 어떻게 하나?

몸살

이미연
[영문 80, 수필]

이미연

무슨 일이 생기기 전에 마을에 있는 바위나 나무에는 전과 다른 일이 생기고, 이를 본 주민들이 더욱 조심했다는 이야기들이 전해온다. 불안은 안전을 위한 장치라고도 한다.

사람들은 복 받기를 원하고, 집단을 이루는 사회에서 원하는 것은 순항일 것이다. 그러나 바위는 우리 앞에 나타나기를 쉬지 않는다. 내 앞에 가로막힌 바위를 나약한 사람은 장애물로 여기고, 용기 있는 사람은 디딤돌로 여긴다는 이야기가 있다.

새똥이 내 머리 위에 떨어질 수 있고, 그것이 나의 잘못은 아닐 수 있다. 그러나 그 새가 내 머리 위에 집을 짓는다면 그것은 나의 잘못이 된다.

세월호가 침몰했을 때 우리들 대응이나 언론에서의 보도, 정부기관에서의 후속 조치는 참으로 미흡했다. 우리는 골든타임을 드라마나 인터넷상에서는 열심히 토론하고 말했지만, 실생활에서 우리는 현실을 가상으로 생각했는지 참으로 이상한 일들과 말들로 실제 일어난 세월

호가 시간이 지남에 따라 다른 사건으로 만들어지는 듯했고, 그것에 대한 추측과 자신들의 의견만 무성했다. 행동은 없었다. 흡사 손가락질하는 모양새이다. 다른 이에게 하나의 손가락을 향하지만, 나에게는 그 남은 손가락들이 향하는 것처럼, 남에게 책임을 미루고 있으면서, 자신의 잘못은 없는 것처럼 말이다. 흡사 인터넷 기사에 댓글을 다는 것처럼, 그게 우리의 할 일의 전부인 양. 그러는 사이에 죄 없는 아이들이 그대로 수몰되었다. 혹자는 놀러가다가 죽은 일이라고 단순화시켜 말하는 것은 나와 우리 사회와는 무관하다는 발상처럼 느껴졌다. 삼풍백화점 때나, 성수대교 때는 이러지는 않았는데 말이다. 대구 지하철 사고 때도 이 정도는 아니었던 것 같다.

그래도 사람들은 나만 아니면 된다고 생각해서인가, 메르스라는 전염병이 돌기 시작했을 때, 말을 잘 들었던 학생들과는 반대로, 이제는 나이든 어른들이 병원과 의사들의 이야기를 믿지 않기 시작했다. 그래서 그들은 응급실에서 기다리다가 더 큰 병원으로 가기도 하고, 별일 없겠거니 생각해서 자신들의 판단에 따라, 동네 의원도 가고, 식구들과 접촉도 하고, 그리고 대중교통도 이용하고, 출근도 하고, 식당에도 가고, 의사들은 면역력이 강하다고 믿었거나, 업무에 밀려서 젊은 의사들이 속절없이 병에 걸리기도 하는 믿을 수 없는 사태가 계속되고 있다.

세월호도 남의 나라 이야기라면 정신 나간 사람들이라고 말하고 싶을 만큼의 사건이다. 그러나 메르스에 대해서는 다른 나라 사람들이 우리보다 더욱 경각심을 가지고 지켜보고 있다. 우리의 대처 능력에 대한 모습을 그들은 그대로 보면서, 관광 오는 것도 다른 곳으로 발길을 돌리고, 우리의 의학기술을 흠모하던 사람들도 우리의 의술을 믿지 못하겠다며 발길을 끊고 있다.

작년에는 세월호로 올해에는 메르스로 사람들은 위축되고, 경기도 위축되고, 모임도 자제하고, 놀러 다니는 것도 더욱 조심하고, 있다. 그러고도 우리는 아직 정신을 차리지 못했던 것 같다. 하늘이 비를 아끼시고 있다. 그래서 강바닥이 드러나고 저수지 바닥이 거북이 등처럼 갈라지고 있다. 매년 장마전선이 올라온다던 일기예보는 반갑지도 않았는데, 올해는 정말로 언제 비가 올까 기다리고 또 기다리고 있다.

올해는 해방이 된 지 칠십 년이 된 해이고, 전쟁이 난 지도 육십오 년이 된 해이다. 그 사실도 제대로 인지되고 있는지 의심스럽다.

해방둥이와 12년 세월의 간격을 두고 태어난 나는, 이제는 격동의 세월에서 벗어나고 싶은 마음이 굴뚝같다. 사회인으로서가 아닌 개인으로서의 삶에 초점을 맞추고 싶었는지도 모른다. 그래서 세상 돌아가는 일에 살짝 귀를 가리고, 눈을 돌리고, 말을 삼가면, 흡사 시집살이와 비슷한 상태로서 그렇게 세상일에도 서툰 며느리처럼 살아가리라 마음먹었다. 세상에는 잔소리 전문 시어머니들 천지인데, 나까지 보탤 일이 없다고 생각했다. 그 시어머니들의 머리나 결집력이나 행동력을 구경하는 것조차 멀미가 나기 때문이었다. 모르면 편할 것 같았는데, 사실은 그런 게 아니었다. 내 나이에 며느리처럼 군다고 새색시가 되는 게 아니기 때문일 게다.

구성원들은 발에 실 하나씩 묶어서 서로서로 하나로 연결된 것이니 나 하나 뚝 떨어져 지내고 싶다고 해도, 어느새 다 하나로 묶여질 것이기 때문일 게다.

살아온 시간이 헛되지 않으려면, 작은 도움이라도 보태야 하는 게 맞을 텐데, 나 하나 편하고 싶다는 생각만으로 누군가의 아픔들에서 눈을 돌렸다.

세상에는 얼굴이 없다. 누가 대표하는 것도 아니다 어느 집단도 아니다. 인터넷을 도배하는 소식들이나 그 소식에 달리는 댓글들이 세상일 수 없다. 그것은 우리들 마음속에 떠오르는 생각들일 게다. 우리 사회가 살려고 몸살을 앓고 있다면, 나도 그 몸살이 진짜로 참삶을 살아내는 원동력을 이끌어내야 하지 않을까. 그것을 위해서 무엇을 기준으로 삼고, 무슨 생각을 하고, 무슨 말을 하고, 무슨 행동을 해야 하는지를 알아야 하고, 발에 실 하나로 묶인 우리들 전체에도 전달해서, 이 몸살이 정말로 큰 병이 되지 않도록 해야 할 것이다. 조금 아프기 시작할 때 우리는 우리의 몸에 주의를 기울여 더욱 섬세하게 보살펴야 한다. 지금 왜 하필 거기가 아프냐고, 왜 피곤하냐고, 왜 기운이 없냐고 탓해서는 몸살을 이겨낼 수 없을 것이다.

작은 허점들이 모여서, 회복하기 어려운 상태로 일을 진행해 나가지 않도록 해야 할 것이다. 누군가는 원칙과 유연성에서 어느 것이 더 이 사회에 필요한지 질문하기도 한다. 거시擧示사회와 미시微示사회 중에 우리가 집중할 것이 어느 쪽인지 자신에게 물어볼 때이기도 하다.

그러나 무엇보다, 살리기 위해 노력해야 한다. 내가 얼마나 세밀하게 분석하고, 내 생각과 이론이 얼마나 정확한지를 알리기 위해 노력하기보다 우리 사회 구성원 누구나 지킬 수 있는 기준점인 원칙도 존중하기 바란다. 원칙만 고집해도 어렵지만, 원칙이 없는 사회는 기둥이 없는 집처럼 느껴진다. 오래 버티기 어려울 것만 같다는 이 생각 위에 우리가 할 일들을 하나씩 해야 할 것이다. 우리의 몸살은 살기 위한 몸부림이어야 하기 때문이다.

6부

사랑스러운 거짓말

김양식

사라져간 인간신

— 일본 천황 죽음을 보며

김양식

[영문 54, 시]

이젠 꽤나 오래전의 이야기가 된다.

1989년 1월 7일, 나는 TV를 통하여 '일본 천황의 죽음'의 소식을 접했다. 간간히 일본의 국영방송인 NHK-TV를 통하여 모습을 드러내던 그의 노년의 모습을 볼 수 있었다.

제 2차 세계대전의 첫째로 꼽혔던 전범이란 꼬리표를 달고 살아가던 일본의 천황은 그렇게 저세상으로 떠났던 것이다.

그는 일본사람들에게 사람이 아닌 신으로 군림했다.

본인이 원해서라기보다도 그는 바로 일본인들의 신이었다. 천황天皇이란 한문글씨가 하늘 천天 자에 임금 황皇으로, 바로 하늘의 왕이란 뜻이다.

천황은 자신도 모르게 태어나면서부터 '하늘의 왕'으로 떠받들어졌다.

나도 일제로부터 우리나라가 해방되던 1945년 숙명여중 2학년 8월 15일 날까지 일제의 황국신민皇國臣民의 한 사람이었다. 등교하여 아침

조례 때마다 전교생은 운동장 동쪽에 세워진 '황국신민의 탑'을 향하여 '황국신민의 맹서'를 소리 높이 외쳐대야 했다. "우리들은 황국신민이다"라고 외쳐대야 했다. 그리곤 손뼉을 두세 번 치고 90도로 경례를 해야 했다.

이는 아직까지도 슬프다 못해 아픈 기억으로 남아있다. 교실마다 '우리는 황국신민이다'라는 국민의 맹서 액자가 앞면 벽 위에 걸려있어 교실에서도 똑같이 외쳐대야 했다.

일본 이름으로 개명하지 않으면 매번 교무실로 불러서 왜 빨리 성씨를 바꾸지 않느냐, 너희 집은 반동분자냐는 등 소학교의 어린 우리들에게 겁을 주었다. 모두는 끝까지 견디다가 끝내는 어린 자식들이 학교 가서 선생들에게 시달리는 꼴을 더 이상 보고 견디기 어려워 참으로 마지못하여 김金씨들은 대게 김金 자가 들어간 '가네무라金村'니, '가네사마金山'니 하는 성을 만들어 붙일 수밖에 없었던 상황이었다.

그렇게 많은 조선인들의 목숨을 앗아가고 일본의 충실한 황국신민으로 둔갑시키는 등 갖은 못된 짓을 저질렀던 일본의 악업의 최고책임자인 일본 천황의 제 2차 세계대전에서의 항복통고가 세계 각 나라의 라디오를 통하여 방송되었다. 그때는 내가 숙명여중 2학년 8월 15일이었다. 뜨겁고 지겹던 여름방학 중이었다.

식민지하에서 노예가 되어 최악의 삶 속에 허덕이며 살았던 36년의 악몽은 그렇게 종지부를 찍게 된 것이었다.

나는 TV를 통해서 시시각각으로 방영되는 NHK 방송을 바라보며 '인간의 비극이 바로 저런 것이었구나'라고 생각되었다. 증오심을 넘어 한 인간의 비극적인 삶, 자신이 원하지 않았던 삶의 길을 하나의 평범한 인간임에도 천황이란 일본의 살아있는 신으로 받들어 모셔지는 허상이 되어 꼭두각시처럼 평생을 살아간 천황이란 이름의 한 인간, 증오 속에서도 나는 한 인간의 비애를 느꼈다. 그래서 한편으로는 그의 말 못했던 괴로움에 약간의 인간적인 동정심으로 그의 죽음을 바라보았다. 그리고 나는 그의 죽음을 바라보면서 다음과 같은 즉흥시를 썼던 것이다.

사라져간 인간신人間神

— 日本天皇 昭和쇼와의 죽음을 보고

다 늙고 병들어 쭈그러진 그의 귓가에서
차츰 맴돌다 아득히 멀어져가는
　저 소리
　　　　　천황폐하 만세——
　　　　　　　　　　만세——
　　　　　　　　　　　만세——

그는 비로소 안간힘을 다하여 외쳤다
"짐朕은 인간답게 살고 싶었노라!" 고—

그러나, 그의 외침은
그의 피맺힌 회한의 외침은
아무에게도 아무에게도 들리지 않았다

그는 분명 살아 숨 쉬는 인간이었으나
일본은 인간이 아닌 살아있는 신神이라 했지

바로 그 살아있던 인간신人間神은 끝내
잔인무도한 침략자요, 가해자란 죄목으로
20세기 굴지의 전범자란 죄목으로
온통 짓눌려 등뼈는 활처럼 휘어진 채
끝내는 인간처럼 죽어간 가짜 신神이었다

밤마다 날마다
지표엔 수없이 불의의 아성을 쌓고 또 쌓아올리며
치사하고 더러운 야욕은 계속 잠꼬대를 해댔다

가끔은 오래전 화장시켜버린 양심의
아주 작은 메아리도 없는 그의 절규가
숭숭 구멍 뚫린 뼛속 깊이에서 치솟아 올라
다시 허기지고 상처 입은 들짐승처럼
사력을 다하여 외치고 또 외쳐댔다

"짐은 진정한 인간이고 싶었노라
신도 귀신도 아닌 인간이고 싶었노라
아아, 온통 내 삶의 허망함이여──!"

참으로 억울하게 죽어간 우리 겨레의 원혼들은
시퍼렇게 날선 경멸의 식칼을 휘두르며
허망한 인간신人間神의 가련한 임종을 지켜본다

차츰 휘청대는 그의 의식이 멀어져갈 때

아득히 가물대며 무위無爲의 허공으로 멀어져 갈 때
그는 비로소 그의 응어리졌던 속내를 쏟아낸다

"아아, 짐은 진정 인간답게 살고 싶었노라
천황의 왕관이 아니라 한낱 범부凡夫이고 싶었노라!
진정 착하고 착한 범부이고 싶었노라!"

불행하게도 그의 피맺힌 외침은 들리지 않았다
아무에게도 아무에게도 들리지 않았다

분명, 그는 살아 숨 쉬는 인간, 한 인간이었다
아니, 인간 아닌 살아 숨 쉬는 신이라 했으나

그 신은 제 2차 세계대전을 선포한 1등 공신
끝내 늙고 병들고 이젠 다만 시체로 굳어 누워있는
인간신 '천황'이란 금세기말의 한 허상虛像——

그 허상은 바로
어제라는 시간과 역사 속의 한 폐기물이었다
신도 귀신도 인간도 아닌 불쌍한 폐기물이었다

『햄릿』 단상

고영자
[영문 60, 평론]

고영자

그때의 일들은 무척 흥미로웠다. 아마도 내가 대학을 졸업하고 얼마간 지나서였던 것 같다. '살려고 먹느냐 먹으려고 사느냐, 그것이 문제로다'가 어떤 연극의 대사나 되는 것처럼 한동안 유행어가 되어 풍선처럼 떠돌았다. 나는 그때 그저 피식 웃고 무심히 지나쳤다. 사람이 살려고 먹든 먹으려고 살든 그게 그것이지 뭐가 달라. '먹는다'가 놓이는 순서의 차이일 뿐인데…….

하지만 확실히 그 유행어는 셰익스피어의 주인공 햄릿의 명대사 '사느냐 죽느냐, 그것이 문제로다'를 상기시키기에 충분한 것이었다.

그 당시를 뒤돌아보면 상당 기간 〈햄릿〉 영화에 나오는 영국 배우 로렌스 올리비아의 인기는 폭발적이었다. 특히 그 누구도 따를 수 없을 만큼의 성격배우라는 점에서 그러하였다. 영화선전이나 〈햄릿〉 포스터의 주연배우로서의 그의 모습은 마치 세상의 온갖 고뇌를 혼자 앓고 있다는 듯한 깊은 우수의 검은 눈빛을 하고 있어 사람들의 시선과 마음을 끌어들이는 강력한 힘이 있었다. 로렌스 올리비아 자신이 스스로 '햄릿은 바로 나같은 모습이다'고 말하는 듯하였다. 더구나 그 〈햄릿〉 영화는 로렌스 올리비아가 직접 감독하고 주연까지 맡은 영화라는 점에서 사람들의 크나큰 관심거리였다.

'햄릿' 하면 곧 떠오르는 것이 그의 극 중의 명대사 '사느냐 죽느냐, 그것이 문제로다'이다. 그 명대사가 당시의 많은 사람들의 마음에 깊은 인상을 주었을 것은 무척이나 당연지사 같아 보인다.

그런데 묘하게도 그 같은 시기에 사르트르의 『구토』가 화제가 되면서 그의 실존주의 사상도 급격하게 전파되고 있었다. 더욱이 1964년, 사르트르가 노벨상 수상을 거부하는 일이 있어 사르트르나 그의 실존주의 사상은 여러 언론매체를 타고 자주 해설되고 있었다. 그의 실존주의 사상은 전후 문학이나 예술분야에 다양하게 영향을 주면서 하나의 조류를 형성시켰다.

당시 이 두 가지는 마치 누군가의 어떤 의도가 작용이나 되었던 것처럼 동시에 나타났다. 물론 우연이었다. 하지만 이제 나는 당시의 일에서 '인간이란 무엇인가'하고 갈등하는 햄릿의 고뇌는 사르트르의 '인간이란 무엇인가'의 사색과 겹치는 면이 있어 우연 같지 않은 우연이 시대의 한 흐름을 타고 나타난 것은 아니었나 하는 생각을 하여 본다.

『햄릿』(1601년 작)의 극의 발단은 잘 알려져 있는 대로 부친 선왕의 '유령'이 나타나는 대목에서 시작된다. 유령은 자신의 죽음의 진실을 아들 햄릿에게 알려주고 햄릿이 복수하여줄 것을 직접적으로 명령하고 사라졌다. 부친 선왕의 죽음의 진실—숙부가 부친 선왕을 살해하고 왕관을 빼앗고 자신의 모친마저 왕비로 취한 추잡한 사실—을 알게 된 햄릿은 유령의 명령대로 복수할 것을 결심하였다. 하지만 햄릿은 복수할 절호의 기회가 주어졌을 때도 행동하지 못하고 복수를 지연시킨다.

이 사실을 두고 '이것이냐 저것이냐' 하면서 생각이 너무 많은 우유부단한 햄릿은 '사색하는 인간' '회의하는 인간'의 전형으로 알려지게 되었다.

햄릿은 오랜 장고 끝에 행동으로 들어갔다. 복수였다. 햄릿은 복수에 관하여서는 확실히 방황하였으나 행동이라고 하는 면에 들어가서는 무척 신속하게 움직였다. 결국 유령의 명령에 절대적으로 따른 그의 복수는 그의 주위의 모든 등장인물들을 전부 죽음으로 몰아넣었다. 새로운 왕 숙부의 사망, 왕비 모친의 사망, 자신이 사랑하던 애인 오필리아의 사망 등. 마침내는 햄릿 자신의 사망으로 끝을 맺었다. 『햄릿』에 등장하는 주요 인물들은 하나같이 모두 사망하였다. 모든 것이 허무였다.

햄릿은 하나의 시신의 두개골을 손에 들고서 '알렉산더대왕조차 사망하여 한줌의 흙으로 돌아가면 이처럼 보기 흉하고 한심스런 모양이 된다'고도 읊조린다. '역사상 대단한 이름 있는 알렉산더대왕조차도 사망하면 이처럼 허망할 뿐이다'고 햄릿은 인간의 허구를 읊는다. 『햄릿』속에서는 죽음 앞에서는 사랑, 연애, 권력, 탐욕, 우애 등 인간사의 모두가 허무일 뿐이다. 어쩌면 '인간의 사망은 숙명이다'를 그대로 극으로 옮겨놓은 것 같은 인상을 준다.

셰익스피어는 '인간은 세계무대 위에서 인류라는 관객 앞에서의 연기자다'고 말하고 싶어 한다. 그는 실제로 햄릿을 관객 앞에서 연기시키고자 하였다. 햄릿의 최대의 행동은 연기를 하는 일이었다. 그의 주위는 적으로만 둘러싸여 있다. 항상 누군가에게 감시당하고 있다. 보고 있는 자를 관객이라고 여긴다면 그 맨 한가운데에 서 있는 햄릿은 그들의 시선을 의식하면서 연기하지 않으면 안 된다. 이것이 햄릿이 새로운 왕 숙부의 궁중에서 삶을 영위하는 전부이다. '관객 앞에서의 연기자'라는 입장을 햄릿은 극 중에서 무척 폭넓게 충실하게 연기하였다.

모든 인간을 관객으로 하여 자신의 역할을 너무나 충실하게 연기하는 주인공 햄릿. 그는 연극 속에서 주인공으로서의 연기자일 뿐 아니라 셰익스피어가 의도하는 '연기자라는 본분' 도 그대로 실현하였다.

나는 햄릿의 명대사와 함께 햄릿의 행동 전체를 곰곰이 살펴보다가 『햄릿』에서는 유령의 역할이 최대한도로 확대되어 있었다는 것을 새삼 느낀다. 극 중에는 햄릿 그 개인으로서의 그 만의 '자유 의사' 는 전혀 개입되어 있지 않았다. 햄릿의 행동은 (부친 선왕의) 유령의 명령에 따른 것일 뿐 햄릿의 자유 의지는 전혀 없었다. 그래서 햄릿의 인간으로서의 자유 의지가 전혀 없었다는 점은 당시를 풍미하던 사르트르의 실존사상의 근본이 되고 있는 인간의 '자유' 문제와 연계되어 생각할 수 있게 된다.사르트르의 사상과는 완전히 대립된다.

나는 『햄릿』에서의 유령의 명령을 '기독교의 신의 명령' 으로 대치하여 볼 수 있다는 생각을 하여 본다. 그런데 햄릿은 전혀 자신의 의사 없이 유령의 명령에만 따라 행동하였다. 마치 인간은 신의 명령, 신의 의지에 따라 행동하는 것에 지나지 않는다는 메시지를 준 것과 같다. 성경의 창세기에서는 신이 인간의 본질을 결정하고 정의를 내렸다. 신이 천지를 창조하셨고 신의 영靈이 수면에서 움직였다. 신은 말했다. '빛이 있으라' 그래서 빛이 있었다. 신이 창조한 대지는 풍부한 물이 넘쳐 흐르고 초목이 번성하여 무성하고 동물도 번성하여 노니는 낙원이었다. 신은 자신의 모습을 본떠서 인간을 만들었다. 인간으로 하여금 모든 생물을 지배하도록 명령하였다. 인간은 결코 우연히 세상에 던져진 것이 아니고 신의 의지에 의하여, 신의 의지를 실현시키기 위하여 이 세상에 탄생한 것이 된다.

어떻든 천지창조의 포인트는 말할 것도 없이 이 세계도, 인간도 인간의 모럴도, 나아가 인간이 만들어낸 사회의 법규도 모두가 신의 의지로 시작된 것이 된다. 모든 것이 '신의 의지에 의하여 창조되었다'이다.

여기에 의연하게 반기를 든 형태가 사르트르의 실존주의 사상이다. 그는 부동의 기독교 사상에 강력하게 도전하였다. 그는 인간은 우연히 세상에 던져진 존재라고 하였다. 인간은 새하얀 종이와 같다. 그곳에 무엇을 쓰는 가는 인간에게 달려있다. 때문에 인간은 자유이고 그것을 자각하는 일이 무엇보다도 긴요하다고 주장한다. 인간은 기독교에서의 신의 의지에 따른 무엇인가가 아니고 인간이 무엇인가는 인간에 의하여 결정된다고 한다. 이것이 무엇보다도 사르트르의 가장 중요한 지적이다.

기독교에서의 인간은 신의 의지로 창조되었고 신의 의지로 행동한다. 인간에게는 스스로의 의지가 없다. 인간은 '자유'가 허용되지 않는다. 인간은 자유가 없다. 따라서 사르트르 사상에 의하면 기독교에서의 인간은 '본질이 실존보다 먼저다'가 된다. 반면 사르트르는 인간은 '실존이 본질보다 먼저다'이다. '인간에게는 '자유'가 있다'에서 연유된다. 이는 사르트르의 사상은 완전히 기독교의 반대편에 서는 것이 되고 기독교에 대하여 무척 저돌적으로 반항하고 있다는 것을 알 수 있게 한다.

더욱 주의가 가는 것은 『햄릿』은 사르트르 식으로 분석하면 '본질이 실존보다 먼저'라는 것이 된다. 그리고 앞서의 유행어 '살려고 먹느냐, 먹으려고 사느냐'는 '살려고 먹느냐'는 바로 '실존이 본질보다 먼저'가 된다. 여기에는 인간의 '자유'가 개입될 수 있는 여지를 주기 때문이다. 물론 '먹으려고 사느냐'는 햄릿의 경우와 마찬가지로 '본질이 실존보다 먼저'에 해당된다.

『햄릿』의 작가 셰익스피어가 기독교인이었던 것과 마찬가지로 사르트르도 기독교와 무관한 인물은 아니다. 그런데 같은 시기에 상반된 '인간상 · 인간의 정의'를 한편에서는 영화 〈햄릿〉에서, 다른 한편에서는 실존주의 사상에서 표출하고 있었던 것이 된다.

나는 명작이라든가 고전의 의미가 새롭게 다가오는 것을 느낀다. 시대의 추이를 따라 여러 각도에서 명작이나 고전은 참으로 새로운 모습으로 탄생한다. 그래서 그러한 작품들에게 명작이라든가 고전이라는 이름이 붙여지는 것일 것이다.

김정희

일본문학과 나

김정희
[불문 63, 번역]

나는 2015년 2월 13일 숭실대학교에서 「아쿠타가와 류노스케芥川龍之介문학에 나타난 소재 활용 연구」로 문학박사 학위를 취득했습니다. 75세 최고령에 학위를 받으니 졸업식에서 화제가 되어, 카메라 세례를 받았으며 기자와의 인터뷰도 유튜브에 올랐습니다.

졸저는 1997년 일본 니가타新潟대학 박사과정의 학위 청구논문으로 제출한 것과, 2014년 숭실대학교 박사학위 논문을 합친 결과물입니다.

아쿠타가와는 프랑스 작가의 영향을 받았고, 나도 대학에서 불문학을 전공하였습니다.

아쿠타가와(1892~1927)는 『불란서문학과 나』에서 아나톨 프랑스의 『타이스』를 읽다가 탄복하여 색연필로 마구 밑줄을 그었다고 합니다. 『타이스』는 1909년 1월 《와세다 문학》에 소개되자 테마의 참신함으로 큰 반향을 일으켰습니다.

두 사람은 도회인으로, 동서고금에 이르는 지식, 회의주의, 풍자와 재치가 작품의 공통점입니다.

『멘수라 조일리(MENSURA ZOILI)』의 조일리 나라는 예술작품의 가치를 재는 기계가 있는데, 아쿠타가와는 모파상의 『여자의 일생』을 최고 수치로 표시합니다.

나와 아쿠타가와 문학과의 인연은 30년 이상입니다. 왜 아쿠타가와 문학을 전공했을까요?

첫째, 단편의 재미와, 따뜻한 인간애, 기발한 발상, 의표를 찌르는 소재 등이 매우 흥미로웠고, 작품의 구성, 세련된 유머나 야유, 예리한 경구, 명석한 문체는 독자들과 나를 매료시켰습니다. 둘째, 『코鼻』 등, 주로 고전에서 취재하여 현대적 테마로 재구성한 역사소설이 특색입니다. 셋째, 『서방의 사람』 『속 서방의 사람』은 예수를 소재로 한 최후의 작품으로. 자살했을 때, 베갯머리에 성서만 있었을 뿐만 아니라 기독교와의 관계가 평생 이어졌다는 점입니다.

1993년 일본 니가타대학 박사과정 입학 전부터 나는 아쿠타가와의 자살에 의문이 생겨, 만년의 작품 『겐카쿠 산방』 『갓파』를 연구하기 시작했습니다. 이 작품들은 나카무라 신이치로中村愼一朗가 '아쿠타가와의 유서'라고 말할 정도로 작가의 내면세계가 적나라하게 드러나 있기 때문입니다. 그 결과가 1994년 12월 니가타대학 대학원 『현대사회문화연구』1호에 실린 「芥川龍之介 『玄鶴山房』の世界」입니다. 『갓파』는 인간의 약함, 추함, 바보스러움을 예리하게 서술하고 있습니다. 갓파 사회의 모순이나 부조리는 大正시대의 일본 사회와 비슷합니다.

그 후 지도교수는 『金將軍』을 권유했습니다. 다음은 『金將軍』의 내용입니다.

가토 기요마사와 고니시 유키나가는 수많은 병사와 함께 조선팔도에 쳐

들어왔다. 집이 불타 없어진 팔도의 백성은 부모는 자식을 잃고, 남편은 처를 빼앗겨 우왕좌왕 도망치며 갈팡질팡했다. (중략) 만약 이대로 팔짱을 끼고 왜군이 유린하도록 놓아둔다면 아름다운 팔도강산도 순식간에 불타는 들판으로 변할 수밖에 없었으리라. 그러나 왕명을 받은 김응서 장군은 고니시가 총애한 평양기생 계월향과 협력하여 고니시를 살해하였다. 영웅은 예로부터 센티멘털리즘을 발밑에 유린하는 괴물이다. 김 장군은 임신한 계월향을 죽이고 뱃속의 핏덩어리를 끄집어냈다. 이 이야기는 조선에서 전해지는 고니시 유키나가의 최후이다. 유키나가는 조선에서 죽지 않았다. 그러나 역사분식은 반드시 조선만은 아니다. 일본 역시 어린이에게 가르치는 역사는,—혹은 일본 남아에게 가르치는 역사는 이런 전설로 가득 차 있다. 예를 들면 일본의 역사 교과서는 이러한 패전의 기사를 한 번도 실은 적이 없지 않은가? 『일본서기』를 인용 하면서, 어떠한 나라의 역사도 그 국민에게는 반드시 영광 있는 역사이다. 김 장군의 전설만 가치가 있는 것은 아니다.

2007년 중국 영파대학의 제2회 芥川龍之介학회에서 나는 「芥川龍之介『金將軍』出典考」를 발표 시, 『金將軍』 출전은 니시오카 겐지가 언급한 미와 다마키의 『전설의 조선』 수록 「김응서」로 말하고, 아쿠타가와의 역사인식에 대해 발표했습니다. “아쿠타가와는 일본의 역사 왜곡과 조선의 설화와 큰 차가 있는 것을 알지 못한 것 같다. 일본의 영웅 창조는 승리자의 과장을 통해 국민의 전투 의욕 고양을 목적으로 하지만, 조선의 『金將軍』의 영웅은 패잔병의 울분을 풀려고 만들어진 허구라는 차이이다.” 발표 후 자리에 돌아오니 메모가 있었습니다. 일본 근대문학 연구자인 惠泉女學園大學의 시노자키 미오코篠崎美生子교수의 허락 하에 공개합니다.

김정희 선생님 발표 감사합니다. 저는 선생님의 역사인식에 대한 생각에 찬성입니다. 아쿠타가와는 자신의 권력성(당시 일본제국의 유명한 소설가로 영향력이 크다는 점)을 그다지 인식하지 못했던 것 같습니다. 적어도 이 소설을 읽은 당시의 일본인은 일본의 역사왜곡에 대한 큰 죄를 느끼지 못 했을 것입니다. 저는 항상 아쿠타가와를 지나치게 과대평가하는 아쿠타가와 연구 경향에 위화감을 가지고 있습니다. 비판해야 할 것은 비판해야 한다고 생각합니다. 따라서 선생님의 말씀에 깊이 공감하였습니다. 제가 근무하는 대학 동료에 숭실대학에 대해 연구하고 있는 교사가 있습니다. 그래서 숭실대의 훌륭한 역사—저항의 역사를 알고 있습니다. 또 이야기를 들려주세요.

나의 역사인식에 공감한 일본 지식인을 만나 감동을 받았고, 소재연구에 박차를 가했습니다.

『杜子春』은 한국국립중앙도서관에서 출전 『당대총서唐代叢書』를 발견하여 기존의 논문을 보강하게 되었습니다. 나는 숭실대의 4학년 학생들에게 『봉교인의 죽음』을 가르치면서 니가타 대학에 제출한 「『봉교인의 죽음』의 출전과 소재」를 다듬어 『일본문학 속의 기독교』8호에 게재하였습니다. 10호의 『오가타 료사이 상신서』는 숭실대학교 박사과정에서 배우면서 쓴 논문입니다.

부록으로는 아쿠타가와의 수필 『오카와 강물』을 분석하였고, 주변인물로는 아쿠타가와의 고등학교 동기생이며 기독교 청년회 소속이었던 야나이하라 다다오의 논문「조선통치의 방침」에 대해 논했습니다. 그는 동경대학에서 식민정책을 강의했습니다.

박사학위 취득을 기념으로 성균관대학교 이범찬 명예교수의 시로 이 글을 마치고자 합니다.

讚 면류관

— 김정희 박사께

바다를 넘나들며 돌탑 쌓기 몇 해던가
불문학에 일문학을 엮어내던 그 큰 꿈
뜨거운 열정 들끓어 뉘라 감히 따르랴.
상아탑 찾아들어 배우며 가르치기
영예의 면류관도 그 뜻을 기리려나
노을빛 붉기도 하여 거칠 바가 없노라.

이
민
수

세상 속에서, 하지만 세상에 속하지는 않고

이민수
[기악 64, 소설]

당신은 한밤중에 전화해서 느닷없이 피아노곡의 몇 소절을 들려주고 그 곡명을 맞추어 보라고 하는 친구가 있는가? 만약 글 쓰는 사람이라면 문장 몇 구절을 읽어주고 무슨 작품에 나오는 글인지 알아맞혀 보라고 하는 친구라 해도 무방하다. 한 번도 만나본 적은 없고 전화로만 친밀한 사람이 밤새도록 통화하기 원하는 친구가 있는가? 그러나 정작 만나면 가장 친밀한 표현으로 악수가 아니라 손가락 끝만 살짝 스치는 것으로 인사해야 하는 친구가 있는가? 그러면서 자신은 전화 통화는 가면이 벗겨 나가기 때문에 직접 만나기보다 사람을 더 잘 볼 수 있다, 라고 공공연하게 말하는 친구가 있는가?

있다면 조금은 황당하지 않겠는가? 밤은 내일을 위한 휴식시간인데 곤란하지 않겠는가? 보고 싶었던 친구 만난 기쁨에 얼싸안고도 싶고 최소 두 손이라도 마주 잡고 싶을 터인데 서운하지 않겠는가? 늘 진실을 가늠 당하는 듯한 그 예민함이 부담스럽지 않겠는가?

전혀 그렇지 않다. 오히려 그는 내 영광이요 기쁨이다. 라고 말한다면 당신은 훌륭한 사람이다. 진정한 친구다. 만약 그가 세계적인 피아니스트라는 이름 때문이라면 당신은 속물이다. 그렇지 않고 그의 아픈 영혼과 고독한 내면의 갈증을 이해하고 우리들만 아는 맑고 단 깊은 지하수를 같이 마시며 해갈하는 것 같은 기쁨으로라면 당신은 진정으로 사람을 사랑할 줄 아는 사람이다.

이것은 누구에게가 아니고 바로 나 자신에게 해보는 말이다.

미셸 슈나이더의 글렌 굴드 피아노 솔로를 읽었다. 또 하나의 특이한 인생을 만난 셈이다. 슈나이드는 굴드의 진정한 삶은 그의 음반의 목록인데 사람들은 그가 남긴 수 십 장의 디스크와 비디오를 통해 그를 이해하기보다 그 삶의 행적을 더 흥미롭게 여긴다고 말했다. 그 말엔 순간적으로 찔끔했다. 나도 그 쪽이기 때문이다. 그의 음반보다 너무도 특이한 삶의 행적에 더 많은 관심이 쏠리고 그로해서 삶에 대한 시각이 한 뼘은 넓어진 것 같기 때문이다. 인간에게 내재된 모순에 대해서도 많이 너그러워져 인간에 대한 이해심도 두 뼘은 깊어진 것 같다. 깊은 사유 없이 또 아무 성찰 없이 삶과 음악에 대해 다 아는 것처럼 쏟아낸 많은 말들이 한없이 부끄러워진다.

글렌 굴드(1932~1982). 그는 1964년 32살의 나이에 세계적인 피아니스트로 정상에 올랐으나 바로 그 정상의 지점에서 스스로 무대를 떠났다.

'음악은 청중을 또 연주자를 명상으로 인도해야 한다. 하지만 2천 9백 99명의 다른 사람에 둘러싸여 명상에 잠길 수는 없는 법이다.' 라며 연주회를 부정적으로 보았으며 '2천 9백 99명의 땀 냄새가 각자의 콧구멍으로 들어가는 동안 그곳에 앉아있는 사람들의 모임이다.' 라며 독주회를 혐오했기 때문이다. 그는 연주회를 광대놀음, 겉치레의 피로만 쌓이는 것, 대중에 대한 비굴한 의존이라고 가차 없이 말했다. 그렇게 싫어한 연주활동을 15세부터 32세까지 계속한 것은 나중에 녹음하게 될 음반의 청중을 확보하려면 이 과정을 거쳐야 한다고 스스로 타이르며 이 시기를 견디어 냈다고 한다.

그리고 그는 죽을 때까지 구도자처럼 고독과 명상에 잠겼다. 저 유명한 호르비치도 굴드와 비슷한 점이 많았다고 한다. 연주 자세와 비행기를 몹시 싫어한 것, 감염을 두려워한 것, 타성적으로 연주회를 갖는 것을 싫어한 것 등등. 그로해서 은퇴와 복귀를 두 번이나 되풀이 했지만 굴드는 그 이후 다시는 무대로 되돌아오지 않았다. 대신 굴드는 음반과 라디오 TV방송으로 연주회의 청중보다 훨씬 더 많은 사람들의 열렬한 사랑을 받았다. 그는 늘 '아무 곳이든, 아무 곳이든지, 세상 밖으로'를 외치면서 세상 한가운데에 있었던 셈이다.

인간에겐 누구에게나 모순이 있기 마련이고 산다는 것 자체가 모순덩어리일지 모르지만 그는 너무나 많은 모순 속에 갇혀 살았다. 그 스스로도 자서전의 제목을 (한 줄도 쓰여지진 않았지만) 수수께끼의 본질이라고 쓸 만큼 '왜' 라는 의문을 갖지 않을 수 없는 수수께끼의 삶을 살았다. 어릴 적부터 건강 불안증으로 건강을 걱정하면서도 건강의 기초가 될 음식에 대해선 전혀 신경 쓰지 않았다. 고기와 야채와 딱딱한 것은 전혀 먹지 않았고 냉장고엔 과일 음료수와 비스켓과 크래커뿐이었으며 평생 아주 조금밖에 먹지 않았다고 한다. 그러면서 어디를 가든지 자신이 마실 생수병은 꼭 챙겼다고 한다. 난방을 최고로 올리며 숨 막힐 정도의 열기를 찾으며 감기에 걸릴까 봐 강박증으로 두려워하면서도 북극과 북극의 추위를 열렬히 사랑했다. (북극을 사랑한 이유는 추위뿐만이 아니었지만) 사람들과의 접촉은 병적으로 싫어하면서도 자신의 피아노와의 접촉은 더 이상 가까이 할 수 없을 정도로 좋아했다. 피아노 앞의 굴드가 아니라 피아노 속에 자신을 지우고 용해시켜버리려 했다. 그러기 위해서 자신의 연주 스타일에 맞게 높이 뿐 아니라 앉는 각도까지 선택할 수 있게 만들어진 접이식 의자를 어디를 가든지 가지고 다녔다. 생수병과 수많은 약병과 함께.

그 외에도 그는 특이한 점이 너무나 많았다.

루빈스타인의 집에 초대받았을 때 여름인데 외투를 입고 머플러를 하고 손가락 끝만 나오는 장갑을 끼고 머리는 기름으로 엉겨붙은 모습으로 갔다. 후일 루빈스타인의 아내가 그를 데리고 욕실로 가서 머리를 감기고 잘라 주고 싶은 것을 간신히 참았다고 할 정도였다고 한다. 그는 항상 헐렁하게 옷을 입었으며 신발도 거의 신지 않았다고 하며 거지로 오해받은 적도 있다고 한다. 여기선 소크라테스가 생각났다. 한 번은 악수할 때 손을 너무 꽉 잡았다고 고소한 적도 있었단다. 무엇보다 그는 평생 동안 누구를 사랑했다는 말이 없었다. 동성연애자라고 오해받을 정도로 에로스적인 사랑과 섹스가 없었다니~~ 염세철학자 쇼펜하우어도 초인 철학자 니체도 한 번은 에로스적인 사랑에 빠졌었다.

어린 시절 한 이웃이 호숫가로 낚시에 데리고 간 적이 있었다. 낚시에 걸려든 파닥거리는 물고기를 다시 호수로 놓아주자고 어찌나 법석을 떨었는지 배가 뒤집힐 번했었다고 한다. 그 이후로 그는 낚시를 너무도 싫어해 그의 아버지를 10년에 걸쳐 설득해 결국 낚시를 그만 두게 했으며 성인이 되어서는 고향의 그 호수에서 외투에다 모자를 쓰고 머플러까지 두르고 수영복을 입고 낚시를 즐기는 낚시꾼들 사이로 보트를 타고 휘젓고 다니며 방해를 했고 낚시꾼들이 욕설을 퍼부어도 아랑곳하지 않고 큰 소리로 노래를 불렀다는 일화도 있다. 그런 열정과 적극성을 가진 사람이기도 했다. 또 동물을 사랑했으며 동물 친구도 너무 많았다고 한다. 그런데 왜 인간은 사랑하지 못했을까? 그 뜨거운 마음은 다 어디로 몰려가 있었을까?

그는 스스로 자신이 무대를 떠나고 나서부터 고독해진 것은 아니라고 했다. '내가 기억하는 한 나는 대부분의 시간을 혼자서 보냈다. 그건 내가 비사교적이기 때문이 아니라 관심의 대상이 될만한 작품을 산출하고자 하는 예술가라면 누구나 사회생활 면에서 다소 뒤떨어진 존재가 될 수밖에 없다.' 라고 말하며. (여기서 토마스만의 토니오 크뢰거가 생각났다)

그는 소설도 쓰고 싶어 했고 (쓰진 못했지만) 작곡도 했고 대학에서 강연도 했다. 세상 속에 있지 않으려 했으면서 세상 속에 있었던 셈이다. 아니 세상 속에 있으면서 세상에 속하지는 않았다고 할까? 만약에 세상 속에서 사람들과 어울려 살았다면 홀로 심장마비로 그렇게 허무하게 죽지 않았을까?

경제적으로도 사회적으로도 풍족하고 안정적인 사랑 많은 양부모 밑에서 신동으로 불리며 자랐고 그 신동이라는 이름에 걸맞게 천재적인 피아니스트로 성공했는데 무엇이 그로 하여금 세상의 이단자, 괴짜 중에 괴짜로 만들었을까? 천재로 태어난 대가인가?

굴드가 죽은 후에도 삶의 아이러니는 계속된다. 굴드는 생전에 그렇게도 연주회와 콩쿨을 싫어했는데 그의 이름을 딴 연주 홀과 콩쿨이 생기고 그를 기념하는 떠들썩한 행사가 이어진다. 하늘나라에서 굴드는 이러한 일들을 어떤 시선으로 바라볼까? 또 바흐가 카이저링거 백작의 불면증을 위해 작곡한 골드 베르크 변주곡을 그 누구도 따라갈 수 없을 만큼 완벽하고 깔끔하게 연주한 음반을 남긴 굴드 자신은 평생 지독한 불면증이었다는데 자신이 남긴 골드 베르크 변주곡을 들으며 불면증의 고통에서 벗어나는데 도움을 받으려는 사람들을 굴드는 어떤 시선으로 바라볼까?

두 장의 사진 이미지가 뇌리에서 사라지지 않는다. 단정하고 천진하고 행복해 보이던 유년의 사진과 이 세상의 모든 고뇌는 모두 가진 듯 흐트러진 머리칼로 바람 앞에 마주 서 있는 듯한 복잡하고 복잡한 표정의 성년의 사진.(브르노 몽생종 구성 '나는 결코 괴짜가 아니다' 중에 실린 사진).

그 아름다운 소년은 간곳없고 고뇌의 화신 같은 저 사람은 어디서 왔는가?

그것이 삶인가? 가슴 한쪽에 묵직한 아픔이 고여온다.

김
현
자

숲에서 생각한다

김현자
[국문 66, 평론]

어느 날 아침, 잠이 깨어 부엌 쪽으로 가려는데 누군가 나를 손짓하는 느낌이 들었다. 무심코 그 쪽을 쳐다봤더니 야채를 넣어둔 종이상자에서 파아란 새싹이 돋아나고 있었다. 먹다가 미처 냉장고에 넣지 못하고 던져둔 고구마에서 어여쁘게 싹이 나고 있었던 것이다. 볼품없이 말라비틀어진 몸에서 연두색 어여쁜 잎이 얼굴을 내밀고 있었다. 하도 기특해서 질그릇에 담고 물을 조금 부어 주었더니 며칠 새 줄기가 자라고 잎이 쑥쑥 돋아나서 그 쪽 공간을 푸르고 싱싱하게 가득 채우고 있다. 윗줄기를 잘라 먹은 미나리, 양파, 무 등 싹이 돋은 것은 무엇이든 그 옆에다 가져다 두었더니 요즘 내 부엌은 작은 숲을 이루고 있다. 그들을 바라보고 있으면 자주 온갖 일에 시들해서 생기가 없던 마음에 푸른 샘줄기를 갖다 댄 것처럼 힘이 솟는다.

아아! 놀라워라. 생명이 주는 감동은!

그 하나하나의 몸체들에서 솟아나는 잎은 각기 생김새가 다르고 크고 작음의 형체가 다르다. 마치 수천, 수만의 사람들이 얼굴이 다르고 목소리조차 달라서 늘 창조주의 오묘한 솜씨가 새삼 놀랍게 느껴지듯이.

더 큰 나무들이 그리워 산으로 간다. 멀리서 보면 하나의 숲처럼 보이지만 가까이 가 보면 나무들은 적절히 간격을 두고 햇볕을 받으며 서 있다. 큰 나무, 작은 나무 그리고 그 나무들 밑에는 이름 모를 야생화와 온갖 풀들이 자신의 빛깔로 광채를 내며 반짝인다. 나도 가만히 앉아 그들의 일부가 되어 풍경을 바라보고 있으면, 식물이 동물이 되고 동물이 식물이 되기도 한다. 줄기에 붙어있던 나뭇잎이 숨어있던 벌레에 의해 꿈틀대기도 하고 나무줄기 뒤에서 꼼짝을 않고 있던 두꺼비가 느닷없이 먹이를 낚아챈다. 이 평화롭고 아름다운 숲에서도 생사를 건 싸움이 진행되고 있는 것이다. 모든 살아 있는 것들은 자신의 생명을 유지하기 위해 참으로 애쓰고 살아야 하는 슬픈 존재들인 것 같다. 태어나서 자라고 활동하다가 죽기까지 땀 흘려 심고 가꾸어야만 목숨을 유지할 수 있다. 나무 위에서는 어미새가 벌레를 물고 와서 아기새들의 입에 넣어준다. 보고 있는 동안 벌써 몇 차례 부지런히 둥지를 오고 간다. 입을 있는 대로 크게 쩍 벌리고 서로 자기들의 입에 넣어달라고 아우성인 새끼들. 자기만 먹겠다고 형제를 밀쳐대는 철딱서니들. 살아남겠다는 생명의 본능이 징그럽다. 야생의 동물들은 남의 목숨을 빼앗아야만 유지되는 생명들이다. 생각해보면 긴장하고 집중하는 순간의 연속이다. 자신이 태어난 곳으로 몇 수십만 리 바다를 헤엄쳐 알을 낳고 죽어가면서 새끼들의 먹이가 되어주는 연어 떼들. 이 엄숙한 생명의 순환이 아름답고 무섭고, 슬프다. 어렵던 시절임에도 퇴근시간이면 어김없이 아버지의 손에 들려있던 한 봉지의 먹을 것들. 단팥빵, 땅콩, 군고구마. 자신의 몸이 부서지는 것도 모르고 먹이를 물고 와 자식들의 입에 넣어

주던 아버지, 어머니. 이제 그분들은 돌아가서 숲의 흙이 되었다.

숲에는 때때로 갑자기 비바람이 불어 온 산이 흔들린다. 나도 흔들린다. 졸졸졸 물소리를 들려주고 산딸기, 머루, 다래를 내밀며 “먹어 보렴”하고 손을 내밀던 다정한 숲은 험상궂은 얼굴이 되어 으르렁대며 나를 위협한다. 그리고 밤이 되면 숲은 괴물처럼 무섭다. 등산로에 가끔씩 보이던 사람들도 돌아가고, 새들의 지저귐도 그친 숲속에서 홀로 남겨지면 산에서 살고 싶던 마음은 사라지고 도망치다시피 뛰어서 집으로 돌아오게 된다.

> 숲은 아름답고 어둡고 깊다.
> 그러나 나는 지켜야 할 약속이 있고
> 잠들기 전에 가야 할 길이 있다.
> 잠들기 전에 가야 할 길이 있다.
> — 로버트 프로스트

낮의 숲과 밤의 숲, 빛과 어둠, 온화함과 무자비함을 동시에 지닌 자연의 두 얼굴. 그 숲처럼 우리들의 삶도 아름답고 깊다.

내 인생이 CD 한 장 속에

최자영
[기독교 66, 동화]

최
자
영

작년 11월 말부녀 올 4월까지 몇 달 동안을 CD 제작하는데 보냈다.

비디오에 담긴 옛 필름을 동글납작한 CD음반에 옮기는 일인데 간단치 않았다. 이런 일을 전문적으로 해주는 영상실이 있어서 그저 맡기면 되는 줄 알았는데 맡겨버리는 일로 끝나는 게 아니었다. 물론 비디오 필름을 시디 판에 옮겨 구워만 내는 일은 간단한데, 모양새를 갖추려면 거기에도 편집이 필요했다.

일일이 영상을 보면서 긴 내용은 잘라내고 해설이 필요한 곳에는 날자와 인물에 대한 간단한 설명이 들어가야 했다. 돌아가는 필름을 보고 있으면 하루해가 너무 빨리 갔다.

하지만 번거롭고 힘들어도 이 일을 잘했다는 생각이 들었다. 더 늙어서는 도저히 해낼 수 없는 이 작업을 지금이라도 손보게 된 것이 얼마나 다행한 일이었는지.

그동안 난 그 짐꾸러미를 까맣게 잊고 있었다. 그러니까 작년 늦가을 일이다.

역삼동에서 종암동으로 이사 온 지 5년 가까이 되었는데, 우연히 겨울 이불을 꺼내다가 열어보지 않은 짐 상자 하나가 나왔다.

무거워서 들 수조차 없는 그 짐 박스 속엔 70개도 넘는 비디오 테입이 들어있었다.

주로 남편의 전시회 내용과 그가 출연했던 TV방송 녹화, 나와 관련된 국악 공연, 그리고 애들의 학교행사 내용도 일부 있었다. 날짜를 보니 꽤 세월이 지난 묵은 필름들이었다.

1970년, 80년대 필림엔 어떤 모습이 담겨있을까 궁금한 마음에 얼른 틀어보고 싶었다, 그런데 비디오를 틀어볼 기계가 없으니. 불과 십여 년 전만 해도 비디오 가게가 동네마다 있어서 영화를 수없이 빌려다 보았는데, 그 시절이 바로 얼마 전 일 같은데 언제 치워버렸는지~ 그때 쓰던 기계가 있다 한들 영화채널만도 수십 개가 넘는 케이블 방송시대에 어차피 무용지물 되는 건 마찬가지였을 것이다. 잠깐 필요한 나의 이런 경우를 제외하고는 말이다.

이 큰 보따리를 어떻게든 처리하기 위해서도 그렇고 일단은 내용을 보고 나서 결정할 일이었다. 인터넷을 통해 겨우 이런 작업을 해줄 만한 영상실을 한 곳 찾아냈다.

무슨 일이든 말만 떨어지면 남편은 속전속결하는 성격이어서 그 이튿날 바로 필림을 보러 갔다. 그곳에서는 비디오 필름을 시디로 옮기는 일이 가능하다는 것이다.

차음 몇 개의 영상을 보며 우리는 실망의 한숨만 내쉬었다.

1970년 필름들은 습기차고 화질이 나빠서 한 개도 볼 수가 없었다. 필름도 안 좋은데다 아무렇게 방치했었던가 보다. 1989년 이후부터 희미하나마 볼 수 있었다.

1985년 남편의 개인전에 김동리 선생님과 나의 노래 스승 김월하 님의 모습이 보일 때엔 둘이 동시에 '아아~'하고 신음 같은 감탄을 토해냈다.

초대된 분들 중 절반 이상 이제 그 모습을 찾을 수 없는 고인이 되어 그리움을 자아냈다,

이 영상은 우리 부부나 내 아이들에게만 필요한 것이 아니라 만인에게 뜻있게 쓰일 사료일 수도 있겠다는 생각이 들었다. 그분들의 예술을 전공하는 후학들이 선생님의 생존 모습을 영상 속에서나마 뵙게 된다면 그보다 더 큰 감동은 없으리라.

비용이 저렴한 곳을 찾다보니 영세한 사무실이어서 겨울 몇 달을 코트까지 입은 채 웅그리고 몇 시간씩을 영상제작 기사들과 함께 보내야 했다.

2000년 이후의 화질은 선명해서 보는 재미가 있었지만 옛 영상만큼의 감동은 없었다.

음반이 하나씩 구워지면 집에 가져와 DVD에 넣고 큰 TV 화면으로 다시 보았다. 흘러간 영화의 감동이 따로 없었다. 아들의 대학 입학기념 선물로 사준 비디오카메라 덕에 잊혀질 뻔하던 모습을 꽤 많이 찾을 수 있어서, 가족사에 좋은 기록물로 남게 되었다.

꿈에서나 뵙던 엄마와 언니를 만나고 그곁엔 풋풋하고 젊었던 내 모습과 아이들이 있었다.

그 엄청난 불량의 비디오 테입을 시디 32개로 축소하니 마음이 가쁜했다.

근래엔 이런 기록들을 더 간단하게 USB로 간직한다고들 하지만 그래도 나는 CD쪽으로 마음이 간다. 너무 작아 어디로 달아나버릴지 모

르는 유에스비보다 클래식 음반들과 나란히 꽂아두고 아무 때나 꺼내 DVD에 넣어 영화처럼 볼 수 있는 그 방법이 낫지 않겠나 싶다.

작업을 끝내면서 난 영상 기술자에게 내 개인의 추억 앨범을 하나 만들어 달라고 했다.

단 한 장밖에 남아있지 않은 유년 시절 사진(6 · 25전란으로 집이 소실되어 어린시절 사진을 모두 잃었다)을 시작으로 150여 장의 사진을 자료로 해서 시대적으로 이어 보았다.

단발머리 여중 · 고 시절 교정에서의 모습, 꿈에 부풀어 대학 캠퍼스를 누비던 시절, 대강당 앞 층계에서 그리고 이화교 앞에서 찍은 사진. 교회 성가대에서 찬양 부르던 날들, 여기자 시절 인터뷰로 만난 사람들은 많이 알려진 친근한 인물들이어서 일부러 넣었다.

독립운동가 33인 중 한 분이신 이갑성 선생님, 탄광 갱에 3주 동안 인가를 갇혀있다 구조된 양창선 씨, 코메디언 구봉서 님, 박 대통령 아들 박지만 씨 7세 때, 인터뷰에서 귀엽게 웃는 모습도 다시 보니 재미있었다.

소녀에서 사회인, 젊은 엄마 또 중년으로, 이제 친손 외손을 거느린 70대에 이르기까지 내 인생이 담긴 한 장의 CD가 그렇게 만들어졌다.

그런데 완성품을 받아든 순간, 달랑 이 30분짜리 시디 한 장에 내 인생 전부가 담겼다고 생각하니 내 삶의 무게가 너무 가벼워 새털처럼, 먼지처럼 느껴지는 것이었다.

문득 내 초등학교 친구 연극인 박정자 여사가 했던 말이 떠올랐다.

15년 전 그 친구의 인물 동화집을 쓴 적이 있었다. 출판사의 권유도 있고, 책 주인공과 필자가 소꿉친구 관계라는 것도 흔한 일은 아니어서 기쁘게 하기로 했었다. 그 친구가 작품 쓰는데 도움을 주려고 그동안 스크랩해둔 기사들과 그의 저서, 화보 등의 자료를 보자기에 싸서 가지고 왔다. 그것을 내게 건네주며 이렇게 말했다.

"내 연극무대 40년(얼마 전 연극 50년 기념공연을 했다)이 글쎄, 요 가뿐한 보따리 하나밖에 안되나 하는 생각을 했어!"

눈부신 그의 활약과 내가 어찌 비할까마는 아마 둘은 비슷한 생각을 한 것 같다.

여러 권의 앨범에서 듬성듬성 빼낸 사진들로 겨우 만들어진 내 추억의 CD앨범 덕에, 난 더 이상 사진첩들을 어떻게 처리하나 염려하지 않아도 될 것 같다.

나의 작은 시디앨범 맨 뒤에 이렇게 후기를 적어넣었다.

"여기 수록된 사진들은 극히 일부지만 지난 내 삶을 추억하기에는 부족하지 않다. 그리운 모습들을 떠올리며 이 영상을 소중하게 간작하려 한다."

김선화

짝짝이 눈

김선화(필명 선화)
[영문과 67, 수필]

조각가 L씨의 성상聖像 전展에서 유독 나의 시선을 끄는 조각상 〈부활〉앞에 서 있다. 언뜻 보면 험상궂은 인상이나 다시 보면 나약하고 슬픈 표정의 얼굴, 한눈은 부릅뜨듯 열린 동공인데 다른 쪽은 닫힌 눈이다. 한 얼굴에 짝 지어진 운명이면서 서로 다른 세상을 바라보는 이 한 쌍은 짝짝이 눈이다.

깨어있는 영혼의 눈과 회개의 눈물이 그칠새 없어 짓무른 죄인의 눈은 선과 악의 양면성을 지닌 인간의 모순을 상징함인가. 〈부활〉이란 표제에서 신을 의식한 작가의 의도가 엿보인다. 각도를 달리하고 초점을 맞추어 보니, 모순된 인간을 긍휼히 여기어 안타까움의 눈물을 흘리는 눈과 그런 인간을 구원코자 간곡히 깨어있는 눈으로 다가온다. 그렇다면 지금 나와 마주하고 있는 조각상은 인간의 모습인 동시 신의 모습이기도 한 이중의 의미가 들어있는 셈이다.

다른 작품, 〈붓다〉와 〈고난〉 역시 같은 짝짝이 눈의 형상이다. 그런데 바로 그들 옆에는 정신이 번쩍 들 정도로 양 동공이 확연히 함께 열린 두상, 〈사후死後〉가 나란히 전시되어 있다. 〈붓다〉와 〈고난〉과 〈사후〉, 이렇게 셋을 연결한 의도를 곰곰이 생각해본다. 열반 후 해탈에 이른 붓다의 길, 십자가의 고난 후 부활에 이른 예수의 길이 동일한 깨어있음의 극치임을 상징하려 함일까?

작품 〈사후〉에서 드러난 얼굴은 해골의 형상 그 자체다. 휑하니 뚫린 양쪽 검은 동공이 마치 미지의 동굴 같다. 하염없이 어디론가 빨려 들어갈 것 같은 미망의 블랙홀, 그것을 통과하면 대체 그 끝자락에는 무엇이 기다리고 있는 것일까?

화가 파울 클레의 그림 〈죽음과 불〉에서 보았던 해골의 이목구비가 조각상의 두상 위로 어느새 겹쳐온다. 말년에 몸이 쇠약해 서서히 죽어가던 클레는 그의 마지막 작품에서 타오르는 불빛을 배경으로 소멸해 가는 자신의 육신을 해골로 형상화하여 그 본질만 남겨놓으려 했다. 가장 본질적인 실재가 기쁨을 확신시켜주는 진짜 힘이었음을 입증이라도 하려는 듯. 그리고 그는 진지하게 선언했던 것이다. '죽음은 불과 같은 정화淨化 장치로 완성을 이루는 수단' 이라고.

만약 클레의 사후死後를 두상 조각으로 형상화시켰다면 아마도 두 눈 다 깨어 열린 동공이 아니었을까. 짝짝이 눈은 깨어진 내면의 불균형인지도.

L씨의 조각에 나타나는 인간의 모습은 대부분 자기 비움을 시도하며 욕망을 초월함으로써 얻는 생명의 충만함이다. 그런데 특이한 것은 작가 자신의 자화상이다.

작품 〈나의 삶〉 시리즈에는 두 눈 모두 열린 두상과 짝짝이 눈의 두상 사이에 자신의 자화상을 대비시켜놓은 점이 각별한 의미로 다가온다. 두 눈 모두 닫힌 형상은 온전한 죄인임을 자처한 작가의 겸손이었을까. 묘한 것은 한쪽 눈이 버쩍 눈썹 끝을 향해 치켜 올라간 점이다. 짓궂은 반란 같아 해학적으로 보이기도 하고 단호하게 다문 입은 속세와 단절한 수도승의 표정 같기도 하다. 이 작품은 아마도 작가의 과거와 현재 그리고 미래를 형상화시킨 듯하다.

작품에서 뿜어 오는 강한 에너지가 어느새 커다란 망치가 되어 불현듯 나를 내리칠 것만 같다. 안일에서 당장 깨어나라고. 숙연한 마음으로 작품들을 다시 되돌아본다. 처음에는 눈으로 오기 시작한 형상들이 속도를 내며 언어로 돌아온다. 그들은 저마다 단단한 알갱이가 되어 고약한 날 우박 치듯 나를 공격해온다. 짓물릴 대로 짓물렸을 나의 짝짝이 눈. 치유의 시간은 언제 오는 것일까?

유명한 성화, 〈돌아온 탕아〉를 떠올려본다. 아들이 돌아올 길을 뚫어지게 바라보다 눈이 먼 아버지의 사랑과, 죄를 뉘우치고 돌아온 아들의 회심이 깊이 드러나 있는, 육신의 눈이 아닌 마음의 눈으로 바라보며 돌아온 아들의 등을 어루만지는 아버지의 모습에서 조건없는 사랑, 용서와 같은 신성神性의 실재를 보게 된다. 아들은 죄의식에서 해방되고 새로운 인간으로 변모하는 내면의 각성, 바로 이 자체가 구원이고 부활일 것이다.

선한 목자를 기다리며 나도 어린 양이 되고 싶다.

우린 모두 미완未完의 존재인 것을.

김현숙

매화, 시로 말하다

김현숙
[영문 69, 시]

올봄. 시인들이 남쪽으로 매화를 보러가자고 했다. 설한雪寒의 정한情恨을 뼛속 깊이 새기면서 눈 속에 피어나고, 화사하고 맑은 기운과 품격까지 갖추어 시인 묵객이 으뜸으로 치는 꽃이다. 시력詩歷이 지긋한 시인들인데도 대부분 탐매기행이 처음이라고 했다. 일행중 유양휴 시인이 순천복음교회 양진영 목사님과의 친분과 이어 전남 방송국의 초청을 받아 교회 뜰, 매화동산에서 매화시 낭송까지 펼치게 되었다. 다음은 낭송시 책자에 올린 기존의 시 「매화」 전문이다.

짧은 해가 잠깐씩 햇가루를 흘리고 가면
얼음박이 몸 뼈마디 마디 녹아나고
입김은 꽃안개를 풀어 깊은 골을 적시지만
그대가 놓지 못한 이 산모퉁이

어느 세월에 풀어놓겠느냐
알 듯 알 듯한 그대의 속말,
실눈 뜨는 달밤에는
꽃을 벗어놓고
산등성이 훌쩍 날아올라
거기서부터는
향기로 내달리는 천리 길

불어라 바람
밀물쳐라 봄

시는 시인의 최다 체험과 상상을 형상화로 함축한다. 우리들이 일상에서 사용하는 말은 사실적이지만 이미 노출된 의미의 한계를 벗어나지 못한다. 그러나 시적담화는 인간본질이나 우주본체의 의미를 이미지로 나타냄으로 상징 또는 문맥을 통해 여러 의미가 부딪쳐서 복수화複數化의 의미를 발생시킨다. 시에 끌리는 운명적 매력이다.

3월 16일, 드디어 우리는 순천복음교회 뜰에서 매화의 빛과 향기의 축제를 한껏 누렸다. 다음날도 목사님께선 두어 곳 다른 매화밭으로 안내하며 출발시간까지 우리에게 매화의 절경을 선물하셨다. 돌아와서 그 아름다운 날들에 화답하듯이 매화와의 시적담화에 몰두하며 메르스나 폭염의 긴 여름을 건넜다. 그 덕택에 오직 한 편의 시 「매화」는, 몇 년씩이나 그냥 지나쳤던 이웃의 야매野梅까지 불러오는 호기를 맞았다. 계속 꽃은 피어나 매화밭을 일구었고 그 현장에서 "아!", "오" 짧게 날아갔던 '입의 말'은, 올여름의 지독한 가뭄도 잊은 채 '글의 말'로 수다를 이루었다.

엄동설한 닦은 품으로
고요히 봄을 안아들이는
고매 한 그루
650년 해묵은 성전星殿 한 채
풍설 지나간 세월 무릎에
얼핏 설핏 옹이를 앉혔는데

묵은 몸을 막 빠져나온
신생아의 해맑은 손가락이
어르신 지켜온 전당을
고물고물 기어다니네

성도들 추운 걸음할 때도
그 발 아래
성수聖水 부어 기른 사랑
청려淸麗한 복음의 뜰에서
신구세대 화기和氣를 듬뿍 묻혀
날아다니는 봄바람
—「고매古梅-순천복음교회 뜰에서」 전문

톡 톡 불거지는 핏방울
어느 손手 하나 일찌감치
그대의
치뜨는 불길을 달래어서
사방으로 튀는 불꽃을 거두고

잠잠히 에돌아가는 길을 놓았으니

그대 몸에서
오래 묵은 성품은
대代를 내리면서
곧지만 유연한 시냇물이 되었다
허공에 솟구치고, 내리치면서
세상을 동강내는 파도가 아니라
하늘에 수그리며 땅에 끄덕이며
바람과 한 몸으로
설핏 흔들리며 가는
춤추듯 걷는 물결이 되었다
— 시 「순명順命-홍매 가까이서」 전문

몰려드는 상춘객이로다
벌, 나비 발길에 채여
짧게, 보다 더 짧게
흩어버리는 봄날

흑매여, 너를 우뚝
언덕이나 산에 세우지 않고
혼자 물가로 내려와
세상 뒤집어
고요한, 또 다른 세상을 보았든가

물속까지 너를 따라온
오! 천하의 보름달
그의 팔베개로 누운,
온전한 꽃 된 봄밤
— 시 「절정絶頂-물가의 흑매」 전문

담 너머로 연분홍 숨결 날리는 집
손가락마다 다 틀어진 일손이
얼굴보다 더 큰,
동네서 제일로 치는 억척네라
빈 터는 늘 푸성귀로 부풀었으나
배추 한 포기 그저 받은 이웃은 없다

짬짬이 폐휴지를 쌓고 있는
그 머리 위에 앉는 봄 한 철
꼬챙이 꽂아 얻은 열일곱 살배기
딸 삼은 꽃순이다
마당 깊은 집 거니는
그런 품 높은 얼굴빛 아닌데
짬짬이 옷섶에 떨군 땀방울의
오목오목한 몸내 자욱하다

펼쳐놓은 꽃그늘에 들자니
눈 깜짝할 사이 사라진
열일곱 벌 나의 봄도

하늘하늘 허공에 뜬다

—「뜻밖의 야매野梅」 전문

이렇게 「홍매」, 「흑매」, 「야매」는 월간 시지 《心象》에 7월 '이 달의 시'로 「고매」는 『지구문학』 특집으로 남았다. 또 시를 사랑하는 시인의 블로그를 통해 이들 시편들은 인터넷에서 소통을 시작했으니 독자는 시를 통해 나를 읽을 것이다. 그럴 수밖에 없다. 시는 시인의 삶에서 우러난 노래이므로.

정부영

하나하나 더듬어 보기

정부영
[가정 69, 수필]

추석빔으로 치마저고리를 차려입고 옷고름을 매만지며 찍은 꼬마 숙녀 모습이 어여쁘다. 자투리 헝겊을 모아 색색이 이어붙인 색동저고리를 입고 겁먹은 표정의 4살쯤 아이는 6 · 25 전쟁이 나기 직전의 사진이다. 북에서 피난 온 아이와 골목길에 서서 찍은 사진에는 군용 담요를 물들여서 만든 멜빵바지와 굵은 공작실로 뜨개질한 스웨터를 입고 차렷 자세로 서 있다.

이 모두 1950년 한국전쟁 전, 후의 우리 세대들의 모습이다. 우리 어린 시절은 나라가 강점기를 지나서 광복을 맞이했지만 얼마 지나지 않아 전쟁이 나서 눈물겹게 고난과 궁핍한 생활을 이어갔던 시기였다. 우리 부모들은 그 와중에서도 자녀를 잘 보살피고 키우려는 교육열만큼은 어디에도 뒤지지 않았다. 1953년 피난지 부산에서도 천막친 교사로 유치원까지 보내고 초등교육에도 열성적이었다. 초등학교 졸업 사진을 보면 지금은 특별한 날에 입는 한복이 그때는 일상복으로 엄마들은 대부분 한복 차림이고 학생들은 치마저고리에 배자까지 차려입은 아이와 일반 복장의 아이가 섞여있다.

물자가 부족했던 그때 밤새도록 재봉틀을 돌려서 손수 맵시있게 엄마표 옷을 해 입힌 엄마들. 스웨터 앞면에 오선지를 그리고 높은음자리표와 음표를 색실로 수놓은 센스라니. 나름대로의 패션 감각도 대단했다.

이것은 1945년부터 2015년 지금까지 옷으로 본 한국의 현대여성사를 어느 한 집단의 실제의 사진을 수집해서 차례로 조명해 본 '황홀한 앨범'에 있는 사진들이다. 불과 6,70년 전 우리 생활과 시대상을 여실히 보여주어 그간 산업과 경제 발전에 동참하며 누려온 현시점에서 그 사진을 다시 보니 감회가 새롭다.

누렇게 바랜 오래된 사진첩을 열고 세상 밖으로 튀어 나온 어여쁜 어린이들! 그 당시 이승만 대통령 탄신일에 뽑혀온 화동들은 색동옷의 여자애와 복건이나 사규삼의 남자애들이 최고의 치장을 하고 축하하는 모습도 있다.

이때쯤 나일론 옷이 나와 대 선풍을 일으켰는데 질기고 편리하여 여성들의 일손을 줄여주며 실생활에 파고들었다. 둥그런 전구에 끼워 나일론 양말을 깁던 할머니 모습이 아련하다.

1956년 HLKZ 텔레비전 방송국이 개국하게 될 즈음 사진도 컬러로 나오기 시작했고 우리의 일상도 의상도 점점 다양하고 다채로워졌다고나 할까.

방송국에선 국립어린이음악대가 모체인 KBS방송어린이합창단이 생겼고 기독교방송국과 해군어린이합창단, 그 밖의 여러 합창단이 결성되어 단원이 된 어린이가 많았다. 라디오 방송이나 위문공연, 외국사절 환영식 등 행사 때마다 동요나 가곡, 성가를 불러 많은 박수를 받았다. 우리의 어린 시절은 이렇게 빠르게 흘러갔다.

1960년 넘어서서 우리는 하얀 깃을 단 교복을 입고 여학교를 다니면서 격동의 4 · 19와 5 · 16을 겪었다. 아울러 성장기를 소중하고 아름답게 또한 아프게 지나면서 몸도 마음도 튼실해져 꽃 같은 청춘을 맞은 것이다. 교복의 변천사를 보면 길고 짧은 치마의 한복에서 세일러복으로 그 다음 하얀 깃 달린 감색 동복과 흰 상의의 하복으로 단순한 가운데 그것대로의 멋을 부려가면서 학창시절을 보냈다.

패션계에선 여성의 몸치수의 데이터가 나오면서 여러 디자인의 패턴이 만들어지고 의식에 변화가 생기면서 양장은 일상복으로 확실하게 자리잡아갔다. 멋쟁이 여성들은 그때 유행하는 최신식 머리에 맵시 있는 양장으로 새로운 패션의 길을 열어가며 명동 거리를 활보했다. 그 당시 문화예술의 중심지였던 명동에는 연극이나 문화 행사의 산실이었던 국립극장(지금의 명동예술극장) 주변으로 아리사나 마드모아젤, 송옥, 노라노의 집 등 맞춤 양장점과 상점이 즐비해서 눈요기하기에 좋았고 풍요와 여유를 조금이나마 느끼며 거닐었던 기억이 난다.

원피스는 무슨 디자인이 좋을까. 허리를 잘록하게 할까. 투피스는 테일러드 컬러나 스텐 컬러가 보편적인데. 오버코트는 무슨 색이 어울릴까. 한참 고심하며 패션 북을 뒤적이면서 머릿속으로 아름다운 모습을 상상해보던 그때가 그립다. 여고 졸업 이후 대학이나 사회에서의 청춘 시절은 구름에 달 가듯 짧은 시간이었지만 선명한 자국을 찍으며 나침반이 되었다.

그 후로 사회가 풍요롭고 다양해지면서 물자도 풍족해 여러 디자인의 옷을 대량으로 생산할 수 있었고 복잡한 사회생활에 의생활은 오히려 간편해지기 시작했다.

1980년대 들어 의상은 맞춤복에서 기성복으로 변화되었고 1989년 여행 자유화 이후 점점 세분화되고 기발해져 세계 패션에 동참하여 갔다.

유행도 돌고 돌아 지금은 1970년대보다 더 짧고 발랄하게 입는 미니가 유행하고 판타롱이 돌아오고 복고풍도 살아나고 그런 유행 주기도 짧아지면서 여러 패션이 복합적으로 입혀지기도 한다. 역사는 긴것 같지만 어느 한 시점에서 보면 짧기 그지없다.

요즘 사진을 보자면 이제는 연륜이 있는 점잖은 여인들이 깊이 있는 표정으로 바라보는데 어느 한쪽으로 민감하게 치우치지 않고 자기만의 멋의 세계를 지켜가는 모습이다.

우리들 각자 살아가는 모습도 백인백색이다. 어느 범주 내에서는 살아가는 방법이나 결과에서 딱 규정지을 수 있는 정답을 찾을 수 있을까. 행복은 자기 허리춤 마음 주머니에서 꺼낼 수 있고 그걸 펼쳐보는 것도 자기 소신에 달려있지 않을까. 다시 한번 곱씹어보게 되었다.

나는 영적으로 성장하고 싶다

조서연
[국문 84, 수필]

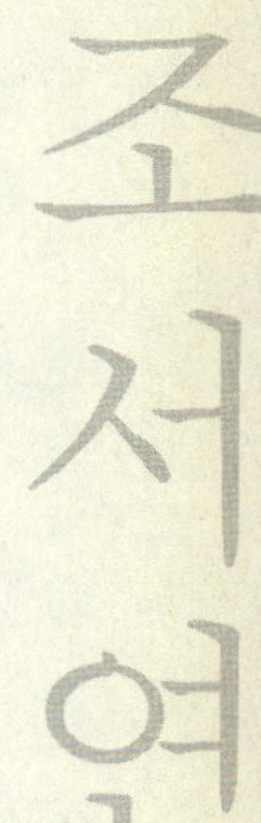

*선업善業을 쌓은 자는 행복한 곳으로, 악업惡業을 쌓은 자는 괴로운 곳으로 태어난다. — 석가

*인간으로서의 생애를 마치면 각자가 생전의 행위에 상당하는 상과 벌을 받고는 다시 육체에 깃들어 태어난다. — 플라톤

*사람은 자기가 뿌린 씨는 반드시 자기가 거두어 들이게 된다. — 예수 그리스도

*삶은 한 번 뿐이 아니다. 얼의 성장과 사랑의 완성을 위해……. — 에드가 케이시

나의 인생에서 가장 오랜 기간 동안, 또 가장 큰 영향을 끼친 책은 무엇일까?

여성 인류학자인 지나 서미나라 박사가 쓴 『윤회의 비밀(Many Mansions)』이다. 나는 29세에 이 책을 처음으로 만났었다.

그리고 지금까지도 나의 가장 든든한 정신적인 지주가 되고 있는 책인데 이미 오래전에 절판이 되어서 긴 세월 동안 안타까워했었다. 나는 내가 아끼는 책들은 남에게 빌려주지 않는데 이 책은 누군가에게 빌려주고 돌려받지 못했기 때문이다. 그동안 이 책을 다시 구입하기 위해 여러 방면으로 노력했었지만 구할 수 없었는데, 얼마 전에야 국립중앙도서관에 가면 복사를 할 수 있다는 사실을 알게 되었다. 그래서 당장 달려가서 복사하고 제본을 해 놓았다. 책 한 권이 이렇게 나의 마음을 뿌듯하고 기쁘게 해주다니…….

나는 이 책에서 에드가 케이시라는 영능자를 알게 되었다. 에드가 케이시는 자기최면투시의 상태에서 환자의 육체적 병의 원인을 알아내 의학적인 처방에 대한 확실한 진단을 하였는데 이것을 피지컬 리딩이라고 하였다. 또 육체의 질병만이 아니라 온갖 삶의 고난에 허덕이는 사람들의 과거와 현재를 투시함으로써 그 고난의 원인이 현생에만 있는 것이 아니라 훨씬 먼 전생에서 비롯된 카르마(Karma, 業) 때문임을 밝혔는데, 이것은 라이프 리딩이라고 하였다. 이 『윤회의 비밀』이라는 저서는 에드카 케이시의 라이프 리딩에 대한 지나 서미나라 박사의 조사 연구서이다.

이 책에 나와 있는, 윤회에 관한 한 가지 이야기만 옮겨 보려고 한다.

케이시 리딩에는 많은 예가 나와 있지만 어떤 복수의 여신도, 또는 어떤 그리이스의 비극도 다음과 같은 이상한 예에서 보는 운명의 전개 이상으로 무자비하고 처참하지는 못할 것이다.

그녀가 지금의 남편과 결혼을 한 것은 23세 때였다. 그녀는 놀랍게 아름다운 여성이었다. 반짝이는 갈색 눈동자, 얼굴 둘레를 감싸고 크게 물결치는 짙은 머리, 날씬한 몸매…… 어떤 여배우에도 못지 않는 외모였다. 케이시의 리딩을 받은 것은 41세 때이지만 아직도 거리에서 남들이 돌아다볼 만큼 매혹적인 아름다움을 지니고 있었다. 상류사회 사교계를 주름잡는 그녀의 숨겨진 이야기를 그녀와 사귀는 부유한 부인들이 얼마나 알고 싶어 했을까. 이름이 널리 알려진 쟁쟁한 실업가와 결혼하고부터 18년 간을 그녀는 그야말로 참기 어려운 감정의 격동을 용케 견디어 왔다. 남편이 완전한 성적 불구자였던 것이다. 성에 대한 욕구도 쾌감도 느끼지 못하는 여성이라면 그런 것은 별로 비극이 아닐지도 모른다. 그러나 이 여성처럼 관능적이고 정이 많은 경우는 이것은 더없는 비극일 수밖에 없었다. 별거를 하거나 이혼을 해버리면 문제는 간단히 해결되었을지도 모른다. 그러나 그녀는 남편을 사랑하고 있었다. 그런 어떤 방법도 취할 생각이 없었다. 그녀는 남편에게 상처를 줄 수가 없었던 것이다.

결혼 초기 2,3년 동안에는 절망한 나머지 다른 남자들과 관계를 맺어본 적도 몇 번 있었다. 그것은 남편을 배반하려는 뜻에서가 아니라 다만 육체적, 감정적 요구 때문에서였다. 그러나 그녀는 차츰 그런 충동마저도 신지학神智學을 공부하고 명상을 배우고 하면서 극복해 나갔다. 그렇게 겨우겨우 18년 동안을 넘겼지만 드디어 위기가 닥쳤다. 그녀를 사랑했던 옛 남자가 나타난 것이다. 케이시에게로 보낸 그녀의 편지를 보자.

'우리들이 다시 만난 순간 그의 마음에 맹렬한 기세로 정염이 다시 타오르기 시작했습니다. 그리고 저도 거기에 휩쓸릴 것 같았습니다. 우리는 그대로 헤어지려고 애썼습니다. 저의 마음은 다시 신지학을 공부하기 전처럼 흔들리기 시작한 것을 발견했습니다. 그가 만약 독신이었다면 저는 그와 관계 맺기를 주저하지 않았겠지요. 그러나 저는, 당신도 충분히 짐작하실 수 있으리라고 생각합니다만, 여러 가지 이유로 남편과 헤어질 생각은 전혀 없었습니다. 더구나 저를 좋아하는 그 남성 역시 훌륭한 인격자가 되어 있었구요.

그 남성에 대한 저의 감정은 아마 사랑이라기보다는 저의 결혼생활의 특수한 사정에서 오는 반동이었을 것입니다. 아무튼 그 남성도 훌륭한 인물입니다. 그는 어릴 때부터 저를 좋아했었습니다. 그때는 저는 그것을 몰랐습니다만, 나중에 그의 어머니가 말해주어 알게 된 것입니다. 그는 자기가 가정을 이루어 생계를 지탱할 수 있게 될 때까지는 저에게 좋아한다는 말을 하지 않으려는 결심이었던 것입니다. 그리고 그가 생활력을 갖추었을 때는 이미 시기가 늦었던 것입니다. 그가 저에게 결혼을 하자고 한 것은 바로 제가 지금의 남편과의 약혼을 알리려고 집으로 돌아갔을 때였으니까요.

저는 몇 번 그와 데이트를 했습니다. 무엇보다도 그가 몸도 마음도 갈기갈기 찢어진 상태였기 때문입니다. 만나 주기라도 하면 그의 욕망이 달래지지 않을까 싶었기 때문입니다. 그는 정신적으로 깨끗해지고 싶다는 욕망도 가지고 있었지요. 그러나 그 후 그를 만나는 일도 중단하고 말았습니다. 그의 아내를 배신하고 싶지 않았기 때문입니다. 저는 그의 아내를 알고 있었습니다. 그리고 그의 아내를 좋아하기도 했습니다. 그녀에게 방해가 되고 싶지 않았습니다. 사회는 저의 행동을 비난할 것이고 그녀도 그것을 알면 비난할 것은 당연하니까요. 저는 누구에게도 상처를 주고 싶지 않았습니다. 그녀의 남편도 그녀를 싫어하지는 않는다고 저는 믿고 있습니다. 하기야 그녀는 사람들이 많이 있는 데서도 서슴지 않고 남편을 나무라기도 합니다만, 그녀에게는 장점도 많이 있습니다. 그녀는 아이를 낳지 못합니다. 저의 남편은 제가 당신에게 건강에 대한 조언을 요청하고 있다는 것을 알고 있습니다. 그러나 남편은 저의 이런 사정은 전혀 모릅니다…….'

이상이 이 여성이 스스로 말한 자기 자신의 인생 문제의 줄거리이다. 이 경우는 이것만으로도 충분히 극적이다. 그러나 라이프 리딩으로 그녀의 문제에 얽힌 과거생의 인연이 밝혀진 것을 볼 때는, 잘못을 저지른 두 영혼이 다시 만나 짊어지게 된 참으로 놀랄 만큼 적절한 천벌임이 깨달아져 저절로 숙연해지고 두려운 마음마저 일어나는 것이다.

리딩이 밝혀주는 이 비참한 아내와 남편의 전전생을 보자. 그들의 전전생은 십자군 시대의 프랑스에서였다. 그때 그녀의 이름은 스잔, 그리고 그때도 그녀는 바로 현생의 남편과 결혼한 아내였던 것이다. 그때 남편의 이름은 멜슈였고 십자군 운동에 열중한 모험적인 사나이였다. 그는 아내를 좋아하기는 하였으나 당시의 종교적 정열을 지닌 사나이들과 마찬가지로 그에게 가장 중요한 것은 구세주 예스의 무덤을 이교도들에게서 다시 빼앗는 일이었다. 그러므로 그는 바로 그 구세주가 가르친 사랑을 자신의 아내에게 베푸는 것은 생각도 못하는 상태였다.

십자군에 참가하여 아내를 남겨 두고 고국을 떠나게 되자, 그가 가장 원한 것은 자기가 없는 동안 아내가 정조를 지켜주는 것이었다. 그리하여 그는 아내가 행여 외로움에 겨워 실수를 하지 못하도록, 믿음에서 위안을 찾는 대신 다른 남성에게서 위안을 얻을 수 없게끔 조치를 취했다.

'정조대'라는 기묘한 기구는 이때 발명된 것이다. 정조대는 유럽에서는 12세기 후반까지 쓰여졌고, 프랑스에서는 얼마 전 곧 1934년까지 쓰인 일이 있다고 한다. 뉴욕에서는 1931년에 정조대를 아내에게 강제로 채워 법정 시비까지 일으킨 사건이 두 번씩이나 있었으니 그때까지 그런 기구가 쓰여졌던 것이다. 정조대란 금속판에 가죽 또는 헝겊을 씌우고 자물쇠를 단 일종의 벨트이다. 그것을 아내의 음부에 채우고 자물쇠를 잠구어 버리면 열쇠를 가진 사람이 돌아오기까지는 성교가 불가능해지는 것이다. 멜슈는 그것을 스잔에게 채워놓고 떠났다.

리딩의 말을 인용해본다. "이 사람은 남편에게서 의심을 받아 다른 남자와 관계를 하지 못하도록 벨트를 강제로 채우게 된 아내들 가운데 하나이다" 강제로라고 했으니 멜슈 부인은 정조대를 차기가 싫었던 것이다. 그리하여 나중에는 "언제든 어떻게 벗어 버릴 수만 있으면 누구하고라도……" 하는 마음을 먹기에 이른 것이다. "정조를 강요당하는 상태에 놓였기 때문에 이 사람은 좋지 않은 마음을 먹게 되었다. 따라서 이런 일이 현재의 이 사람이 겪는 경험의 일부가 된 것은 오로지 자기 자신이 지어놓은 결과라 할 것이다."

이제 여기서 이 케이스에서 드러나는 보복적인 카르마의 결과를 분석해 보자. 아내를 묶어 두기 위하여 교묘한 장치를 만들어 쓴 남성은 성적 불구자가 됨으로써 보복을 받았다. 이런 경우에 그보다 더 적절한 형벌은 없을 것이다. 얼핏 보기에는 남성의 비인간적 처사에 희생된 부인이 두 번씩이나 성적 욕구불만의 인생을 보내야 되는 것은 부당한 일인 것 같다.

그러나 그것은 피상적인 관찰이다. 왜냐하면 죄는 외적 행위만으로 성립되는 것은 아니기 때문이다. 그것은 의도, 동기, 마음의 상태, 영혼의 태도로 성립된다. 과연 이 부인은 부당한 속박을 받았다. 그러나 자신에 대한 불신과 그 잔인한 처사에 대한 이 여성의 반응은 같은 정도의 증오와 복수심이었다. 그 증오와 복수심은 리딩이 해준 말의 범위에서는 구체적 행동으로 표현된 것은 아무것도 없다. 그러나 그렇다고 해서 증오와 복수심이 없어진 것은 아니다.

우리는 앞에서 무의식의 마음에 새겨진 강한 생각은 어떤 것이든 몇 세기라도 지속된다는 것을 보아 왔다. 이 여성이 "누구하고라도……." 라고 강하게 뜻한 것을 이제 구체적으로 표현할 수 있는 기회가 주어진 것이다. 그녀는 다시 없이 아름답고 매력적인 여성으로 태어났다. 그녀는 전생에서 자신을 학대한 남성과 결혼을 한 자기를 발견했다. 그를 질투로 미치게 하고, 친구들 면전에서 그에게 수치를 주고, 이혼을 해버림으로써 그를 완전히 때려눕힐 수 있는 기회도 돌아왔다. 이 이상 그녀는 무엇을 더 바랄 수 있겠는가. 의기양양하게 그리고 떳떳하게 복수를 하는데 이 이상 적절한 환경이 있을까? 이 환경은 증오와 원한의 절정에 이르렀던 그녀가 마음에 그린 복수의 성취라고 여겨지지는 않는다.

그러나 그녀는 그동안에 영적으로 성장해 있었다. 그녀는 이미 어떤 사람에게나 상처를 주지 못하는 사람이 되어있었다. 그녀의 편지에는 그런 심정이 한결같이 나타나있다. 그녀는 다시 만나게 된 자기를 사랑하는 남성과 관계를 맺을 수도 있었다. 그것은 남편에게 얼마든지 비밀을 지킬 수 있는 관계였다. 그러나 그녀는 그 남성의 아내에게 상처를 주고 싶지 않았다. 그리하여 그녀는 자제했다. 그녀의 건강한 육체와 감정은 어떤 모양으로 든 성적 표현을 요구하고 있었다. 그러나 그녀는 남편을 사랑하고 있었으며 그리하여 그와 이혼을 하지 않았다. 그녀는 자신의 성욕과 아름다움과 젊음을 충성과 헌신적인 사랑에게 바친 것이다.

리딩의 말처럼 그것은 분명히 스스로 지어낸 결과였다. 말하자면 그녀는 그와 같은 환경에 놓임으로써 자기의 카르마를 보상하고 있는 것이다. 그리고 6세기 전에 스스로 자신에게 지운 테스트를 통과한 것이다.

"원수 갚는 일이 내게 있으니 내게 맡기라.(히브리서 10장 30절)"

"실족케 하는 일이 있음에 이로 인하여 세상에 화가 있다. 실족케 하는 일이 없을 수 없으나 실족케 하는 그 사람에게는 화가 있다.(마태복음 7장 1-2절)"

이 성서의 구절들은 카르마의 법칙에 따라 죄를 저지르는 자는 누구든 벌을 받게 되니 자기 자신이 복수를 하려 하지 말고 주에게 맡기면 된다는 교훈이다. 즉 사람은 스스로 보복적인 징벌을 주어서는 안 되며, 또한 복수를 맹세해도 안 된다는 것을 가르쳐주는 것이다. 이 말은 인간 사회에는 범죄자를 처벌할 권리가 없다는 뜻이 아니다. 법률을 위반한 범죄인에게 유죄를 선고하는 것은 신중한 고려 위에서 행해지는 사회적 행위이며, 최대 다수의 최대 행복을 위해 취해지는 조치이다. 그것은 합법적 행위이지 감정적인 복수의 충동에서 취해지는 행위가 아니다. 적어도 이상으로 말한다면 사회가 법률을 행사하는 것은 정의의 비개인적 적용이며, 법률이라는 인간영역에 우주영역의 카르마를 반영시키고 있는 것이다.

요약하면 제대로 전달이 되지 않을 것 같아서 긴 얘기를 그대로 옮겨보았다.

어떤 과학자나 철학자나 종교가는 영혼이 꼭 있다고 주장하는가 하면, 또 어떤 학자들은 영혼 같은 것은 없다고 주장한다. 이러한 싸움은 수천년 동안 계속되어져 왔다.

윤회는 불교의 핵심적인 원리의 하나이다. 즉 사람이 죽으면 그만이 아니고 생전에 지은 바 업業에 따라 몸을 바꾸어 가며 윤회를 한다는 것이다. 성철 스님께서는 윤회를 입증하는 방법으로써 '전생기억', '전생회귀', '전생투시' 등으로 나누어서 전생을 설명하셨다.

근래 과학이 물질면 뿐만 아니라 정신과학도 자꾸 발달함에 따라 영혼이 있다는 것이, 윤회가 있다는 것이 또한 인과가 분명하다는 것이 점차로 입증되고 있다고 한다.

에드카 케이시의 리딩에 의하면 윤회란 '진화'라고 한다. 지상에서의 많은 연속적 생애를 통하여 인간의 영혼은 진화한다는 것이다. 어떤 때는 남성으로 혹은 여성으로, 또 어떤 때는 가난한 신분으로 또는 왕자로 어떤 민족에 태어나기도 하고, 그러다가는 또 다른 민족으로 다시 태어나기도 하면서 마침내 얼은 석가나 그리스도로 상징되는 '완전'에 도달한다—바로 그런 진화의 과정이라는 것이다.

쇼펜하우어, 에머슨, 휘트먼, 괴테, 부르노, 프로티누스, 피타고라스, 플라톤 등도 이런 사상을 믿었다. 기독교에서는 윤회, 환생을 말하지 않지만 미국에서는 이에 대한 관심이 차츰 높아지고 있다고 한다.

에드가 케이시의 리딩에 의하면 우리가 이 생에서 겪고 있는 크고 작은 모든 고통들은 영적인 진화를 위해서 반드시 겪어야만 될 과정이다. 지금 들려준 얘기에 나오는 여성처럼 테스트를 통과해야만 한다.

당신은 이에 대해 어떻게 생각하는가? 나는 영적으로 쑥쑥 성장하고 싶다.

정숙향

사랑스러운 거짓말

— 영화 '빅 피쉬'를 보고

정숙향

[사회 86, 아동]

"절대 잡히지 않는 물고기가 있었지."

아버지의 이야기는 늘 이렇게 시작되었다. 그런데 아들은 그게 못마땅하다. 왜 있지도 않은 얘기를 맨날 꾸며서 해댈까. 사실이 아닌 얘기를 듣는데도 한계가 있다. 그 후 아들은 아버지가 사는 나라의 정반대편으로 가서 사실을 생명처럼 여기는 기자가 되었다.

아버지는 한마디로 말하면 허풍선이다. 게다가 늘 떠돌아다니는 유목민이기도 하다. 검은 비늘을 반짝이며 유유자적하게 강을 노니는 '빅 피쉬', 그게 바로 아버지의 정체성이다. 결코 한곳에 안주하거나 머물지 않는다. 자연히 그는 이야기꾼이 될 수밖에 없었다.

하지만 그가 걸어간 길은 황량하고 거친 자갈길이거나 향기 그윽한 꽃길만도 아니었지만, 그는 언제나 자신의 발자취에 의미를 부여하고 행복의 옷을 입혔다. 거기다 주변의 모든 것을 따뜻하게 품어주는 유연함까지 지녔다. 그가 인생길에서 만난 마녀, 거인, 늑대 인간, 샴쌍둥이, 시인 강도, 열 살 연하의 여인 등, 그는 결코 버리는 법이 없었다. 그래서 그의 삶은 늘 풍성하다.

떠난 아들이 돌아왔다. 죽음을 앞둔 아버지의 소식을 듣고서이다. 병석에 누워서도 아버지는 여전히 말도 안 되는 이야기를 지어내고 있고, 이젠 어머니와 아내까지 잘 들어주고 있다.

아들은 괴롭다. 그러던 중에 아들은 우연히 수영장의 물풀을 걷어내다가 커다란 물고기를 보았다. 비로소 아들은 아버지의 진실을 헤아려 보려 한다. 그도 이제는 나이를 먹어 한 아들의 아버지가 된 지금, 푸석푸석한 인생을 살아봤다면 알 수 있으리라. 유치한 허풍일지라도 세상살이에서 왜 필요한지를…….

아버지의 마지막 시간에 아들이 이야기해준다. 아버지가 꿈꾸는 죽음의 상황을. 아버지는 병원을 박차고 나가 자신의 이야기 속에 등장하는 모든 이들의 아름다운 작별 인사를 받으며 강에서 큰 물고기로 변하여 유유히 떠나간다. 냉정한 물리적 죽음이 아들의 이야기를 통해 찬란한 심리적 죽음으로 바뀌어 비로소 아버지의 허풍은 완성이 된다.

소박한 허풍, 평범한 자신의 삶을 환상적이고 아름답게 꾸며서 들려주고 싶어 했던 아버지의 마음. 어쩌면 누군가를 이해하고 사랑한다는 건 '사랑스러운 거짓말'을 들어주는 일일지도 모른다. 어디까지가 사실이고 어디부터가 거짓인지 알면서도, 연거푸 들어도 맞장구쳐줄 수 있는 것. 또 허구가 다 거짓말은 아니라는 것과 진실은 건조한 산문과 정확한 숫자에서만 존재하는 게 아니라는 것, 아들도 이제는 깨닫는다.

영화 〈가위손〉을 만들기도 했던 감독, 팀 버튼은 유난히 판타지 세계에 관심이 많다. 이 영화에서도 현실과 허구 사이를 뚜렷한 경계선 없이 넘나들며 괴짜 감독의 천재성을 보여주었다. 또 자신만의 색깔이 분명한 아름답고 눈부신 화면으로 보는 이의 시선을 아련하게 사로잡았다.

오래전에 영화관에서 상영한 작품인데, 난 이 영화를 최근에 만났다. 뒹굴뒹굴, 동화를 쓴답시고 상상 속을 헤매고 다니는 요즘의 나에게 작지 않은 위로의 선물이 되었다.

세상에 허구가 없다면 얼마나 팍팍할까…….

표지 그림 _ 김정숙

개인전 24회.
2011년 : 빌라하이스 뮤지움 초대전(독일, 젤)
2015 ~ 2007 : 한국 국제아트페어(KIAF)
국제아트페어 : 시카고, 취리히, 상하이, 영국,
샌프란시스코, 두바이, 홍콩, 그 외 그룹전 300회.

바람으로 별빛으로 또 가슴으로

1쇄 발행일 | 2015년 11월 10일

지은이 | 이대동창문인회
펴낸이 | 정화숙
펴낸곳 | 개미

출판등록 | 제313－2001－61호 1992. 2. 18
주소 | (121－736) 서울시 마포구 마포동 136－1 한신빌딩 B-109호
전화 | (02)704－2546 팩스 | (02)714－2365
E-mail | lily12140@hanmail.net

ⓒ 이대동창문인회, 2015
ISBN 978－89－94459－56－1 03810

값 12,000원

잘못된 책은 바꾸어 드립니다.
무단 전재 및 무단 복제를 금합니다.